ENTERPRISE DIGITAL AND INTELLIGENT
TRANSFORMATION IN PRACTICE

企业数智化转型实战

驾驭 AI 大模型，重塑商业新格局

傅志华　魏志兴　孟兆磊　肖　琦　著

版权专有　侵权必究

图书在版编目（CIP）数据

企业数智化转型实战：驾驭 AI 大模型，重塑商业新格局 / 傅志华等著 . -- 北京：北京理工大学出版社，2025. 2.
ISBN 978-7-5763-4951-1

Ⅰ . F272.7

中国国家版本馆 CIP 数据核字第 20252FZ018 号

责任编辑：王晓丽　　**文案编辑：**王晓丽
责任校对：刘亚男　　**责任印制：**施胜娟

出版发行 /	北京理工大学出版社有限责任公司
社　　址 /	北京市丰台区四合庄路 6 号
邮　　编 /	100070
电　　话 /	（010）68944451（大众售后服务热线）
	（010）68912824（大众售后服务热线）
网　　址 /	http://www.bitpress.com.cn
版 印 次 /	2025 年 2 月第 1 版第 1 次印刷
印　　刷 /	三河市中晟雅豪印务有限公司
开　　本 /	710 mm × 1000 mm　1 / 16
印　　张 /	23
字　　数 /	346 千字
定　　价 /	99.00 元

图书出现印装质量问题，请拨打售后服务热线，负责调换

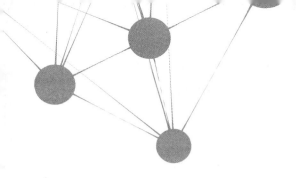

推荐序 1

尊敬的读者们：

在这个由数据驱动和智能技术引领的时代，人工智能（AI）已成为推动各行各业创新和变革的关键力量。作为一名从业多年的股权投资老兵，我有幸见证各种新技术、新模式对行业的冲击与重塑，站在新一轮 AI+ 的时代浪头，我们只有深刻理解和认知 AI 对行业的影响，才能对行业发展趋势和投资决策做出正确判断。今天，非常荣幸地为好朋友魏志兴先生和他的作者朋友傅志华、肖琦等的新作《企业数智化转型实战：驾驭 AI 大模型，重塑商业新格局》撰写序言，分享我对 AI 技术在商业领域的应用及其为投资机构带来的机遇。

《企业数智化转型实战：驾驭 AI 大模型，重塑商业新格局》是一部深度剖析人工智能技术如何驱动企业数智化变革的著作。它不仅详尽阐述了 AI 技术在企业数智化转型过程中的理论框架与实践路径，还通过横跨金融、医疗、制造、房地产、汽车和农业等多个行业的生动案例研究，展示了 AI 创新应用如何引领各领域业务模式的革新与重构。这本书不仅为企业家和决策者提供了一个全面、深入、系统的 AI 商业化应用知识体系，也为所有对 AI 商业化应用感兴趣的读者提供了宝贵的信息和启示。

站在投资的角度，AI 技术的发展为投资机构带来了前所未有的机遇。通过大数据分析和机器学习，我们能够更准确地预测市场趋势，优化投资组合，降低风险，并发现那些具有高增长潜力的创新企业。AI 技术在金融、医疗、制造业等行业的应用，正在不断推动产业升级和效率提升。

然而，机遇总是伴随着挑战。AI 技术的快速发展也带来了数据安全、隐私保护、伦理道德等一系列问题。作为投资机构，需要在追求商业利益的同时，关注技术的社会责任和伦理边界。作者在书中对这些问题进行了深入的讨论，并提出了一系列解决方案和建议，为我们提供了宝贵的参考。

此外，AI 技术的商业化也对人才提出了更高的要求。我们需要培养具有创新思维和跨学科能力的人才，以适应 AI 时代的需求。本书中对人才培养和团队建设的讨论，为我们提供了有益的指导。

作为魏志兴先生的好朋友，我对这部作品充满了期待。我相信，这本书不仅能够为投资者提供宝贵的信息和策略，也能够为企业家、学者和政策制定者提供深刻的意见。在 AI 技术不断进步的今天，每一个人都应该积极拥抱变化，不断学习和适应 AI 技术。

最后，感谢作者团队带来这样一部精彩的作品。我相信，其将成为 AI 领域的一部经典之作，引领我们走向一个更加智能、高效和人性化的未来。

祝愿《企业数智化转型实战：驾驭 AI 大模型，重塑商业新格局》能够获得广泛关注和认可，也希望每一位读者都能从中获得启发和价值。

中国国新基金 董事总经理

韩康耀

推荐序 2

尊敬的读者：

在这个以数字脉动为节奏、人工智能血液为驱动力的新时代，我们正共同经历一场史无前例的商业转型巨变。人工智能，尤其是大模型技术，已超越概念范畴，以雷霆万钧之势渗透至社会经济的各个角落，深刻改写着行业生态与运营逻辑。作为中国互联网协会人工智能工作委员会的秘书长，我有幸见证了 AI 技术从实验室的孵化到市场的广泛应用的发展过程，深谙其在促进企业数智化转型、催化产业升级、激发商业创新方面的磅礴力量。

《企业数智化转型实战：驾驭 AI 大模型，重塑商业新格局》一书，恰似在这波澜壮阔的人工智能大潮中矗立的灯塔，不仅为我们解码 AI 时代数智化转型的理论体系与实践途径，更是一份导向未来的创新实践手册，引领企业在变革中破浪前行。

数智化：驾驭时代的洪流，展翼变革

数智化转型是当代企业追求高质量发展的必经之路。本书开篇即深入解读了企业数字化发展的三部曲：从信息化的萌芽初绽，历经数字化的深化发展，直至数智化的战略飞跃。这一进程不仅映射出技术进步的自然规律，更映照出企业主动求变、紧跟市场脉搏的智慧抉择。数智化阶段，人工智能与大数据的深度融合，不仅重构了企业内部的运作逻辑，更重新定义了企业与市场的互动界面，赋予企业预见未来、敏捷反应的能力。

实战指南：技术落地与组织进化

该书强调实战操作性，不仅详尽介绍大模型等关键技术，还细致解析了

它们在产品革新、服务升级、效能提升等关键领域的应用策略。傅志华与作者团队凭借丰富的实践经验，精心规划了构建基于大模型的企业 AI 应用平台的路线图，为读者铺陈出一条从战略构想到技术实施，再到试点验证与成效评估的清晰数智化转型路径。

案例探索：行业智慧实践的深度剖析

书中精选了多个行业前沿案例，展示了 AI 技术如何在个性化推荐、智能客服、智能投资顾问、智能制造及自动驾驶等领域推动业务流程优化、加速决策效率、开创价值新增长点。通过深入剖析诸如游戏美术的智能化设计、金融风控的智能化升级、医疗健康领域的智能辅助诊断以及服装零售的一键虚拟试衣等实例，读者可直观理解 AI 技术在现实商业场景中的作用机理，及如何通过技术创新和模式迭代为企业数智化转型开辟新赛道。

前瞻未来：挑战与机遇并重

书中亦不避讳地探讨了大模型时代企业数智化转型可能遭遇的挑战，如数据安全与隐私保护、算法偏见等，警醒我们在拥抱 AI 红利的同时，应审慎面对潜在风险。这种严谨与前瞻性，为企业的 AI 战略部署提供了宝贵的指导与应对策略。在这个数智并进的时代，企业间的协同发展与相互启迪至关重要。本书不仅是一部前瞻未来的著作，也是实践者的知识宝库，适合企业家、高管、技术专家及所有对数智化，尤其是 AI 应用有志探索的同仁。它既是一扇窗口，透视 AI 如何塑造未来，又是一座桥梁，连接理论与实践，引领我们步入智能商业的新时代。

让我们并肩同行，在数智化转型的征程上，勇于探索，不断创新，共同绘制中国乃至全球商业的新蓝图。愿本书成为您转型升级征途中的智识伙伴，助力您的企业迈向更加灿烂的未来。通过深入研读与实践，相信每位读者都能在各自的领域，借助 AI 的羽翼，飞向更高远的天空。

中国互联网协会人工智能工作委员会秘书长

邓凯

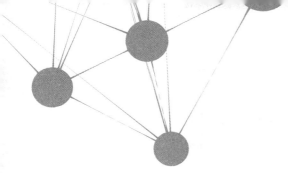

目录

第1章 数智化时代的开启与展望

1.1 数智化的背景与特征 / 002
    1.1.1 数字化转型将迈入数智化阶段 / 002
    1.1.2 企业数智化核心特征 / 004

1.2 数据要素驱动企业数智化 / 009
    1.2.1 数据要素:驱动AI发展与企业创新的核心动力 / 009
    1.2.2 用公共数据打造智能化产品 / 010

1.3 大模型驱动企业数智化 / 012
    1.3.1 大模型的技术架构与分类 / 012
    1.3.2 大模型商业价值 / 015
    1.3.3 大模型发展趋势 / 018

第2章 首席数智官的角色定位与使命

2.1 企业数智化转型问题与挑战 / 024
    2.1.1 企业数智化转型的目的 / 024
    2.1.2 企业数智化转型四大陷阱 / 028
    2.1.3 企业数智化转型九大挑战 / 029
    2.1.4 数智化转型的关键成功要素 / 032

2.2 首席数智官工作职责 / 035
    2.2.1 企业需设立首席数智官 / 035
    2.2.2 首席数智官工作职责及注意事项 / 036

2.2.3　首席数智官如何有效开展工作　/ 040

第 3 章　构建企业数智化发展战略蓝图

3.1　看宏观及趋势　/ 048

3.2　看市场及行业　/ 051

3.3　看客户　/ 053

3.4　看竞争对手　/ 055

3.5　看自己和机会点　/ 057

3.6　定控制点　/ 060

3.7　定策略　/ 064

3.8　定目标　/ 066

第 4 章　构建企业 AI 应用平台

4.1　构建基于大模型的企业 AI 应用平台　/ 074

4.2　企业 AI 应用平台案例　/ 082

　　4.2.1　案例背景：科技赋能智慧升级　/ 082

　　4.2.2　建设物业集团企业 AI 应用平台　/ 084

第 5 章　企业智能营销

5.1　AI 在营销领域的应用　/ 098

5.2　智能广告与营销数字人　/ 106

　　5.2.1　智能广告　/ 106

　　5.2.2　营销数字人　/ 111

第 6 章　智能销售与客户管理

6.1　智能销售　/ 118

  6.1.1　AI在销售支持中的应用　/ 118

  6.1.2　AI在销售管理的应用　/ 125

6.2　AI营销工具　/ 128

6.3　客户生命周期智能管理　/ 138

第7章　智能驱动的客户体验

7.1　客户体验管理　/ 148

  7.1.1　CEM塑造持久竞争优势　/ 148

  7.1.2　CEM四大挑战　/ 150

  7.1.3　构建闭环客户体验管理体系　/ 153

7.2　智能客服　/ 156

  7.2.1　大模型推动智能客服变革　/ 156

  7.2.2　智能客服综合解决方案　/ 158

第8章　互联网行业智能应用

8.1　电商行业智能应用　/ 166

  8.1.1　"人"的方面智能升级　/ 166

  8.1.2　"货"的方面智能升级　/ 171

  8.1.3　"场"的方面智能升级　/ 173

8.2　游戏行业智能应用　/ 176

  8.2.1　美术设计　/ 177

  8.2.2　内容设计　/ 179

  8.2.3　研发与测试　/ 180

  8.2.4　游戏体验优化　/ 181

  8.2.5　运营优化　/ 182

  8.2.6　游戏直播　/ 185

  8.2.7　游戏训练　/ 186

第 9 章　金融行业智能应用

9.1　金融业务智能应用　/ 190
9.1.1　金融营销获客　/ 192
9.1.2　金融客户服务　/ 193
9.1.3　业务运营　/ 196
9.1.4　金融风控　/ 198
9.1.5　金融催收　/ 201
9.1.6　智能投顾　/ 203
9.1.7　智能投保和理赔　/ 205

9.2　金融企业内部智能应用　/ 206
9.2.1　智能合约　/ 206
9.2.2　合规筛查　/ 207
9.2.3　智能投研　/ 208
9.2.4　金融培训　/ 209
9.2.5　科技研发　/ 210

第 10 章　医疗健康智能应用

10.1　医疗健康智能应用（一）/ 212
10.1.1　公共卫生防疫　/ 212
10.1.2　健康体检　/ 215

10.2　医疗健康智能应用（二）/ 217
10.2.1　导诊和分诊　/ 217
10.2.2　智能问诊　/ 220
10.2.3　医学影像　/ 223

第 11 章　服装行业智能应用

11.1　服装行业智能应用（一）/ 230

11.1.1 服装流行趋势预测 / 233

11.1.2 服装设计 / 238

11.1.3 智能打版 / 239

11.2 服装行业智能应用（二）/ 240

11.2.1 服装销售智能数字人 / 240

11.2.2 大数据客户画像 / 242

11.2.3 一键试衣 / 245

11.2.4 服装合体性评估 / 246

11.2.5 服装客户体验优化 / 248

第 12 章 制造业智能应用

12.1 制造业智能应用（一）/ 250

12.1.1 智能重塑制造业 / 250

12.1.2 智能生产 / 255

12.2 制造业智能应用（二）/ 258

12.2.1 产品与服务智能 / 258

12.2.2 供应链管理 / 260

12.2.3 企业运营管理 / 264

第 13 章 房地产行业智能应用

13.1 房地产行业智能应用（一）/ 270

13.1.1 拿地投资决策 / 271

13.1.2 房屋估价 / 275

13.1.3 房地产营销 / 277

13.2 房地产行业智能应用（二）/ 280

13.2.1 社区智能安防 / 280

13.2.2 物业管理 / 284

13.2.3　绿色安全社区　/ 287
　　　13.2.4　全屋智能　/ 289

第 14 章　汽车行业智能应用

14.1　汽车行业智能应用（一）/ 298
　　　14.1.1　研发与设计　/ 298
　　　14.1.2　生产与制造　/ 301
　　　14.1.3　供应链与物流　/ 304
14.2　汽车行业智能应用（二）/ 305
　　　14.2.1　自动驾驶　/ 305
　　　14.2.2　智能座舱　/ 308
　　　14.2.3　销售与服务　/ 310

第 15 章　农业行业智能应用

15.1　农业智能应用（一）/ 316
　　　15.1.1　农业软件解决方案　/ 316
　　　15.1.2　农业硬件　/ 320
　　　15.1.3　AI 农业模型　/ 325
　　　15.1.4　智能农业系统　/ 328
15.2　农业智能应用（二）/ 333
　　　15.2.1　实践案例研究　/ 333
　　　15.2.2　大模型在农业的未来　/ 339

后记　企业数智化转型终极目标
　　　——"未来企业"

第 1 章
数智化时代的开启与展望

随着科技的飞速发展和数字化转型的深入，中国企业迎来了人工智能（artificial intelligence，AI）的新纪元，正迈向数智化的新征程，探索 AI 驱动下的商业创新和转型之路。

1.1 数智化的背景与特征

1.1.1 数字化转型将迈入数智化阶段

中国企业的数字化转型历程是一部深度融入科技创新、驱动业务变革和提升竞争力的宏伟篇章。这一过程可以大致划分为信息化、数字化以及刚刚迈入的数智化三个关键阶段，如图 1-1 所示。

信息化阶段是数字化转型的起点。在 20 世纪末和 21 世纪初，随着信息技术的快速发展和普及，中国企业开始逐步实现业务信息的电子化和网络化。这一阶段的主要任务是将企业在生产经营过程中产生的各种业务信息，如订单、库存、财务数据等，通过计算机系统进行记录、存储和管理。企业引入了诸如企业资源规划（enterprise resource planning，ERP）、客户关系管理（customer relationship management，CRM）和供应链管理（supply chain management，SCM）等信息系统，以提高工作效率，减少人为错误，实现数据的标准化和集中化。然而，信息化阶段的主要关注点在于数据的采集和基础管理，其对数据价值的深度挖掘和利用还相对有限。在这个阶段，企业往往面临着数据孤岛、信息不透明以及决策效率低等问题。因此，随着互联网技术的进一步发展和大数据时代的到来，数字化阶段应运而生。

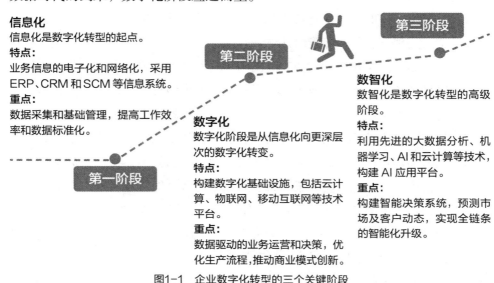

图1-1　企业数字化转型的三个关键阶段

数字化阶段标志着中国企业开始从单纯的信息化向更深层次的数字化转型。这个阶段的核心目标是实现数据的互联互通和价值释放。企业开始构建全面的数字化基础设施，包括云计算、物联网（internet of things，IOT）、移动互联网等技术平台，以实现设备连接、系统互联和数据互通。在此基础上，企业能够对海量数据进行整合、清洗和分析，从而获取更深入的业务洞察和市场趋势。数字化阶段的重要特征是数据驱动的业务运营和决策。企业通过实时数据分析，优化生产流程，提升运营效率，实现个性化服务和精准营销。此外，数字化也推动了商业模式的创新，例如，电子商务、共享经济和在线金融服务等新兴业态的崛起，都离不开数字化的支持。然而，尽管数字化阶段已经取得了显著的成效，但面对快速变化和日益复杂的商业环境，企业需要进一步提升数据处理和应用的能力，这就引出了数智化阶段。

数智化阶段是数字化转型的高级阶段，也是大数据、AI技术和企业管理深度融合的阶段。在这个阶段，企业将充分利用先进的大数据和AI技术，尤其是大模型技术，对大规模数据进行深度学习。数智化不仅能够提供更为精准和前瞻性的业务洞察，而且能够实现自动化和智能化的决策支持。在数智化阶段，企业将构建智能决策系统，通过算法模型预测市场动态，优化资源配置，提升风险控制能力。同时，智能化技术也将深入产品设计、生产制造、客户服务等各个环节，实现全链条的智能化升级。

例如，制造业企业利用工业互联网和物联网技术，不仅实现了设备预测性维护，降低了故障率和维修成本，还通过引入大模型技术，提高了良品率。这些技术可以帮助企业更好地管理和优化生产线，提高生产效率和产品质量。而在零售领域，AI和大数据分析的结合使得企业能够更精准地推荐商品，提升用户体验和购买转化率。同时，通过引入大模型技术和数字人技术，企业可以实现数字人销售、数字化智能客服和数字人私域运营等创新应用。这些应用不仅有助于提升企业的销售和服务效率，还能够为企业创造更多的商业价值。

无论是制造业还是零售业或是其他行业，都可以通过利用先进的AI技术手段来提高生产效率、降低成本、提升用户体验和增加商业价值。这些技术将成为未来企业发展的重要支撑。此外，智能化还将推动企业之间的生态协同和产业互联。通过开放的数据平台和应用程序编程接口（application programming interface，API），企业可以与其他合作伙伴共享数据和资源，从而共同创造更大的价值。

总的来说，中国企业的数字化转型历程是一个持续发展和深化的过程。从信息化阶段的数据采集和基础管理，到数字化阶段的数据互联互通和价值释放，再到刚刚迈入的数智化阶段，每一步都离不开科技创新的驱动和企业战略的引领。未来，随着数智化的不断推进，中国企业将在全球竞争中展现出更强的韧性和创新能力，为经济社会的高质量发展注入新的动力。

1.1.2　企业数智化核心特征

数智化定义：数智化是信息技术发展的一个高级阶段，它涉及大数据、机器学习、深度学习、大模型等先进技术的综合应用。数智化的定义可以概括为通过先进的数字技术、大数据技术和AI算法，对大规模、多源、异构的数据进行采集、深度挖掘、智能分析和自动化处理，从而提取出有价值的信息、知识和洞察，并以此为基础获取洞察力、优化业务流程、改善决策制定、实现业务自动化和创新服务的过程。简单来说，数智化是数字化和智能化的有机融合，强调将数据和智能技术相结合，以实现对事物的全面感知、深度分析和智能决策。数智化的目标是帮助各行业企业实现智能化，从而帮助各行业企业在不断变化的商业环境中取得竞争优势。

AI的定义：AI是数智化技术中最核心的技术，它是一种将计算机科学、数学、统计学等多学科交叉融合的方法，旨在开发出能够模拟人类智能的技术和算法。它通过模拟人类智能的学习、推理、感知和行动能力，实现机器自主地思考和决策，从而能够完成一系列复杂的任务和功能。

AI大模型，简称大模型，是指一类拥有极其庞大参数以及卓越计算能力的机器学习模型。这些模型凭借其超大规模，能够高效处理海量数据，并胜任各种复杂任务，包括但不限于精准的语音识别、自然流畅的自然语言处理（natural-language processing，NLP）以及高精度的图像识别等。大模型代表了AI领域的先进成果，为现代社会带来了前所未有的智能体验与便捷。

企业数智化的核心特征包括以下10个方面，如图1-2所示。

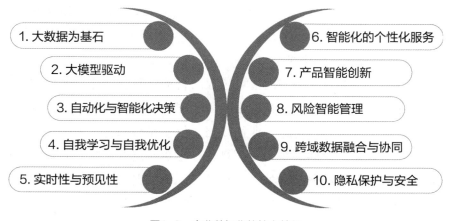

图1-2　企业数智化的核心特征

1．大数据为基石

企业数智化是建立在海量数据的基础之上的，这些数据可能有各种来源。企业内部系统及互联网应用是其中重要数据源，它们会产生大量的运营数据，这些数据对于企业智能决策和优化运营至关重要。社交媒体也是大数据的来源之一，通过分析社交媒体上的用户行为和言论，可以了解消费者的需求和趋势，为企业提供市场洞察。物联网设备也在不断产生大量的数据，这些数据可以用于预测设备故障、优化设备性能等。此外，公开数据集也是大数据的来源之一，如政府的公共部门数据、科研机构的研究数据等。

2．大模型驱动

企业数智化的核心特征在于其由先进的大模型所驱动，这一特征不仅标志着数据处理能力的飞跃，也是数智化转型的关键推动力。大模型凭借其庞大的参数规模和复杂的网络结构，能够处理和分析海量的数据集，挖掘出数据中蕴含的深层次信息和知识。这些模型通过深度学习等技术，不断从数据中学习，自我优化，从而在自然语言处理、预测分析等多个领域展现出卓越的性能。大模型的引入，使得智能不再局限于表面的统计和报告，而是能够深入数据的内核，揭示出更加细微的关联和趋势。这种深度的数据分析能力，为企业决策提供了强有力的支持，使企业能够基于数据做出更加精准的市场预测、客户行为分析和产品优化等策略。同时，大模型的自我学习和适应能力，也使得智能系统能够随着时间的推移不断进步，持续提供最新的洞察和解决方案。

3．自动化与智能化决策

企业数智化最终目标是实现决策过程的自动化和智能化，通过构建预测模型和优化算法，帮助企业快速做出基于数据的决策，提高决策的准确性和效率。在传统的决策过程中，企业往往需要依靠经验和直觉来做出决策，这不仅需要花费大量的时间和精力，而且往往存在一定的风险。而智能化技术可以通过对大量数据的分析和处理，自动识别出数据中的模式和规律，从而帮助企业快速做出基于数据的决策。此外，智能化技术还可以通过优化算法来自动调整决策的参数和策略，以实现决策的最优化。这不仅可以提高决策的准确性和效率，还可以帮助企业更好地应对市场变化和不确定性。

4．自我学习与自我优化

自我学习和自我优化是企业数智化的核心特征之一，它赋予了系统自我进化和适应环境变化的能力。自我学习是指系统通过分析和处理大量数据，自动学习其中的规律和模式，无须人工干预。自我优化是指系统根据实际运行情况和反馈信息，不断调整和优化自身的参数和策略，提高性能和效果。持续的学习和反馈机制是实现自我学习和自我优化的关键。这使数智化系统具有灵活性和适应性，并能在不断变化的环境中保持高效和准确的运行状态。同时，自我学习和自我优化还带来了更高的效率和更低的成本。

5．实时性与预见性

实时性与预见性在企业数智化中扮演着至关重要的角色。通过实时数据处理和分析，企业能够实时监控业务状态和市场动态，从而及时发现潜在的问题和机会。这种实时的监控和分析能力，使得企业能够迅速做出决策、调整战略，以适应市场的变化。此外，企业数智化还强调预见性的分析。通过对历史数据的挖掘和分析，以及对市场趋势的预测，数智化能够帮助企业提前预测未来的市场变化，提供前瞻性的预测和建议。这种预见性的分析能力，使得企业能够提前应对风险、把握机遇，从而在激烈的市场竞争中脱颖而出。

6．智能化的个性化服务

数智化的核心目标之一便是实现高度智能化的个性化服务。通过深度学习和数据挖掘技术，企业能够更深入地洞察每一位客户的需求和偏好。这种深度的用户洞察，使企业能够精准地为客户提供量身定做的产品和服务。想象一下，当一个企业能够准确地知道每位顾客的购物习惯、品牌偏好、预算范围以及对新产品或服务的接受程度时，它就能为每位顾客提供独一无二的购物体验。这不仅可以推荐相关产品，更可以涉及定制化的服务流程、个性化的营销策略，甚至根据客户的反馈实时调整产品或服务内容。实现这一目标的关键在于，企业需要构建一个完善的客户数据平台，该平台能够通过多渠道收集客户数据，并利用AI算法进行分析和预测。

7．产品智能创新

数智化不仅能优化现有产品和服务的运营效率，更重要的是，它激发了全新的产品智能创新浪潮。通过引入 AI 技术，企业获得了前所未有的机会来重新审视并改进其产品和服务，甚至开发出全新的业务模式和产品线。AI 的引入极大地加速了新产品的设计和开发过程。利用 AI 算法进行数据分析、模拟和优化，企业能够在短时间内测试多种设计方案，迅速找到最优解，并据此推出创新产品。这种由数据和 AI 驱动的产品开发方法不仅提高了效率，还使得产品更加符合市场需求，提升了用户体验。

8．风险智能管理

数智化有助于组织识别潜在的风险和威胁，从而制定风险管理策略并采取适当的措施来减少潜在损失。通过利用先进的技术和大数据分析方法，AI 系统能够收集、处理和分析庞大的数据集，从而识别出潜在的风险和威胁。这些风险和威胁可能对组织的财务、战略、运营和合规方面产生负面影响。通过采取适当的措施，组织可以减少潜在的损失并提高其整体性能。这包括使用算法和模型来预测和预防欺诈、违约和安全威胁等风险，以及使用机器学习和 AI 技术来自动优化风险管理流程。

9．跨域数据融合与协同

数智化不仅仅是单个领域的应用，数智化依赖大数据，而大数据是跨领域、跨系统的深度融合和协同，通过数据共享和互操作，实现跨部门、跨组织的协同创新和服务优化。在跨域融合与协同的过程中，数据共享和互操作是关键。通过数据共享，不同领域、不同系统之间的数据能够相互流通，实现信息的共享和整合。而互操作则是指不同系统之间能够相互兼容、相互支持，实现数据的无缝对接和交互。这种融合与协同不仅有助于提高工作效率，还能够促进业务创新和优化。促进数据可用不可见的联邦学习和多方安全技术则在跨企业、跨部门数据共享中发挥至关重要的作用。

10．隐私保护与安全

企业数智化需要对数据的安全和隐私进行保护，采用合适的技术和策略来确保数据的合法使用、防止数据泄露和滥用。为了保护数据的安全和隐私，企业需要采用一系列技术和策略，包括数据加密、访问控制、身份验证、数据脱敏等。这些技术和策略可以确保数据的合法使用，防止数据泄露和滥用，从而保护用户的隐私和企业的商业机密。在实现智能化的过程中，企业需要遵守相关法律法规和政策，确保数据的合规使用。同时，企业需要建立完善的安全管理制度，加强员工的安全意识培训，防止内部泄露和外部攻击。只有在合规和安全环境下使用数据，才能实现智能化与隐私保护的平衡，为用户和企业带来更大的价值。

1.2 数据要素驱动企业数智化

1.2.1 数据要素：驱动AI发展与企业创新的核心动力

随着数字化浪潮的汹涌而至，数据要素已逐渐崭露头角，成为推动企业创新发展的关键力量。在各行各业中，无论是金融、医疗、教育等高度依赖数据驱动的行业先锋，还是其他传统领域的企业巨头，都纷纷将数据要素视为提升竞争力和实现可持续发展的秘密武器。数据要素在AI领域的作用尤为突出。作为AI系统的"燃料"，充足且多样的数据要素是构建精准、高效AI模型的基石。

数据要素指的是根据特定生产需求汇聚、整理、加工而成的计算机数据及其衍生形态。这包括投入生产的原始数据集、标准化数据集、各类数据产品以及以数据为基础产生的系统、信息和知识。这些都可以被纳入数据要素讨论的范畴中。

对于企业和数据需求方而言，拥有丰富的数据要素资源意味着掌握了创新的主动权。以金融行业为例，中小微企业的评估一直是个难题，但通过引入多元化的外部数据要素，如用电用水记录、企业注册信息、法院判决文书等，金融机构可以对这些企业进行更为全面和深入的画像，从而实现更精准的信用评估和风险控制。

政府公共部门在数据要素的应用中扮演着举足轻重的角色。政府所掌握的海量公共数据，对于AI的训练来说具有不可估量的价值。这些数据不仅覆盖广泛，而且深入细致，能够为企业提供全面、准确的数据支持。通过合法、合规地获取和利用这些公共数据，企业可以结合自身业务数据，进行深度挖掘和应用，进而发现新的市场机遇、优化业务流程、提升用户体验，并增强风险抵御能力。以金融领域为例，政府公共部门的信用数据与企业内部的客户数据相结合，可以实现更为精准的信用评估和个性化金融服务，从而提升金融机构的服务质量，发现更多商业机会。

数据要素与 AI 的结合应用，正在推动各行各业发生深刻变革。在医疗领域，政府公共部门的医疗数据与企业自身的诊疗数据相结合，可以推动精准医疗和智能健康管理的发展；在交通领域，通过大数据分析和 AI 算法，可以实现智能交通管理和优化；在零售领域，通过消费者行为数据和 AI 预测模型，可以实现个性化推荐和精准营销。

1.2.2　用公共数据打造智能化产品

按照数据来源的不同，数据主要可分为公共数据、企业数据和个人数据三类。公共数据特指政府部门及企事业单位在履行其职责或提供公共服务过程中所产生的数据，如供水、供电、公共交通等公共服务单位在运营过程中收集的数据。目前，我国大约 80% 的可利用、可开发且具有价值的数据由政府掌握。同时，公共数据的市场化运营有望为地方政府带来相应的收入及税收，因此，公共数据的运营或将成为率先实现落地的领域。在公共数据的利用上，形成智能化产品以解决刚性需求和关键问题是一个理想的应用路径。

1. 智能化产品三大关键切入点

腾讯公司的创始人马化腾强调，任何产品都须具备帮助用户解决实际问题的能力，这是产品满足用户需求和解决用户痛点的核心能力。微信的众多功能设计和迭代都是围绕满足用户的社交需求和解决社交痛点展开的。

360 公司的创始人周鸿祎在其所著的《极致产品》一书中提出，产品的切入点应聚焦于刚需、痛点和高频使用，如图 1–3 所示。360 公司的免费杀毒软件就是一个很好的例子，它精准地满足了用户对计算机安全的刚需和痛点，并因其高频使用的特性，在短时间内迅速吸引了大量用户。一个成功的产品，并非仅仅是功能的堆砌，而是需要深入理解和精准把握用户的需求和痛点。

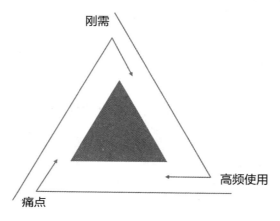

图1-3　产品三大关键切入点

在现今数据流通日益活跃的环境下，市场上涌现了众多的数据产品。然而，许多产品在设计时过于注重自身数据的拥有量，而忽视了解决社会或客户的实际需求。在2023年的全球数商大会开幕式上，国家数据局局长刘烈宏特别强调了基于"场景需求牵引"来设计和开发数据产品的重要性，以避免出现大量未能解决社会真正痛点、仅触及表面问题的数据产品。国家数据局将与相关部门合作，实施"数据要素×"行动，旨在发挥数据要素的乘数效应。这一行动将从供需两端同时发力，聚焦智能制造、商贸流通、交通物流、金融服务、医疗健康等关键领域，通过深化场景需求理解、消除流通障碍、提升供给品质，推动数据要素与其他生产要素的深度融合，进而催生新产业、新业态、新模式、新应用和新治理方式。

2．围绕老百姓需求和痛点去打造数据产品

企业需要更深入地了解老百姓的需求和痛点，才能更好地打造数据产品。一个真正优秀的产品，不仅是技术上的创新，更需要能解决实际的问题，尤其是那些企业困扰已久的业务和社会问题。我国社会面临着许多挑战，如教育资源分配不均、环境污染与资源短缺、医疗服务不足、养老问题、社会治

安问题、就业问题,这些都可以看作是社会的痛点。企业应该考虑,基于这些社会痛点,如何更有效地利用政府各部门的数据和企业的数据,在确保数据安全的情况下,打造数据产品来解决问题。

3.整合公共数据和企业数据,结合大模型创建智能化产品,打造智能助手

通过整合政府各部门的公共数据和企业数据,并结合先进的大模型技术,企业能够创建智能化产品以打造智能助手。这一智能助手将能够帮助政府更加高效地解决教育、环境、医疗、养老、稳定就业等重要的社会问题,在数据和应用安全的护航下,形成解决社会痛点的智能化产品体系,如图1-4所示。

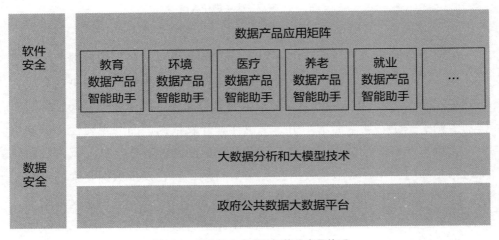

图1-4 解决社会痛点的智能化产品体系

1.3 大模型驱动企业数智化

1.3.1 大模型的技术架构与分类

企业数智化的终极目标是实现企业智能化,而大模型是企业实现智能化的最核心技术。

1. 大模型的技术架构

大模型的技术架构由三个核心层次构成，包括计算层、模型层以及应用层，如图 1-5 所示。

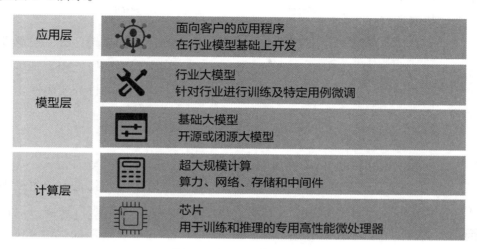

图1-5　大模型的技术架构

首先是计算层，它是包括计算、网络和存储在内的一整套基础设施服务。这些服务中还包括了专为 AI 工作负载优化的芯片，如 NVIDIA 公司的图形处理器（graphics processing unit，GPU）和谷歌公司的张量处理器（tensor processing unit，TPU）。这些高性能芯片为大型模型的训练和推理提供了强大的算力支持，是 AI 技术得以快速发展的重要基石。

接下来是模型层，这一层涵盖了基础大模型和针对特定行业的行业大模型。基础大模型包括阿里巴巴集团的通义千问大模型、百度公司的文心一言大模型、智谱 AI 公司的大模型等。而行业大模型则是在这些基础模型之上，针对特定行业的数据和知识进行深入训练或微调形成的模具。这类模型因为融入了更多的行业专业知识，所以在处理行业内的问题时表现出了更高的精准度和效率。例如，在医疗领域，通过训练包含大量医疗专业数据和知识的行业大模型，医生可以更准确地分析病历、诊断疾病和制定治疗方案。

最上层是应用层，这一层主要是基于行业大模型开发面向客户的各种应用。例如，一个基于行业大模型的智能数字人应用，它不仅能进行自然语言对话，还能根据用户的行业背景和需求提供个性化的建议和服务。再如，一个智能客服应用，通过深度理解客户的问题和需求，能够快速给出满意的答复和解决方案。这些应用不仅提升了用户体验，还大大提高了企业的运营效率和客户满意度。

总的来说，大模型技术架构是一个高度集成和优化的系统，每一层都发挥着不可或缺的作用。从底层的强大算力支持，到中间层的智能模型训练，再到顶层的丰富应用场景，每一环节都体现了 AI 技术的创新性和实用性。

2．大模型的分类

大模型依据其功能可以分为以下四类。

（1）自然语言处理大模型：自然语言处理大模型，尤其是大语言模型（large language model，LLM），代表了 AI 领域在理解与生成人类语言方面的重大突破。它们不仅能够理解和解析复杂的语言结构，还能捕捉语言中的细微含义和情感色彩，进而执行高阶的语言任务。例如，生成式预训练模型（generative pre-trained transformers，GPT）系列模型通过深度学习技术，能够生成连贯的长篇文本、参与有深度的对话、总结文本、翻译语言以及生成创意写作，极大地推动了聊天机器人、自动生成内容和个性化推荐系统的发展。

（2）计算机视觉（computer vision）大模型：在计算机视觉领域，大模型利用深度学习网络架构，如卷积神经网络（convolutional neural network，CNN）和 Transformers，来解析像素级数据，实现对图像和视频的高级理解。这些模型不仅能够识别和分类图像中的物体，还能进行场景理解、行为分析以及细粒度的情感识别。在智能安防中，它们可以实时监控视频流，自动报警异常行为；在医疗健康领域，它们能辅助医生进行疾病诊断，如通过医学影像识别肿瘤；而在自动驾驶技术中，这些模型则是车辆识别周围环境、做出安全决策的关键。

（3）科学计算大模型：科学计算大模型是 AI 与传统科学研究交叉的产物，它们利用机器学习方法处理和分析复杂科学数据，为科研提供新的视角和工具。在生物信息学中，这些模型可以帮助预测蛋白质结构、解析基因表达模式；在材料科学领域，它们可以加速新材料的发现过程，通过预测材料性质来指导实验设计；在气候模拟方面，模型可以处理海量气象数据，提高气候变化预测的准确性和效率，为政策制定提供科学依据。这些模型通常要求极高的计算资源和专业的领域知识，是推动科学研究迈向智能化的重要力量。

（4）多模态大模型：多模态大模型能够整合文本、图像、语音等多种模态的数据，实现信息的互补和增强，促进更加全面和深入地理解与生成。例如，搜索引擎通过多模态模型能够提供更精确的搜索结果，不仅基于关键词匹配，还能理解图像内容或语音指令；在办公软件中，这样的模型可以实现手写笔记的自动转录、会议记录的多维度整理。

1.3.2　大模型商业价值

大模型商业价值超万亿美元并聚焦于四大商业功能。麦肯锡公司发布的《生成式 AI 的经济潜力》报告指出，生成式 AI（或大模型）对生产率的影响可能为全球经济增加数万亿美元的价值。同时，麦肯锡公司指出尽管生成式 AI 对众多商业功能具有潜在影响，但仅从技术对功能成本占比的角度考量，仅有数个功能表现突出，图 1-6 为大模型在企业各职能的价值，图中图例为三角形的是商业功能。通过对 16 个商业功能的深入分析，报告确定了四个核心功能：客户运营、市场营销与销售、软件工程以及产品研发。

大模型在企业数智化转型中的核心价值不仅体现在降低 AI 开发门槛、增强用户体验、以业务驱动的方式拥抱 AI 等方面，还包括加速知识管理和决策支持、促进跨部门协作和资源整合、促进自动化和智能化流程、推动商业模式创新和产业升级等多个方面。

1．以业务驱动的方式拥抱 AI

在过往的企业数智化转型过程中，技术通常扮演着主导角色，技术部门往往需要寻求业务部门的合作，并努力推动业务部门采纳新技术。然而，随着 AI 技术的飞速发展，特别是大模型技术的崛起，这一趋势正在发生深刻变化。如今，业务人员，甚至是企业的领导者，都被大模型的强大能力震撼，更加主动地寻求将 AI 技术应用于业务之中的方法。这种由业务牵引的转型方式，更能确保AI技术的有效落地。相较于过去那种表面上的"拥抱技术"而实际内心抗拒的转型模式，以业务为导向的AI应用更能深入业务核心，解决实际问题，从而推动业务的创新和增长。

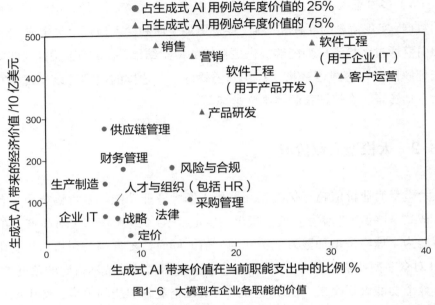

图1-6 大模型在企业各职能的价值

（来源：2023年6月麦肯锡《生成式AI的经济潜力》）

2．降低AI应用门槛

传统的AI开发模式通常需要专业的数据科学家和工程师团队，针对不同的任务和场景进行定制化的开发工作，这不仅耗时耗力，而且对技术和人才的要求极高。然而，大模型的出现显著降低了AI开发的复杂度和门槛。通过预先训练的大规模模型，企业可以快速地在各种业务场景中实现AI功能，不需要从零开始构建复杂的模型和算法。这种便捷的部署和应用方式，使得更多的企业和团队有能力参与到AI开发和应用中来，推动了AI技术的广泛普及和深度应用。

3．增强用户体验

大模型对于人机交互方式的变革具有革命性的影响。通过自然语言理解

(natural language understanding，NLU）和自然语言生成（natural language generation）、图像识别和处理、语音识别和合成等技术，大模型能够提供更加智能化和人性化的用户体验。如通过训练大规模的语言模型，企业可以实现自动化的文本生成、翻译、问答等功能，提升客户服务和营销的效果；同时，大模型的应用也有助于中后台的赋能升级，使得企业的数据处理、分析和决策能力得到大幅提升。此外，大模型还可以激发员工的原生数智动能，通过提供智能化的工具和平台，帮助员工更好地利用数据和 AI 技术进行创新和优化工作，进一步推动企业的数智化转型进程。

4．加速知识管理和决策支持

大模型具有强大的知识表示和推理能力，能够对海量的数据和信息进行高效的处理和分析。这使得企业在面对复杂和不确定的商业环境时，能够更快地获取和理解关键信息，做出更为精准和及时的决策。同时，大模型也可以帮助企业建立和完善知识管理体系，提升知识的共享和传承效率，增强企业的创新能力和发展潜力。

5．促进跨部门协作和资源整合

大模型的应用涉及多个部门和领域的协同合作，包括数据科学、IT、业务、法务、风控等多个方面。通过大模型的引入和应用，企业可以打破部门间的壁垒和界限，实现跨部门的资源整合和协作，提高整体的运营效率和效果。

6．促进自动化和智能化流程

大模型可以赋能企业的自动化和智能化流程，提高工作效率和质量。例如，通过使用计算机视觉和深度学习技术，企业可以实现自动化的图像识别和处理，提高生产制造和物流配送的效率和精度，或者是使用大模型提高生产制造中的产品质检工作效率，取代人工质检。

7．推动商业模式创新和产业升级

大模型的应用不仅能够提升企业的运营效率和竞争力，还能够推动商业模式的创新和产业升级。例如，通过大模型的智能化推荐和个性化服务，企业可以开发出全新的产品和服务，满足消费者的多元化和个性化需求。同时，大模型也可以帮助企业实现数字化和智能化的生产、供应链和营销等方面的能力提升，推动整个产业的转型升级；通过结合大数据和 AI 技术，企业可以开发出个性化推荐、智能诊断、智能投资等新型服务，满足用户的多元化需求和期望。

1.3.3　大模型发展趋势

未来的大模型发展呈现十大趋势。

趋势 1：超级应用的出现。

大模型的崛起将有力推动超级应用的诞生。以微软公司为例，其在 Windows 11 操作系统中引入的 Copilot，是一个基于大模型的 AI 助手，作为操作系统内置的侧边栏工具，旨在协助用户高效完成多样化任务。微软公司已将 Copilot 智能助手深度整合至其核心产品和服务之中，涵盖 Windows 操作系统、Office 365 办公软件套件、Azure 云服务、Edge 浏览器、Teams 协作平台、Bing 搜索引擎和 SwiftKey 键盘等多个领域。据 CNBC 的一份报告指出，Copilot 的推出预计将在 2026 年为微软公司带来高达 100 亿美元的年收入增长。

趋势 2：大模型的分化与行业模型普及。

大模型将不再追求单一的、通用的解决方案，而是会分化为针对特定行业或领域的专业模型。这些行业模型可能会更加精准和高效，成为推动 AI 生成内容（AI generated content，AIGC）广泛应用的关键。例如，医疗领域的模型将更加注重疾病诊断和治疗方案的优化；金融领域的模型将更加注重风险管理和投资策略的制定；在教育领域，大模型能够为教师和学生提供更加个性化的教学方案和学习体验；在交通领域，大模型能够为交通规划和管理人员提供更加智能和高效的城市交通解决方案。

趋势 3：不同行业 AI 发展成熟度差异明显，倒逼行业企业数字化能力升级。

在进入生成式 AI 阶段的过程中，各个行业 AI 应用的发展成熟度参差不齐。农业行业、能源行业、政府与公共服务业属于 AI 应用的探索早期，成熟度较低；医疗、制造、教育、金融、交通、旅游等行业属于 AI 应用的发展中期，成熟度中等；而零售、游戏、广告和电商则属于 AI 的高速发展期，成熟度最高。为了实现更加全面和深入的 AI 应用，各行业企业需要进一步推动数字化升级，这些数字化升级的关键在于以下几个要素。

（1）行业特征与企业经营目标导向。不同的行业有着不同的特点和需求，企业的经营目标也各不相同。因此，在推动 AI 应用时，需要充分考虑行业特征和企业的经营目标，确保 AI 应用能够满足行业和企业的实际需求。

（2）数字化基础能力建设。AI 应用的发展离不开数字化基础能力的支持。因此，企业需要加强数字化基础能力的建设，包括硬件设备、网络设施、数据处理等方面，为 AI 应用提供稳定、高效的支持。

（3）数据资源沉淀，特别是行业 Know-how 导向数据资源。AI 应用的核心在于数据。企业需要积累丰富的数据资源，特别是那些具有行业 Know-how 导向的数据资源。这些数据资源能够帮助 AI 模型更好地理解和解决行业问题，提高 AI 应用的准确性和效率。

趋势 4：To B 市场拥有大量的 AIGC 落地机会。

实际应用场景的落地对于 AIGC 的发展具有决定性的影响，这一点在企业级市场（To B）中尤为明显，AIGC 将深度融入企业的各个业务环节之中。

（1）在业务流程优化方面，通过运用 AI 技术，企业可以实现对业务流程的自动化和智能化管理。例如，在制造业中，AIGC 可以用于智能调度、质量控制和供应链管理等方面。

（2）作为营销助手，AIGC 能够根据用户行为和市场趋势，生成个性化、精准的营销内容和策略。

（3）在内容创作领域，AIGC 将彻底改变传统的创作模式。AI 能够根据预设的主题和风格，自动生成文章、视频、图像等各类内容，为广告创意提供源源不断的创新素材。

（4）客户服务是另一个有望被AIGC深度改造的领域。通过AI聊天机器人和语音助手，企业可以提供7×24h的在线支持，解答客户疑问、处理投诉、推荐产品，显著提升客户满意度和忠诚度。

趋势5：高质量数据愈发稀缺，倒逼企业更加重视采集数据与治理数据。

大模型的商业化竞争日益激烈，导致模型训练所需的高质量语言和图像数据面临短缺危机。根据Epoch AI Research团队的研究，高质量的语言数据预计将在2026年耗尽，而低质量的语言数据和图像数据的存量预计分别在2030—2050年和2030—2060年枯竭。这意味着，如果没有新的数据源或无法提高数据利用效率，大模型的发展速度可能会在2030年之后显著放缓。

为了解决这些问题，企业需要更加重视相关数据的采集与治理，并推动数据在大规模、多模态、高质量三个维度上实现全面提升。大规模意味着数据量要足够大，多模态则表示数据需要包含多种形式（如文本、图像、音频等），而高质量则是指数据需要具有低噪声、完整性和平衡性等特点。

趋势6：联邦学习有望成为下一代AI隐私计算的基础，实现数据价值流动。

自2016年谷歌公司首次提出联邦学习的概念以来，科技企业在金融、安防、医疗、在线推荐系统等领域逐渐推广联邦学习的应用，使得它成为解决合作中数据隐私与数据共享矛盾的新方法。

目前，联邦学习的研究热点主要集中在机器学习方法、模型训练和隐私保护等方面，未来的研究方向将更多涉及算法模型和安全隐私技术，如数据隐私、深度学习、差分隐私和边缘计算等。联邦学习有望成为下一代AI协同算法、隐私计算和协作网络的基础，通过实现在合法合规、安全高效的基础上的数据价值流动，联邦学习有望推动AI技术的进一步发展。

趋势7：AI安全问题凸显，安全治理日趋严格。

深度神经网络大模型的预训练和强化学习将带来以认知发展为导向的自我进化。然而，确保这种自我性特征对人类社会有益而无害是一个巨大挑战。

AI带来的挑战主要包括技术安全、应用安全和数据安全。在技术安全方面，AI技术的复杂性和不透明性导致了"黑箱"困境，AI的决策过程和结果难以解释。在应用安全方面，大模型与AIGC的融合发展使生成的内容能够以假乱真，增加了虚假信息、偏见歧视和意识渗透等风险。在数据安全方面，海量数据是AI发展的基石，但在采集、使用和分析过程中存在数据泄露、篡改和真实性难以验证等安全隐患。

趋势8：多模态预训练大模型已经成为标配。

多模态预训练大模型包括两层含义：预训练强调在模型微调前集中学习通用特征，微调阶段结合特定任务数据进行调整；多模态指数据来源和形式具有多样性，如视觉、听觉、嗅觉等感官获取信息，通过声音、文字、图像等载体进行沟通表达。

预训练大模型起源于自然语言处理领域，已进入"百模大战"阶段，预计多模态预训练大模型将成为AI产业的标配。目前大部分模型仅支持文本输入，较为前沿的GPT-4还支持图像输入，但输出只能实现文本和图像两种模态。

多模态的模型训练方法更接近人类接收、处理、表达信息的方式，能更为全面地展现信息原貌，是未来AI模型发展的重点方向。大模型将从支持单一模态下的单一任务，逐渐发展为支持多种模态下的多种任务。

趋势9：开源创新。

开源创新是指开放源代码，使得开发者可以获取并修改模型源代码。开源的自由度越高，越有利于吸引更多开发者参与到生态建设中。通用人工智能（artificial general intelligence，AGI）强调AI的通用性，因此其生态需要满足大量细分场景和长尾需求。在这种情况下，生态系统越繁荣开放，越能覆盖所有专用化、场景化乃至碎片化的需求，从而保证AGI生态的丰富性和完整性。此外，更多的开发者意味着底层模型和上层应用等的迭代速度也会更快。

趋势 10：具身智能崛起。

具身智能，顾名思义，它赋予了机器像人类一样的自主决策和行动能力。这种智能不再局限于固定的计算机程序，而是能够实时地感知并理解周围环境，通过持续地自主学习和适应性行为，独立完成各种任务。

2023 年 2 月，微软公司发布了一篇题为"ChatGPT for Robotics: Design Principles and Model Abilities"的论文。该论文详细阐述了 ChatGPT 应用于机器人领域的设计原则，并深入探讨了两者结合后所带来的诸多创新性解决方案，如跨平台、跨任务的机器人控制能力等。紧接着在同年 3 月，谷歌公司与柏林工业大学团队联手推出了多模态具身视觉语言模型 PaLM-E。这一模型不仅能执行各种错综复杂的机器人指令，更展现出了出色的迁移能力，即不需要重新训练即可适应新任务。到了 2023 年 7 月，AI 领域的佼佼者李飞飞团队更是公布了他们的最新研究成果——VoxPoser。这是一个由大型语言模型和视觉语言模型（vision-language model，VLM）共同驱动的机器人项目，它的一大亮点在于能够直接理解并执行人类以自然语言形式下达的指令，不需要额外的数据输入或训练过程。

具身智能的实现离不开与物理世界硬件、实体的深度融合。它集成了传感技术、机器视觉、机器人操作、智能控制、无线通信以及物联网等多学科的前沿技术，从而赋予了机器人感知外界环境、自主决策和行动等全方位的能力。

第 2 章

首席数智官的角色定位与使命

随着大数据和 AI 技术的不断进步，特别是大模型技术的兴起，企业如何有效地利用这些工具来推动自身的数智化转型，已成为决定未来竞争力的关键。首席数智官（chief digital and artificial intelligence officer，CDAO）在此过程中扮演着至关重要的角色，他们是企业数智化转型的引领者，负责制定和执行数智化战略，推动技术创新，优化业务流程，提升决策效率，并最终实现企业价值的最大化。本章讨论数智化转型的问题、挑战与解决办法，并深入探讨首席数智官的角色定位、工作职责以及在推动企业数智化转型中的关键作用。

2.1　企业数智化转型问题与挑战

2.1.1　企业数智化转型的目的

企业数智化转型具体包括以下六大目标，如图 2-1 所示。

图2-1　企业数智化转型六大目标

1. 提升产品和服务竞争力

企业数智化转型是提升产品和服务竞争力的关键步骤。通过深度融合大数据、AI等前沿技术，企业能够以前所未有的方式收集、处理和分析海量数据，进而获取对市场和消费者的深入洞察。这种洞察不仅能帮助企业准确把握市场趋势，更能深入挖掘消费者的潜在需求和偏好，为产品和服务的精准定位提供有力支撑。

在产品设计方面，数智化转型使企业能够运用先进的AI算法，对产品的功能、外观、用户体验等进行全面优化。通过模拟用户行为、分析用户反馈，企业可以不断迭代产品，确保其紧密贴合市场需求，并提供卓越的使用体验。这种以用户为中心的设计理念，显著增强了产品的吸引力和差异化优势。

此外，数智化转型还推动了服务模式的创新。基于用户行为数据的智能推荐系统，企业能够实时分析用户的兴趣、偏好和消费习惯，为用户提供高度个性化的产品推荐和服务体验。这种精准推送不仅提高了用户的满意度和忠诚度，更通过提升转化率，为企业带来了可观的商业价值。

2. 业务优化和降本提效

企业数智化转型是实现业务优化、降本提效的重要途径。通过对内部运营数据进行深度挖掘和分析，企业能够洞察业务流程中的瓶颈、冗余环节以及潜在改进点。基于这些洞察，企业可以精准地调整和优化业务流程，消除无效和低效的工作，从而提升整体运营效率。例如，企业可以运用预测性维护技术，这是一种基于大数据和机器学习模型的先进方法，用于预测设备故障和维护需求。通过实时监测设备运行数据，结合历史故障模式和预测模型，企业能够提前预警潜在故障，并安排计划性维护，从而显著减少意外停机时间和昂贵的紧急维修成本。此外，自动化和智能化的生产流程也是企业数智化转型的重要应用方向。借助大数据分析和优化算法，企业可以精确控制生产过程中的各个环节，实现生产资源的优化配置和生产计划的动态调整。这不仅提高了生产效率，降低了人力和资源的浪费，还为企业带来了更高的生产灵活性和市场响应速度。

3．提升客户体验和满意度

企业数智化转型可以通过大数据和大模型的应用，提升客户体验，提高客户满意度和忠诚度。大数据技术可以帮助企业收集和分析客户数据，了解客户需求和行为，提供更加个性化的产品和服务。大模型技术可以通过机器学习和深度学习算法，对客户数据进行处理和分析，提取有价值的信息和知识，为企业的客户服务提供更加科学、合理的依据。数智化转型还能提升企业的运营效率和服务质量。借助自动化和智能化的流程管理，企业可以减少人工错误，提高生产和服务的响应速度和准确性。例如，利用 AI 客服机器人可以实现 24 h 无间断的服务，快速解决客户问题，提升客户服务水平。通过大数据和大模型的应用，还可以帮助企业实现客户关系的精细化管理，提高客户满意度和忠诚度。

4．创造新商业机会

大数据和大模型为企业发现和抓住新的商业机会提供了强大的工具。通过对各种来源的数据进行综合分析和挖掘，企业可以洞察到新兴的消费热点、行业趋势和潜在需求，进而开发新产品、新服务或新模式。例如，通过分析社交媒体和网络搜索数据，结合自然语言处理和图像识别等大模型技术，企业可以快速捕捉市场变化，调整产品线和市场策略，抢占市场先机。

大模型能够提升企业现有产品或服务的智能化水平。通过大模型技术，企业可以对用户行为、设备状态、市场趋势等数据进行深度分析和预测，从而实现产品或服务的智能化优化。例如，在智能家居领域，通过运用大模型技术，企业可以开发出能够自动调节温度、湿度、光照等环境因素的智能设备，提供更加舒适和便捷的生活体验。甚至，大数据和大模型有助于企业创新业务模式和拓展新的增长点。通过挖掘数据中的隐藏价值，企业可以开发出全新的产品或服务，抢占市场先机。

5．智能化决策

企业数智化转型可以通过大数据和大模型的应用，实现智能化决策和管理。大数据技术可以帮助企业收集和分析各种数据，包括内部数据和外部数据，为决策提供更加全面、准确的信息支持。大模型技术可以通过机器学习和深度学习算法，对数据进行处理和分析，提取有价值的信息和知识，为企业的决策提供更加科学、合理的依据。

通过大数据和大模型的应用，企业可以将复杂的数据转化为有价值的信息和知识，为决策提供有力的支持。同时，大数据和大模型还可以帮助企业建立更加科学、合理的决策模型和算法，实现部分决策的自动化处理，提高决策效率和准确性。此外，大数据和大模型还可以帮助企业实现精细化管理，提高资源利用效率和管理水平。

6．实现产业智能

企业数智化转型是一项以大数据和大模型为基础的战略性举措，旨在推动产业智能化升级。通过应用大数据隐私计算技术，企业可以更安全、高效地实现数据共享和交换，进而促进产业协同和创新发展。同时，大模型技术借助先进的 AI 算法，能够深度处理和分析数据，提取出有价值的信息和知识，为产业协同和创新提供更为科学、合理的决策依据。

产业数据智能的推进，是在大数据和大模型的共同支撑和引领下进行的。在这一过程中，大数据作为关键要素，其价值释放成为核心目标；而大模型则作为赋能的主线，引领产业链上下游的全要素实现数字化升级、转型和智能化再造。从微观层面看，产业数据智能有助于企业提升效率和质量，打造新的竞争优势；从中观层面看，它重塑了产业分工协作的格局，推动了产业生态的协同发展；从宏观层面看，产业数据智能更是加速了新旧动能的转换，成为推动经济发展的新引擎。

许多大型集团性企业在数智化转型的过程中，都致力于构建这样的产业数据智能生态。这不仅可以重塑企业内部的业务协作和利益格局，提升微观层面的竞争力，还能在宏观层面重塑产业链的协作和利益格局，推动整个产业的协同发展。在此过程中，原有的企业内部和产业链的利益格局将经历打破和升级的过程，以适应新的数字化、智能化发展趋势。

2.1.2　企业数智化转型四大陷阱

企业数智化过程中，许多企业可能会陷入一些常见的陷阱，这些陷阱如果不加以识别和规避，可能会阻碍数智化转型的进程，甚至导致转型失败。

1．战略误区：过早地将数智化解决方案视为新的增长点

在企业数智化转型的启动阶段，一些企业可能会过于乐观地看待数智化解决方案作为新的增长动力。这种期望往往忽视了企业的实际状况和数智化转型的复杂性。实际上，数智化转型并非一蹴而就的过程，而是需要根据企业当前的数字化状态进行有针对性的设计和规划。

考虑到每个企业的数字化基础、业务特点和市场环境各不相同，数智化转型的战略应当具有针对性和阶段性。特别是对于尚处于初级阶段的企业而言，初期的主要焦点应该更多地放在通过数智化手段降低成本、提高效率以及提升客户体验上，而不是过于追求新的商业机会。只有在基础层面完成了数字化转型，并积累了充足的数据和经验后，企业才有可能通过数智化解决方案开拓新的增长点。

2．组织陷阱：过度倚重技术部门承担数智化转型核心职责

在许多企业中，数智化转型的重担常被单方面寄托于技术部门。然而，数智化转型远非技术层面的简单变革，而是涉及企业组织结构、文化、流程以及员工能力等多维度、多层面的综合性改革。若将转型的主要责任完全置于技术部门之上，不仅可能阻碍部门间的协同合作，更可能因缺乏全面视角和跨部门协调能力而导致转型成果大打折扣。

数智化转型是一项需要企业高层领导共同推动和参与的重大工程。企业高层应积极引领数智化转型的理念，促进组织内部各部门的协同合作，确保所有部门和员工均能深入理解和积极参与转型过程。只有当企业从高层到基层都对数智化转型有清晰的认识和共识，才能确保转型的顺利推进和成功实施。

3. 工具依赖症：误认为数智化工具引进即大功告成

一些企业在寻求数智化转型的过程中，错误地将引进高端数智化工具视为实现转型目标的万能钥匙。实际上，工具只是数智化转型的一个环节，而非决定性因素。真正的数智化转型要求将工具与各项业务流程紧密相连，通过持续的运营与优化达到融合。

若仅引进数智化工具，而未充分考虑其与业务流程的整合，可能导致工具效能大打折扣，甚至产生负面效果。例如，员工若不熟悉新工具操作，或新工具与现有工作流程不兼容，都可能使工具成为负担，而非助力。因此，企业在数智化转型过程中，需全面考虑工具与业务的融合，以确保转型目标的顺利实现。

4. 治理陷阱：误以数据掌握为优势

在数智化转型的浪潮中，数据被赋予了极高的价值和地位，被视为推动发展的重要力量。然而，一些企业错误地以为，只要掌握了海量的数据，就能轻易占据市场竞争的先机。实际上，数据的积累并不等同于价值的实现，若缺乏科学有效的数据治理机制，数据将难以发挥其应有的潜力。

当前，许多企业在内部和外部环境中都未能建立起完备的数据治理体系和程序，这导致了数据的流通性受限，难以真正为企业创造价值。数据治理不仅涉及数据的质量控制、安全保障和合规使用，还涵盖了数据的整合、分析与应用等多个层面。若缺乏这些关键环节的有效治理，可能会导致数据冗余、混乱、泄露等问题，进而对企业的决策质量和业务效率产生负面影响。

2.1.3 企业数智化转型九大挑战

在数智化转型过程中，企业往往会面临一系列的挑战。以下是企业在数智化转型过程中需要面对的九大挑战。

1. 数字化技术在核心业务支撑方面存在不足

在数智化转型过程中，许多企业往往仅将数字化技术应用于非核心、辅助性业务，未能有效整合至核心业务之中。这种做法限制了数字化技术的潜力，未能充分发挥其对企业业务增长的推动作用。为实现业务的持续创新与发展，企业应深入探索数字化技术与核心业务的融合路径。

2. 无互联网思维，用户体验差，无产品经理文化

在数智化转型过程中，企业需要具备互联网思维，关注用户体验，并建立起产品经理文化。然而，许多企业在这方面存在明显的不足。他们往往只是简单地将传统业务迁移到互联网上，而忽视了用户体验的重要性。同时，由于缺乏产品经理文化，企业无法有效地管理和优化数智化产品，导致产品的用户体验不佳。

3. 产品开发成本高、效率低，研发不敏捷

在数智化转型过程中，企业需要具备敏捷的开发能力，以便快速响应市场需求和变化。然而，许多企业在产品开发过程中存在成本高、效率低的问题。他们往往采用传统的瀑布式开发模式，导致开发周期长、成本高，且无法及时响应市场变化。此外，由于缺乏敏捷开发能力，企业无法有效地形成中台，无法实现资源的共享和复用。

4. 数智化基础设施未打通：业务之间系统不通，数据不通，没有协同性

在数智化转型过程中，企业需要建立起完善的数智化基础设施，以便实现业务之间的协同和数据的共享。然而，许多企业的数智化基础设施存在明显的缺陷。他们的业务系统之间无法实现互通互联，数据无法实现共享和交换，导致业务之间的协同性差。在这种情况下，企业无法有效地利用数智化技术来推动业务发展。

5. 数据孤岛林立，治理困难：数据质量良莠不齐，数据使用无流程或流程僵化

在数智化转型过程中，企业需要建立起有效的数据治理机制，以便实现数据的规范管理和有效利用。然而，许多企业的数据治理存在明显的问

题。他们的数据孤岛林立，数据质量良莠不齐，导致数据的可信度低、可用性差。同时，由于缺乏有效的数据使用流程和管理机制，企业无法实现数据的规范使用和共享。在这种情况下，企业无法充分利用数据来推动业务发展。

6．人才匮乏

在数智化转型过程中，企业需要具备相应技能和知识的专业人才。然而，目前市场上这类人才的供给无法满足需求，导致许多企业面临人才短缺的困境。即便成功招聘到相关人才，企业仍需投入大量的时间和资源进行培训和培养，使其适应企业的业务环境和需求。同时，随着数智化技术的不断发展和更新，企业需要持续关注并提升员工的技能和知识水平，以保持其在市场中的竞争力。

7．组织文化障碍

在数智化转型过程中，技术层面的变革固然重要，但思维方式和工作模式的转变同样关键。为了推动这一转变，企业需致力于构建一种以数据为核心的企业文化，鼓励员工利用数据作为决策和创新的基石。然而，在实际操作中，由于长期沿用的传统工作习惯和思维方式，部分员工可能对这一转变持有抵触或困惑的态度，这无疑增加了转型的复杂性和挑战性。同时，为了确保数据驱动的决策和创新的顺利实施，企业还需努力打破部门间的隔阂，促进跨部门的协作与沟通，共同推动组织的进步与发展。

8．法规遵从性与安全保障

鉴于数据价值的持续增长，数据的安全性和隐私保护已成为亟待解决的问题。企业在推进数智化转型时，必须严格遵循相关的数据保护法规，以防范数据泄露和滥用。此外，建立全面的数据安全防护体系亦不可或缺，以确保企业的数据资产免受侵害。同时，加强员工的数据安全意识培训亦至关重要，以提高员工对数据安全的重视度。

9. 投资回报的不确定性

在数智化转型过程中，企业通常需要承担相当大的前期投入，这涵盖了硬件设备、软件系统、人才引进及培训等多个方面。然而，由于转型效果的显现往往需要较长时间，企业可能会对其投资回报产生疑虑和担忧。因此，如何科学量化转型的效益并制定合理的投资策略，成为企业面临的关键挑战。同时，企业还需根据自身的实际情况和市场环境的变化，不断对投资策略进行调整和优化，以确保实现投资回报的最大化。

2.1.4 数智化转型的关键成功要素

为了确保数智化转型的成功，企业需要关注以下关键要素。

1. 明确战略定位

企业需要深入理解自身的业务模式、市场环境和数字化现状，明确数智化转型的目标和路径。在制定战略时，应充分考虑企业的长期发展和竞争优势，避免盲目跟风或过度追求短期利益。初期的战略重点应放在优化现有业务流程、提升运营效率、降低成本和提高客户体验上，通过解决实际问题来积累经验和数据，为后续的创新和增长奠定基础。

2. 全员参与和跨部门协作

数智化转型是一项系统工程，需要全员参与和跨部门协作。企业的一把手应当积极参与并推动转型进程，通过高层领导的示范作用，带动全体员工理解和接受数智化转型的理念和目标。同时，企业需要建立跨部门的协作机制，如设立专门的转型项目组或委员会，定期召开协调会议，共享信息和资源，共同解决问题和推进工作。

3. 工具与业务深度融合

引进先进的数智化工具只是实现转型的第一步，更重要的是将这些工具与企业的各项业务工作紧密结合，进行持续的运营和优化。企业应选择适合自身业务需求的数智化工具，并在实施过程中注重工具与业务流程的融合，如通过定制开发、集成接口等方式，确保工具能够无缝接入现有的业务系统和数据平台。同时，企业还需要对员工进行培训和指导，帮助他们掌握工具的使用方法和技巧，提高工作效率和质量。

4. 建立有效的数据治理机制

数据是数智化转型的核心驱动力，但只有建立起有效的数据治理机制，才能确保数据的质量、安全和合规使用。企业应设立专门的数据治理团队，负责制定数据采集、存储、处理、分析和应用的标准和流程，确保数据的完整性和准确性。同时，企业还需要建立健全的数据安全防护体系，包括数据加密、访问控制、风险评估和应急响应等方面，防止数据泄露和滥用。此外，企业还需要遵守相关的数据保护法规，如通用数据保护条例（general data protection regulation，GDPR）、个人信息保护法等，确保数据的合规使用和隐私保护。

5. 支撑核心业务的数智化

企业应将数智化技术与核心业务紧密结合，通过数智化手段提升业务效率和竞争力。这需要企业具备互联网思维，关注用户体验，并建立起产品经理文化，以用户为中心进行产品设计和开发。同时，企业还需要对现有的业务流程进行梳理和优化，以便更好地融入数智化元素，如自动化、智能化、个性化等。此外，企业还需要通过数据分析和挖掘来发现新的业务机会和价值点，如预测性维护、精准营销、智能推荐等。

6. 敏捷开发与高效研发

在数智化转型过程中，企业需要具备敏捷开发和高效研发的能力，以便快速响应市场需求和变化。这需要企业采用灵活的开发模式，如敏捷开发、DevOps 等，降低产品开发的成本和周期，提高产品的质量和用户体验。同时，企业还需要建立高效的项目管理机制，包括需求管理、计划管理、质量管理、风险管理等方面，确保项目的进度和质量。此外，企业还需要培养一支具有数智化素养的研发团队，包括数据科学家、算法工程师、前端/后端开发人员等。

7．打通数智化基础设施

企业应打破业务之间的系统和数据壁垒，实现数据的互联互通和协同工作。这需要企业建立统一的数据平台和标准，如数据湖、数据仓库、数据中台等，促进数据的共享和利用。同时，企业还需要对现有的 IT 基础设施进行升级和优化，如云计算、物联网、AI 等，以满足数智化转型的需求。此外，企业还需要建立数据驱动的决策支持系统，如 BI、AI、ML 等，通过数据分析和可视化来提供决策依据和洞察。

8．人才培养与组织文化建设

数智化转型需要具备相应技能和知识的人才。企业应投入资源进行人才的招聘、培训和培养，建立一支具有数智化素养的团队。同时，企业还需要建立一种数据驱动的文化，鼓励员工积极参与数智化转型，通过数据分析和挖掘来驱动决策和创新。此外，企业还需要建立相应的激励机制，如绩效考核、奖励制度、职业发展等，激发员工的积极性和创造力。

9．遵守法规与保障数据安全

随着数据价值的提升，数据的安全性和隐私保护问题也日益突出。企业在进行数智化转型的过程中，必须严格遵守相关的数据保护法规，确保数据的安全性和合规使用。企业应建立完善的数据安全防护体系，包括数据加密、访问控制、风险评估和应急响应等方面，防止数据泄露和滥用。此外，企业还需要建立数据隐私和伦理规范，如数据最小化、透明度、同意原则等，尊重用户的权利和尊严。

10．确保投资回报

尽管数智化转型的前期投入可能较大，但企业应通过合理的规划和管理，确保投资能够带来长期的效益和回报。企业应定期评估转型的效果和价值，包括财务指标、非财务指标、社会效益等方面，进行必要的调整和优化，以确保转型的成功实施。同时，企业还应建立科学的投资回报率（return on investment，ROI）计算模型，量化转型的经济效益和社会效益，为未来的决策提供依据。此外，企业还需要建立可持续的商业模式和盈利模式，如数据服务、增值服务、合作伙伴关系等，实现商业价值的最大化。

2.2　首席数智官工作职责

2.2.1　企业需设立首席数智官

在大数据时代诞生了首席数据官（chief data officer，CDO）的角色，他们的主要职责是管理和利用企业的数据资源，提升数据驱动决策的能力。然而，随着数字化进程的深入和AI技术的发展，尤其是大模型技术的崛起，企业对于数据管理和应用的需求已经发生了深刻的变化。

然而，大模型的应用并非易事，它需要专业的技术和管理能力来确保模型的准确性和可靠性，同时也需要对业务流程和战略目标有深入的理解和把握。因此，传统的CDO角色已经无法满足企业在数字化和大模型时代的要求。他们需要具备更广阔的技术视野和更深入的业务理解，能够将数据科学、AI技术和业务战略紧密结合，推动企业的数智化转型。

在这种背景下，首席数智官的角色应运而生。他们不仅需要掌握数据科学和AI的专业知识，还需要具备跨领域的业务理解和领导力，能够在技术和业务之间架起桥梁，将大模型等先进的AI技术转化为实际的业务价值。

作为首席数智官，他们需要具备技术和管理双重职责。在技术方面，他们需要具备深厚的数据科学和AI专业知识，能够领导团队进行数据挖掘、模型训练和算法优化等工作。在管理方面，他们需要了解企业的业务运营和战略规划，能够将技术与业务紧密结合，推动企业实现智能的价值最大化。

除了技术和管理能力外，首席数智官还需要具备良好的领导力、沟通能力和商业敏感度。他们需要能够带领团队解决复杂问题，协调各个部门之间的合作，同时也需要具备商业敏感度，能够洞察市场趋势和客户需求，为企业制定合适的智能战略。

同时，企业需加强大模型相关人才储备。企业应深刻认识到 AI 和大数据技术在当今数智化时代的重要性，并将其视为提升竞争力和驱动业务增长的核心动力。因此，企业需要加大对 AI 和大数据技术的研发和应用能力的投入，不断跟踪研究前沿技术，优化现有技术，并积极探索和实践新技术。

为了实现这一目标，企业可以采取多种策略。一方面，企业可以设立专门的研发团队，聚集一批具有深厚技术背景和丰富实践经验的专业人才，共同进行技术研发和创新。另一方面，企业也可以与科研机构、高校等进行合作，利用外部资源和智力支持，共同推进技术创新和应用。

然而，仅仅拥有强大的技术研发能力还不够，企业还需要培养一支具有相关技能和知识的人才队伍，以确保大模型能够在实际业务中得到有效应用和持续优化。大模型的应用涉及多个领域的专业知识和技能，包括数据科学、机器学习、深度学习、自然语言处理、计算机视觉、软件工程等。因此，企业需要通过多元化的方式吸引和培养各类人才，形成一个多学科、多技能的团队。

在人才培养过程中，企业需要注重理论与实践相结合，提供丰富的实战项目和案例学习机会，帮助员工掌握大模型的应用方法和技术手段。这不仅可以提高员工的技术水平和实战能力，还可以激发其创新思维和问题解决能力。同时，企业也需要建立良好的激励机制和职业发展路径，鼓励员工持续学习和创新，提高其在大模型领域的专业素养和竞争力。

具体来说，企业可以通过内部培训、外部招聘、合作交流等方式，吸引和培养各类人才。内部培训可以包括定期的技术研讨会、在线课程、实战训练营等活动，帮助员工更新知识和技能，提升工作效率和质量。外部招聘则可以瞄准国内外顶尖高校和研究机构的人才，引入新鲜血液和创新思维。合作交流则可以与业界领先的企业和组织进行技术交流和资源共享，共同推动大模型技术的发展和应用。

2.2.2 首席数智官工作职责及注意事项

1. 首席数智官的七大工作职责

首席数智官是企业中负责管理和指导数智化战略的高级管理人员。他们的工作职责涵盖了多个方面,如图2-2所示。

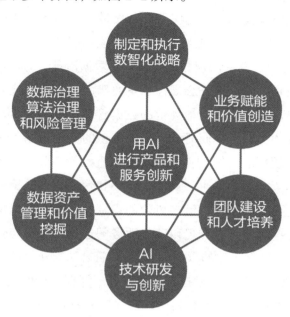

图2-2 首席数智官的工作职责

（1）制定和执行数智化战略。在满足业务需求和发展方向的基础上,制定和执行全面的数智化战略是首席数智官工作中的重要任务。这包括对大数据采集、存储、处理、分析等环节进行规划,并制定大模型的应用策略;确保数智化战略与企业整体战略保持一致,能够有效地推动业务增长和创新;同时,监督并评估数智化战略的执行效果,及时进行调整和优化,以确保战略的有效实施。

（2）用AI进行产品和服务创新。首席数智官通过运用AI技术,深度挖掘市场机会,加速数智化转型并推动业务增长。在产品开发、市场营销和客户服务等关键领域,首席数智官需要与AI紧密结合,从产品设计之初就考虑智能化和个性化需求,利用自然语言处理、计算机视觉和深度学习等先进技术,创新产品功能和服务模式,从而在激烈的市场竞争中脱颖而出。但同时,企业需要持续监测和评估AI的应用效果,不断调整优化策略,确保创新成果能够为企业创造真正的商业价值。

（3）AI技术研发与创新。首席数智官需要致力于推动大模型技术的研发与应用，旨在引领技术创新与实践。首席数智官与团队紧密合作，为团队提供指导与支持，以推动AI工具与算法的开发与优化。

（4）数据治理、算法治理和风险管理。数据治理、算法治理和风险管理是保证大数据质量、安全性和合规性的重要措施。为此，建立和完善数据治理体系至关重要。该体系应包括规范的数据管理流程和政策，以确保数据的准确性、一致性和完整性。同时，制定大模型的治理机制也是必不可少的。这些机制应涵盖模型的训练、验证、部署和监控等环节，以防止算法偏见、数据泄露和滥用等问题的发生。此外，评估和管理与大数据和大模型相关的风险也是至关重要的。通过对潜在风险的识别和分析，可以采取相应的措施来降低或消除这些风险。这样可以确保业务的连续性和稳定性，同时保护用户和组织的利益，确保企业的数据和AI活动符合法律法规的要求。

（5）数据资产管理和价值挖掘。数据资产管理和价值挖掘旨在确保数据的有效利用和价值最大化。通过利用大数据技术和AI算法，首席数智官可以进行深度数据挖掘和分析，揭示隐藏的业务规律和市场机会，同时，推动开发和实施数据驱动的项目和应用，将数据资产转化为实际的商业价值。这种方法可以帮助企业更好地理解和利用其数据资产，从而提高业务决策的准确性和效率，促进企业的可持续发展。

（6）业务赋能和价值创造。通过利用AI技术尤其是大模型技术，企业可以赋能各项业务活动，包括市场营销、客户服务、产品开发和供应链管理等。通过大模型技术和大数据技术，首席数智官能够提供精准的决策支持和业务洞察，从而提高运营效率和决策质量。此外，企业还可以探索和实施基于大数据和生成式AI的新业务模式和增值服务，以推动业务增长和市场拓展。

（7）团队建设和人才培养。首席数智官需组建和管理一支跨学科、多技能的智能团队，其中包括AI工程师、数据科学家、业务分析师等不同角色的成员。首席数智官将提供内部培训和外部学习机会，以提升团队在大数据和大模型领域的专业素养和创新能力。此外，首席数智官还需建立激励机制，以鼓励团队成员持续学习和创新，从而保持企业在技术领域的领先优势。

2．首席数智官核心能力

首席数智官不仅是技术的引领者，更是商业价值的创造者。要成功推动企业数智化项目的落地，并为企业带来实质性的增长和转型，首席数智官需要具备以下这些核心能力。

（1）深厚的技术功底。这包括 AI 基础理论的深刻理解，以及熟练掌握前沿技术如机器学习、深度学习等。他们能够灵活运用 Python、TensorFlow、PyTorch 等编程语言和工具，将技术高效应用于实际业务场景。同时对 Hadoop、Spark、SQL 等大数据平台及数据仓库、数据湖的精通，也是不可或缺的。

（2）敏锐的商业洞察。首席数智官需将技术与商业需求紧密结合，从海量数据中发掘新的增长点和商业机会。他们应具备深厚的行业知识和深入的业务理解，能够洞察市场趋势，掌握行业动态，为企业制定出既符合市场需求又具备创新性的智能战略。

（3）全面的 AI 战略规划能力。首席数智官需要具备制定和执行 AI 战略的能力。他们必须能够理解企业的业务需求和发展方向，并在此基础上制定出全面、有效的 AI 战略。同时，他们还需要监督并评估战略的执行效果，及时进行调整和优化。

（4）严格的数据治理与风险管理能力。数据的质量、安全和合规性是首席数智官必须坚守的底线。他们需要建立完善的数据治理体系，确保数据生命周期的每一个环节都受到严格监控和管理，同时遵循数据隐私、伦理和法律法规的要求。

（5）出色的项目管理能力与领导力。大数据与 AI 项目的成功实施，离不开卓越的项目管理能力和领导力。首席数智官应能够高效协调跨部门团队，制订并执行项目计划，及时应对各种挑战和问题。

（6）持续地创新与变革驱动。首席数智官必须具备前瞻性的创新思维和变革意识。他们应关注最新技术趋势，勇于尝试新的应用和方法，推动企业在数智化转型中不断突破和创新。

（7）以产品思维为导向。首席数智官需要从产品的角度思考智能项目的设计和优化。他们应深入了解用户需求和市场趋势，将数据技术与人性化设计相结合，创造出真正满足用户需求的智能化产品和服务。通过持续优化产品功能和流程，提升产品的市场竞争力和用户满意度。

（8）高效的沟通与协作能力。与技术团队、业务部门和管理层的顺畅沟通是首席数智官日常工作的关键。他们能够用简洁明了的语言解释复杂的技术概念，展示项目成果，赢得各方的信任和支持。

（9）强大的团队建设与人才培养能力。首席数智官应能够组建并管理一支多元化的专业团队，激发团队成员的潜力，打造一支高效协作、技能精湛的团队。

2.2.3　首席数智官如何有效开展工作

1．首席数智官推动企业数智化项目落地并与业务部门高效协作的策略

作为首席数智官，将企业数智化项目成功融入企业的业务运作中，并与各业务部门形成高效的合作关系，是实现企业数智化转型和持续增长的关键。

（1）深入理解业务需求，奠定合作基石。首席数智官的首要任务是深入理解业务部门的核心需求、挑战和目标。通过密切的沟通和交流，对业务流程和数据现状进行透彻的分析，识别出可以通过数智化技术进行优化和改进的关键领域。这种对业务需求的敏锐洞察既为后续的技术应用提供了方向，也奠定了与业务部门合作的基础。

（2）共同制订数智化项目计划，明确成功路径。明确数智化项目的具体目标和期望的业务价值，有助于确保项目从一开始就与业务需求紧密相连，并能够获得业务部门的支持。在此基础上，制订数智化项目的详细计划，是确保项目成功的关键步骤。这不仅涉及明确项目的目标、范围、时间表和预期成果，更重要的是确保项目与企业的整体战略和优先事项紧密相连。通过充分的沟通和协商，确保业务部门对项目的充分支持和参与，从而为项目的顺利推进和成功实施奠定坚实的基础。

（3）构建跨部门协作桥梁，形成合力。为了确保数智化项目的顺利推进，建立跨部门的协作机制至关重要。首席数智官应积极推动创建由业务、技术、数据和 AI 专家组成的联合团队。通过定期的联席会议和工作坊，不仅可以实现信息的共享和问题的讨论，还能共同制订行动计划和解决方案。与销售、市场营销、运营等部门的紧密合作，将确保项目计划的周密性、资源分配的合理性以及挑战应对的有效性。

（4）提升业务理解，培养共同语言。为了让业务部门更好地理解和接受大数据和 AI 技术，提供相关的培训和支持至关重要。通过培训，首席数智官可以帮助业务部门掌握大数据和 AI 的基础知识，提升其应用能力。同时，与业务部门建立共同的语言体系，理解他们的业务术语和目标，以及他们所面临的挑战，将有助于确保项目目标与业务目标的高度一致。在项目实施过程中，提供持续的技术支持和咨询，帮助业务部门解决遇到的技术问题和挑战，将进一步提升双方的合作效率。

（5）实现数据共享，转化洞察为价值。建立高效的数据共享平台和机制，确保业务部门能够便捷地访问和使用所需的数据资源。通过对大数据和 AI 产生的洞察进行深入分析和解释，将这些洞察转化为对业务有指导意义的建议和决策支持，将进一步凸显数据的价值。这种数据的共享和利用将有力地推动业务部门在数据驱动的决策中迈出坚实的步伐。

（6）严格把控数据质量，确保项目成功。大数据和 AI 项目的成功在很大程度上依赖于数据的质量。首席数智官应与数据团队紧密合作，确保数据的准确性、一致性和完整性达到最高标准。通过对数据的清洗、整合和验证过程的严格把控，为项目的成功实施提供坚实的数据基础。

（7）逐步推广，积累成功经验。在数智化项目的实施过程中，采取逐步推广的策略往往更为稳妥和有效。首席数智官应选择具有高潜力和影响力的业务场景作为试点项目的切入点。通过试点项目的成功实施和反馈收集，逐步将解决方案和最佳实践推广到其他业务领域。这种逐步推广的方式将有助于在整个企业中积累成功的经验并形成良性的循环。

（8）建立持续反馈机制，持续优化调整。在项目执行过程中，建立持续的反馈机制至关重要。通过定期收集业务部门的反馈意见，可以及时了解项目的实际效果以及存在的不足之处。这将有助于项目进行必要的调整和优化，以确保其始终与业务需求保持紧密对接。同时，设计和实施全面的项目监测和评估体系，持续跟踪项目的进度、质量和影响力，可以为项目的持续改进提供有力的数据支持。

2．首席数智官如何影响企业领导并获得支持

在推动企业数智化相关工作的过程中，首席数智官如何有效影响企业领导并获得其支持，是确保项目成功和企业数智化转型的关键。以下是一些具体建议，帮助首席数智官更好地实现这一目标。

（1）明确阐述业务价值。首席数智官应首先深入理解企业的战略目标和业务需求，然后将数智化项目的应用与之紧密结合。首席数智官需要清晰地阐述数智化项目如何为企业带来具体的业务价值，如提高效率、降低成本、增加收入或提升客户满意度等，用具体的数据和案例来支撑这些观点，使企业领导能够直观地看到项目的潜在回报。

（2）准备充分的商业计划和项目实施计划。首席数智官需要制订一份详尽的商业计划，包括项目目标、预期成果、投资回报率、市场分析和风险评估等。这将帮助企业领导全面了解项目的可行性和长期效益。同时，首席数智官需要制订详细、可行的数智化项目实施计划，包括明确的项目目标、预算、时间表以及风险评估和应对措施。与企业领导共同审议和调整计划，确保其与企业整体战略和财务状况相契合。

（3）建立信任关系。首席数智官与企业领导建立信任关系至关重要。首席数智官需要通过日常的沟通和交流，展示自己在数智化领域的专业知识和能力，同时对企业的整体战略与企业领导保持开放、频繁的沟通，及时分享AI领域的最新动态、挑战以及企业的应对策略。

（4）邀请企业领导参与。首席数智官需要鼓励企业领导提出意见和建议，甚至可以邀请企业领导参与项目的某些关键环节，如项目启动会、重要决策会议等。这样不仅能增强企业领导的参与感，也有助于确保项目方向与企业领导的期望保持一致。

（5）持续汇报进展。首席数智官需要定期向企业领导汇报项目的进展情况，包括已完成的里程碑、遇到的问题及解决方案、下一步计划等。这有助于保持企业领导对项目的关注和支持。

（6）应对挑战与风险。首席数智官需要预先识别项目可能面临的挑战和风险，并制定相应的应对策略。当问题出现时，能够迅速而有效地解决，从而保持企业领导对项目的信心。

（7）展示成功案例和试点结果。如果可能的话，首席数智官可以先在小范围内实施数智化项目，并展示其成功的效果。这将为在更大范围内推广项目提供有力的支持。

（8）提升企业领导对大数据和 AI 技术的认知。如果企业领导对大数据和 AI 技术不够了解，首席数智官可以通过分享行业报告、最新研究或邀请专家举办讲座等方式，提升企业领导对大数据和 AI 技术的认知和兴趣。积极为企业领导提供参加相关行业活动和研讨会的机会，陪同参与并在合适的场合进行引导，帮助企业领导拓宽视野、建立更广泛的人脉网络并加深对行业趋势的认知。

3. 首席数智官的管理艺术

作为首席数智官，有效管理团队是确保组织目标实现、企业数智化项目成功的核心要素。以下是作为首席数智官如何更好管理和激励团队，以推动企业数智化的建议。

（1）持续投资团队的专业成长。为了保持团队在快速变化的大数据和 AI 领域的竞争力，必须持续投资于他们的专业成长。通过内部培训、外部研讨会、在线课程和认证等途径，为团队成员提供持续学习和发展的机会。这不仅有助于保持他们的知识和技能的更新，还能增强团队对新技术和方法的适应能力。

（2）设定明确且具有挑战性的项目目标。为每个数智化项目设定清晰、具体且具有挑战性的目标至关重要。确保团队成员明确自己的角色、职责以及期望的成果。同时，制订详尽的项目计划和时间表，有助于资源的合理分配和项目的顺利推进。

（3）培育创新和实验的文化氛围。为了激发团队的创造力和创新精神，需要营造一个鼓励尝试和实验的工作环境。为团队成员提供必要的资源和支持，让他们在可控的风险范围内自由探索新的技术、方法和工具。这种文化氛围不仅能够加速项目的进展，还有助于团队在面对挑战时迅速找到解决方案。

（4）建立高效沟通与协作机制。在数智化项目中，有效沟通和协作是成功的关键。促进团队内部以及与其他部门之间的开放、透明和频繁沟通至关重要。通过定期会议、项目进展报告和跨部门研讨会等方式，确保信息的准确传递和问题的及时解决。同时，鼓励跨职能、跨领域的合作，以充分利用团队的多样性和专业知识优势。

（5）实施公正且激励性的绩效管理体系。设计和实施一套公正、透明的绩效评估体系对于激励团队至关重要。根据团队成员在数智化项目中的贡献和成果进行客观评价，并提供相应的激励和奖励措施。这可以包括薪酬调整、晋升机会、职业发展支持以及公开认可等，以激发团队成员的积极性和创新精神。

（6）塑造积极、包容的团队文化。除了专业技能和项目目标外，团队文化和价值观同样重要。建立积极、包容和协作的团队文化有助于增强团队凝聚力和向心力。强调共享价值观和行为准则，如数据伦理、隐私保护以及负责任的AI实践等。通过团队建设活动和社会公益活动等方式，进一步加深团队成员之间的联系和共同使命感。

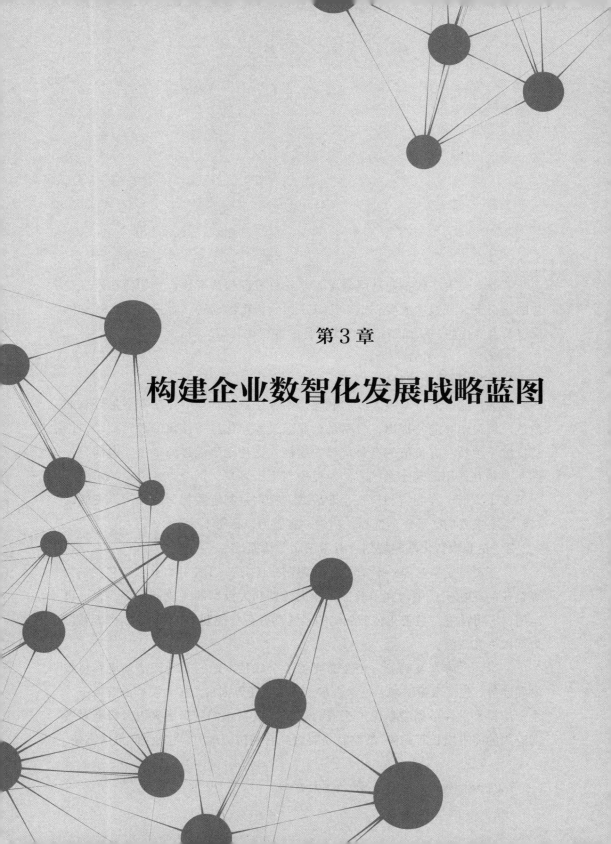

第 3 章

构建企业数智化发展战略蓝图

本章将深入了解企业高层领导、业务决策者和首席数智官如何在宏观趋势的指引下，通过"五看三定"法，全面分析市场动态、客户需求、竞争格局以及自身优势，从而制定出切实可行的数智化转型战略。

1. 企业数智化战略规划方法

战略，这一源自军事领域的概念，如今在企业管理中扮演着举足轻重的角色。迈克尔·波特提出，战略是企业通过差异化且一体化的经营活动，创造持续、独特、有价值的竞争优势的途径。这种竞争优势源于企业内部与外部要素相互作用的动态系统，涉及竞争对手、客户、资金、人力、技术及资源等多个方面。在制定和执行企业战略，特别是制定数智化战略时，资源的有限性要求我们必须审慎选择，明确"有所为，有所不为"。

2. 企业数智化战略规划"五看三定"法概述

"五看三定"法是一种有效的战略制定工具，如图 3-1 所示，它在华为等企业的成功实践中得到了验证。在大数据和大模型的时代背景下，企业可运用这一方法进行数智化转型战略的系统性分析和规划。具体而言，"五看"包括以下几方面。

一看，看宏观及趋势。企业需要关注全球及本地的宏观经济环境和科技发展趋势，包括政策法规、技术进步、社会变迁等因素。在大模型的背景下，企业应特别关注数据隐私保护法规的演变、AI 技术的创新突破以及行业对智能应用的需求增长等趋势。战略就是要看到有商机的地方，尤其是政策的支持，是最大的风口。

二看，看市场及行业。企业需要深入研究目标市场的规模、增长率、消费者行为以及行业动态。在 AI 大模型的背景下，企业应评估市场对智能产品和服务的需求程度，了解行业内其他企业在数智化转型上的进展和成功案例。

三看，看客户。企业需要深入了解和分析目标客户群体的需求、行为习惯和价值取向。企业可以通过大数据分析和用户画像（user profile）技术，精准识别客户需求和痛点，为产品和服务的个性化、智能化提供依据。

四看，看竞争对手。企业需要密切关注竞争对手的策略、优势和弱点，特别是他们在大模型领域的布局和成果。通过竞品分析和情报收集，企业可以识别自身在数智化转型中的机会点和挑战，制定相应的差异化策略。

五看，看自己和机会点。企业需要对自己的资源、能力、文化以及在大模型方面的积累进行全面审视。通过对内部优势和劣势的评估，企业可以确定自身在数智化转型中的独特机会点，如独特的数据资产、专业技术团队或特定领域的专业知识。

通过这"五看"，企业能够更清晰地认识外部环境，明确自身定位和发展方向，从而制定出更加精准和有效的数智化转型战略。

基于以上"五看"的分析，企业可以进行"三定"。

一定，定控制点。控制点也就是核心壁垒或护城河，为了确保数智化转型的成功并保持竞争优势，企业需要确定和强化自身的控制点或核心壁垒。这可能包括独特的数据资产、专利技术、品牌影响力、客户忠诚度、合规性和安全性等方面的竞争优势。

二定，定策略。企业需要制定一套全面、可行的数智化转型策略，包括技术路线选择、人才培养、合作伙伴关系建立、投资计划等方面。在大模型的背景下，企业可能需要重点考虑如何构建数据基础设施、开发和应用 AI 模型、培养数据科学和 AI 人才等关键环节。

三定，定目标。根据市场趋势、客户需求和自身优势，企业应设定明确、可量化、具有挑战性的数智化转型目标。这些目标可能包括提升数据驱动决策的能力、优化业务流程效率、创新产品和服务模式等。

通过"五看三定"的方法，企业可以在大数据和大模型的背景下，系统地制定数智化转型战略，包括年度计划，抓住市场机遇，提升产品和服务竞争力，实现持续的业务增长和创新发展。接下来，我们将对"五看三定"的每一个方向做详细分析。

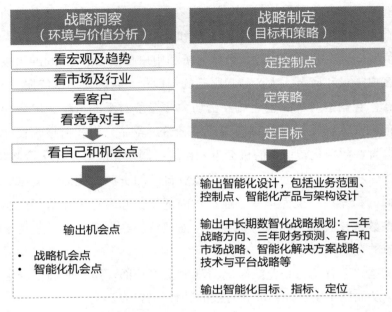

图3-1 "五看三定"法

3.1 看宏观及趋势

在进行企业数智化战略规划时，以下是对全球及本地宏观经济环境、科技发展趋势以及 AI 技术创新突破对数智化转型影响的详细分析。

1. 全球及本地宏观经济环境分析

全球宏观经济环境对企业的数智化转型具有重要影响。以下是一些关键因素的考虑。

（1）企业必须敏锐地捕捉到经济增长的速度和稳定性。这是因为经济周期的变化、增长的快慢以及稳定性，都直接关乎企业的投资决策和数智化转型的节奏。例如，在经济繁荣时期，企业可能更有动力和能力加快智能化进程；

而在经济衰退时，则可能需要更加审慎地规划资源投入。

（2）政策法规也是企业数智化转型不可忽视的关键因素。政府对于数据隐私、网络安全、AI 的监管态度和具体法规，将决定企业智能化实践的边界和可能性。企业需要密切关注这些法规的变化，以确保自身的转型策略符合法规要求，同时也能充分利用法规提供的机遇。

（3）全球化趋势同样对企业数智化转型产生深远影响。贸易保护主义的抬头、供应链的重组以及区域经济一体化的进展，都可能改变企业的市场准入条件、资源获取渠道和竞争格局。企业需要根据这些动态调整自身的数智化转型战略，以确保在新的全球化格局中保持竞争力。

（4）社会和文化因素同样不容忽视。消费者的行为习惯、价值观念以及教育水平等都会影响他们对智能化产品和服务的接受程度。

（5）在关注全球宏观经济环境的同时，企业也不能忽视本地环境的特殊性。地区经济发展水平和产业结构的不同，可能会导致智能化技术的需求和应用重点存在差异。

（6）本地的人才供给状况和人力成本也是影响数智化转型的重要因素。企业需要评估本地区的人才储备和技能结构，以确定是否需要从外部引进人才或加强内部培训。同时，人力成本的高低也将直接影响企业数智化转型的投资回报率和成本效益。

（7）地区内的数字化基础设施建设水平对企业的数智化转型至关重要。网络覆盖率、数据中心的数量和性能以及云计算设施的完善程度等因素，都将直接影响企业实施数智化转型的技术难度和成本投入。

2．科技发展趋势对数智化转型的影响

（1）大数据与云计算技术的融合为企业数智化转型奠定了坚实的基础。大数据技术的迅猛发展使得企业能够以前所未有的效率收集、存储并分析海量数据。这些数据不仅包含了企业的历史交易信息，还涵盖了市场动态、客户行为、供应链状况等多个维度，为企业提供了全面而深入的业务洞察。而云计算技术的成熟则进一步降低了数据处理和存储的成本门槛，使得企业不需要投入巨额资金建设自己的数据中心，便能轻松享受到高效、弹性的数据

服务。这种云化的数据处理模式不仅提高了数据访问的便利性和灵活性，还使得企业能够更快速地响应市场变化，优化业务流程。

（2）隐私计算技术能够在保护数据隐私的前提下，实现数据的分析和计算。在 AI 的应用中，这意味着可以在不泄露用户敏感信息的情况下，对数据进行处理和学习，从而保护了用户隐私和数据安全。这一点对于需要处理大量个人数据的 AI 应用来说至关重要，如金融、医疗等领域。隐私计算技术的另一大优势是能够在不共享原始数据的情况下，实现数据的价值共享。在 AI 领域，这可以促使不同机构、企业之间进行更安全的数据共享和协作。通过联合建模、分布式学习等方式，各方可以在不泄露各自数据的情况下，共同提升模型的性能和准确性。

3．AI 技术的创新突破对数智化转型的影响

AI 技术的创新突破正在以前所未有的速度推动着数智化转型的进程。这些关键领域的进展不仅为企业提供了强大的智能化工具，还在多个业务场景中展现了巨大的应用潜力。

（1）自然语言处理和自然语言理解技术的飞速进步，使得机器能够更深入地理解和生成人类语言。例如，在智能客服领域，自然语言处理技术可以帮助企业快速准确地识别用户的语义和需求，提供个性化的服务；在文本分析方面，自然语言处理技术可以自动提取文本中的关键信息，为企业决策提供支持；而在知识图谱构建中，自然语言处理技术则能够自动从大量文本数据中抽取实体、属性和关系，形成结构化的知识库。这些应用不仅提升了企业的服务质量和效率，还为企业带来了全新的商业模式和竞争优势。

（2）计算机视觉和图像识别技术的突破，使得机器能够从海量的图像和视频数据中提取出有价值的信息。在自动驾驶领域，计算机视觉技术可以实时识别道路标志、行人车辆等关键信息，保障行车安全；在医疗诊断方面，计算机视觉技术可以辅助医生快速准确地识别病灶，提高诊断效率；而在安全监控领域，计算机视觉技术则能够实时监控异常行为，为企业和个人提供安全保障。这些应用不仅提升了企业的业务能力和用户体验，还为社会带来了巨大的价值和影响。

（3）强化学习和深度强化学习技术的发展，为机器提供了一种全新的学习方式。通过试错和反馈机制，机器可以自主学习最优策略，解决复杂问题。在机器人控制方面，强化学习技术可以使得机器人更加自主地完成任务；而在资源优化领域，强化学习技术则可以帮助企业实现资源的最优配置和利用。这些应用不仅提升了企业的智能化水平和创新能力，还为未来的智能化发展奠定了坚实的基础。

（4）预训练大模型和迁移学习技术的兴起，为 AI 应用带来了革命性的变革。通过在大规模数据上预先学习通用知识和模式，AI 系统可以快速地适应特定任务，大大提高了 AI 应用的泛化能力和开发效率。这种技术不仅降低了 AI 应用的开发门槛和成本，还加速了 AI 技术的普及和应用。

3.2　看市场及行业

1．目标市场的规模和增长率分析

在进行企业数智化战略规划时，对目标市场的规模和增长率进行深入分析是至关重要的。这不仅有助于企业了解当前市场的整体状况，还能为其未来的数智化转型提供有力的数据支持。

（1）市场规模的全面洞察：需清晰界定企业所处的目标市场，并对其总体规模进行详尽的探究。这涵盖了潜在客户的数量、市场的规模总量等关键要素。为了获取这些宝贵信息，企业可以采取多种途径，如查阅权威的行业报告、进行系统的市场调研、收集公开发布的统计数据等。这些数据的整合与分析，将为企业描绘出一幅完整而精准的市场全景图。

（2）增长率的深入剖析：对目标市场的历史增长率和未来预期增长率进行细致的分析是必不可少的。这种分析能够帮助企业深刻理解市场的动态变化轨迹以及未来的增长潜能。在计算增长率时，企业可以灵活运用市场规模、销售额、用户数量等多重指标，以确保分析的全面性和准确性。

（3）市场细分的精准识别：为了进一步挖掘市场的潜力，对目标市场进行精细化的细分显得尤为重要。通过这一过程，企业可以识别出那些具有高增长潜力的子市场或领域，从而为企业提供更精确的目标客户群体定位。这种精准的市场细分不仅有助于企业制定更具针对性和实效性的数智化战略，还能为其在未来的市场竞争中赢得先机。

2．行业对智能应用的需求增长情况

各行业对智能应用的需求呈现出持续增长的趋势。为了更好地把握这一机遇，企业需要对所在行业的整体发展趋势、数据驱动决策的转变以及投资和研发投入进行深入分析。

（1）行业发展趋势的深度洞察：企业需要深入研究所在行业的整体发展趋势，特别是智能应用紧密相关的领域。例如，在零售业中，个性化推荐、供应链优化以及消费者行为分析等领域正成为智能应用的热点；而在制造业中，预测维护、质量控制、生产管理优化等方面对智能技术的需求也在日益增长。通过洞察这些行业趋势，企业可以更加清晰地识别出智能应用的潜在机会和价值所在。

（2）投资和研发投入的实地观察：企业还需要观察和分析行业内其他企业在智能应用方面的投资和研发投入情况。这些投入不仅反映了企业对智能技术的重视程度，也是衡量其数智化转型决心和实力的重要指标。

3．数智化转型在不同行业的成功案例分析

（1）案例精选：跨行业典范。企业在选择案例时，需要考虑案例不仅在其所在行业内具有显著的影响力，而且它们的数智化转型经验和策略也具有广泛借鉴意义。本书第 8～15 章选取了互联网、制造、金融、医疗健康、服装、房地产等行业的智能应用案例，作为企业制定数智化转型规划时的参考。

（2）深入剖析：成功背后的秘密。对于每个成功案例，企业都需深入探究其背后的成功因素。这包括企业如何进行战略规划以明确数智化转型的目标和路径，如何选择合适的技术和工具以支撑转型的实施，如何推动组织变革以适应新的业务模式和运营方式，以及如何培养和引进人才以支撑数智化转型的持续发展。此外，还将关注这些企业如何与合作伙伴建立紧密的合作关系，共同推动数智化转型的进程。

（3）跨行业应用：分析这些成功案例中的智能化解决方案是否具有跨行

业的适应性和可复制性。这将有助于判断这些解决方案是否可以在不同行业之间进行推广和应用，以及是否需要根据不同行业的特点和需求进行相应的调整和优化。

3.3 看客户

在进行企业数智化战略规划时，以下是对客户需求和价值取向的深入理解、数据分析和用户画像技术的应用以及个性化和智能化产品和服务的市场需求分析的详细展开。

1. 客户需求和价值取向的深入理解

（1）市场调研的深度挖掘：为了全面了解客户的需求，企业需要进行深入的市场调研。通过问卷调查、一对一访谈、焦点小组讨论、大数据分析等多种方式，企业可以收集到大量关于客户需求的一手数据。这些数据包括客户对产品功能的具体期望、对服务体验的细致要求、对价格的敏感程度以及对品牌的认知和评价等。通过对这些数据的分析，企业可以更加准确地把握客户的需求和期望，为产品和服务的设计提供有用的依据。

（2）价值主张的精准识别：除了基本需求外，客户还有自己的价值取向，即他们在购买产品和服务时所看重的方面。这些价值取向可能包括智能、质量、创新、便捷性、环保、社会责任等。企业需要通过价值主张分析，识别出客户的核心价值取向，并理解这些价值取向对客户购买决策的影响。这样，企业才能制定出与客户价值观相匹配的产品和服务策略，从而在市场上获得客户的认可和青睐。

（3）客户旅程的全景描绘：企业需要关注客户在整个购买和使用过程中的体验。为此，企业需要绘制客户旅程地图，详细描绘客户从接触、了解到购买、使用以及售后的全过程。通过这个地图，企业可以清晰地看到客户在不同阶段的需求变化和体验感受，从而发现潜在的问题和改进点。这样，企业就可以针对性地优化整个客户旅程中的智能化触点和体验，提升客户的满意度和忠诚度。

（4）情感分析的智能应用：企业还可以利用文本挖掘和情感分析技术对客户在线评价、社交媒体言论等数据进行深入分析。这些分析可以帮助企业了解客户对企业产品和服务的情感反应和满意度，发现客户的痛点和不满，以及识别出潜在的改进和创新机会。通过情感分析，企业可以更加及时、准确地把握客户的需求和期望变化，为企业的数智化转型提供有力的数据支持。

2．个性化和智能化产品和服务的市场需求分析

随着科技的迅速发展和消费者需求的日益多样化，个性化和智能化产品和服务已成为市场的新宠。为了更好地满足消费者的需求，企业需要对这类产品的市场需求进行深入的分析和研究。

（1）紧密追踪市场趋势，洞悉发展动态：企业要时刻关注市场中个性化和智能化产品和服务的发展趋势。这包括关注新兴技术（如 AI、大数据、物联网等）的融合应用，探索新的商业模式（如订阅制、共享经济等）对市场格局的影响，以及洞察消费者行为的变化趋势。通过这些研究，企业可以把握住市场的发展脉搏，为产品和服务的创新提供有力的指导。

（2）精确细分市场需求，明确企业定位：在深入了解市场趋势的基础上，企业还需要进一步对市场需求进行细分。通过数据分析和用户画像技术，企业可以识别出具有高需求潜力的客户群体，如年轻人、科技爱好者、高端用户等，并根据这些群体的需求和偏好，明确企业在个性化和智能化产品和服务方面的定位和差异化策略。这将有助于企业在激烈的市场竞争中脱颖而出，赢得消费者的青睐。

（3）精心设计产品和服务，打造卓越体验：根据市场需求和企业定位，企业要设计符合消费者期望的个性化和智能化产品和服务。在产品设计方面，要注重用户体验和功能创新，确保产品能够满足消费者的实际需求；在服务设计方面，要关注数据安全和隐私保护等消费者关心的问题，提供安心、便捷的服务体验。通过这些精心设计的产品和服务，企业可以赢得消费者的信任和忠诚。

（3）市场验证与优化，持续迭代升级：在产品和服务推出之前，进行小规模的市场测试是必不可少的环节。通过收集用户的反馈和意见，企业可以及时发现产品和服务中存在的问题和不足，并针对这些问题进行优化和改进。这种市场验证与优化的过程有助于企业不断完善产品和服务的设计和性能，提高市场竞争力。

3.4 看竞争对手

1. 竞争对手的策略、优势和弱点分析

（1）策略分析的深度洞察：企业需要对竞争对手的总体战略方向进行深入研究。这包括了解它们的业务布局、市场定位以及在数智化转型方面的长远规划和短期目标。通过对这些方面的分析，企业可以洞察到竞争对手在数智化领域的发展思路，从而为自身战略制定提供重要参考。

（2）优势分析的全面评估：对竞争对手在数智化领域的核心竞争优势进行评估也是必不可少的。这涉及对它们的技术实力、人才储备、数据资源、品牌影响力以及客户关系等多个方面的综合考量。通过全面评估，企业可以清晰地看到竞争对手在数智化转型中的强项和优势所在，从而为自身找到可以借鉴和提升的方向。

（3）弱点分析的精准识别：仅仅了解竞争对手的优势是不够的，企业还需要精准识别它们在数智化转型过程中的潜在弱点和面临的挑战。这可能包括技术瓶颈、组织架构问题、文化阻力以及法规遵从性等多个方面。通过深入分析这些弱点，企业可以发现竞争对手在数智化转型中可能存在的短板和不足，从而为自身制定针对性的竞争策略提供有力依据。

（4）SWOT分析：在进行竞争对手分析时，SWOT分析是一种非常实用的工具。通过对竞争对手的内部优势、劣势以及外部机会和威胁进行综合分析，企业可以更加清晰地了解它们的整体状况，并据此制定出更加精准和有效的战略响应措施。如图3-2所示，通过SWOT分析得出的不同战略方向，可以为企业在数智化转型中的决策提供有力支持。

SWOT分析	优势-S 1. S1 2. S2 3. S3 4. S4 5. S5	弱势-W 1. W1 2. W2 3. W3 4. W4 5. W5
机会-O 1. O1 2. O2 3. O3 4. O4 5. O5	SO战略 利用机会 发挥优势	WO战略 利用机会 规避劣势
威胁-T 1. T1 2. T2 3. T3 4. T4 5. T5	ST战略 利用优势 减免威胁	WT战略 规避劣势 减免威胁

图3-2 SWOT分析

2．竞争对手在智能化的投入和应用分析

在当今以智能化为主导的市场竞争中，对竞争对手在智能化方面的投入和应用进行深入分析，对于企业把握市场趋势、优化自身策略至关重要。

（1）投入规模的全面审视：要深入研究竞争对手在智能化领域的投资规模和趋势。这不仅需要关注竞争对手在技术研发上的投入，还要关注其在基础设施建设、人才培养以及合作伙伴关系建立等方面的全面投入。通过对这些方面的综合审视，企业可以清晰地看到竞争对手在数智化转型上的决心和实力，从而为企业自身的投资决策提供重要参考。

（2）技术应用的细致剖析：要对竞争对手在智能化技术的应用情况进行细致剖析。这涉及大数据分析、AI、云计算、物联网、区块链等一系列前沿技术的应用领域和实际效果。通过深入了解这些技术在竞争对手业务中的具体应用和产生的价值，企业可以更好地把握智能化技术的发展趋势和市场机会。

（3）创新成果的密切关注：在数智化转型过程中，创新是推动企业持续发展的关键动力。因此，密切关注竞争对手在智能化创新方面的成果显得尤

为重要。这包括它们推出的新产品、新服务、新模式以及新流程等。通过对这些创新成果的分析，企业可以洞察到竞争对手的创新能力和发展动态，从而为企业自身的创新策略提供有力支撑。

（4）合作伙伴的深入调查：要深入调查竞争对手与第三方供应商、科研机构以及行业联盟等在智能化领域的合作关系和合作成果。这有助于企业了解竞争对手的生态系统建设和资源整合能力，从而为企业自身选择合作伙伴和合作策略提供有益借鉴。

（5）标杆企业分析：在进行竞争对手在智能化的投入和应用分析时，选择国内外标杆企业进行对比分析是一种有效的方法。通过对比不同企业在数智化转型上的投入规模、技术应用、创新成果以及合作伙伴等方面的差异和优势，企业可以更加清晰地看到自身在市场中的位置和提升空间，进而制定出更加精准和有效的竞争策略。如图3-3所示，通过标杆对比分析得出的结论，可以为企业在数智化转型中的决策提供有力支持。

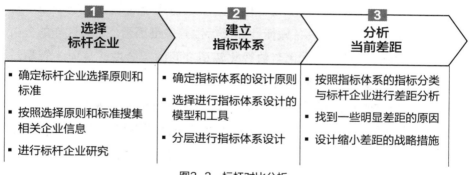

图3-3　标杆对比分析

3.5　看自己和机会点

1. 评估自身资源、能力、文化和在大数据、大模型方面的积累

在数智化转型的道路上，企业需要对自身的资源、能力、文化以及在大数据和大模型方面的积累进行全面的评估。这样的评估不仅有助于企业清晰地认识自身的现状，还能为未来的数智化战略规划提供有力的支撑。

（1）资源评估：全面审视企业资源储备。企业需要从人力、财力、技术和数据等多个维度，全面审视自身的资源情况。在人力资源方面，要重点关注企业是否拥有足够数量和质量的专业人才，以支持数智化转型的各个环节。在财力资源方面，要评估企业是否有足够的资金投入，以支持数智化转型所需的各项成本。在技术资源方面，要深入了解企业现有的技术基础设施是否先进、是否能够满足数智化转型的需求。在数据方面，是否有足够多的高质量数据支撑大模型训练或微调。

（2）能力评估：深入挖掘企业专业能力与技术实力。企业需要对自身在大数据和 AI 领域的专业能力和技术水平进行深入评估。这包括但不限于数据分析能力、算法开发能力、机器学习能力等关键技能。通过这样的评估，企业可以清晰地了解到自身在这些方面的优势和不足，从而为后续的数智化转型策略制定提供有力的指导。

（3）文化评估：探寻企业文化与数智化转型的契合度。企业文化和价值观对于数智化转型的成功与否具有重要影响。因此，企业需要深入分析自身的组织文化和价值观是否支持数智化转型。这包括企业是否鼓励创新、是否重视数据驱动决策、是否具备敏捷性和灵活性等关键因素。通过这样的分析，企业可以更好地把握自身文化与数智化转型之间的契合度，从而为转型过程中的文化变革提供有力的支撑。

（4）大数据和大模型的积累评估：总结企业在相关领域的实践经验。企业需要全面评估自身在大数据和大模型方面的数据积累和 AI 应用经验。这包括企业过去在这些领域所实施的项目、取得的成果以及积累的技术和人才储备等。通过这样的评估，企业不仅可以了解到自身在相关领域的实践经验，还可以为后续的数智化转型提供宝贵的参考和借鉴。

2．内部优势和劣势的分析

在数智化转型的浪潮中，企业要想在激烈的市场竞争中脱颖而出，就必须对自身的内部优势和劣势有清晰的认识。这种自我审视不仅有助于发现潜在的增长点，还能为未来的战略规划提供坚实的基石。

（1）优势分析：挖掘核心竞争力量。企业需要深入识别其在数智化转型过程中的核心竞争优势。这些优势可能包括以下几个方面：独特的数据资源，这些数据资源经过长期积累，已成为企业决策和创新的宝贵资产；先进的技术平台，它们为企业提供了强大的技术支撑和创新能力，尤其是 AI 方面的技术平台；高效的运营模式，使企业在快速变化的市场中保持灵活和响应迅速；强大的品牌效应，为企业赢得了广泛的客户认可和忠诚度；良好的客户关系，这些关系是企业持续增长的稳定基石。

（2）劣势分析：直面挑战，寻求突破。任何企业都不可能完美无缺。在数智化转型的道路上，企业同样会面临一些短板和挑战。这些劣势可能表现为以下几个方面：技术瓶颈，限制了企业在某些领域的发展速度；人才短缺，导致关键岗位缺乏合格的人选；组织架构问题，阻碍了企业内部的高效协作和沟通；文化阻力，使得新的理念和做法难以被接受和推广；法规遵从性挑战，要求企业在法律框架内合规经营。

（3）竞争力比较：定位市场角色，把握竞争态势。将企业的优势和劣势与竞争对手进行比较，是了解企业在市场中的相对位置和竞争态势的关键步骤。通过这种比较，企业可以清晰地看到自身在哪些方面领先于竞争对手，哪些方面存在差距，以及哪些方面需要特别关注和改进。

（4）改进策略：优化调整，提升竞争力。基于对内部优势和劣势的深入分析，企业需要制定相应的改进和优化策略。这些策略应该旨在提升企业的智能化竞争力和适应性，包括加强技术研发和创新、优化人才结构和培训机制、调整组织架构和管理流程、培育开放和创新的企业文化以及加强法规遵从性管理和风险控制等。通过这些改进策略的实施，企业将能够更好地应对数智化转型带来的挑战和机遇，实现持续稳健的发展。

3. 数智化转型中的独特机会点确定

在数智化转型的宏大进程中，企业需要敏锐地捕捉那些独特且富有潜力的机会点，以构建自身的竞争优势并实现跨越式发展。这些机会点不仅关乎企业的现在，更决定着企业未来的发展方向和市场地位。

（1）市场机会：洞察新兴需求，把握增长脉络。企业需要深入洞察数智化转型所催生的新兴市场和增长机会。这包括对新兴客户需求的敏锐捕捉，对细分市场的精准定位，以及对跨界合作和政策支持等外部利好的及时响应。

例如，随着消费者对个性化和智能化产品的日益青睐，企业可以通过大数据和 AI 技术深度挖掘用户需求，开发出更符合市场趋势的新产品或服务。同时，企业也可以积极寻求与产业链上下游企业的跨界合作，以共享资源、共创价值，从而实现更大范围的市场拓展。

（2）技术机会：追踪前沿技术，引领创新潮流。企业需要密切关注智能化技术的最新发展和应用场景。从 AI 算法的突破性进展到大数据处理能力的飞速提升，再到云计算的广泛普及，每一项技术进步都可能为企业带来新的发展机遇。因此，企业需要建立一套有效的技术追踪机制，及时捕捉这些技术机会，并将其转化为自身的创新能力和竞争优势。通过技术创新和应用，企业不仅可以提升产品和服务的质量和生产效率，还可以开辟全新的业务领域和市场空间。

（3）组织机会：变革组织结构，激发管理活力。数智化转型还为企业带来了优化和变革组织结构、管理模式和企业文化的机会。传统的层级式组织结构和管理模式可能已无法适应快速变化的市场需求和技术创新步伐。因此，企业需要借助数智化转型的契机，对组织结构进行扁平化、网络化改造，对管理模式进行柔性化、敏捷化调整，对企业文化进行开放化、创新化重塑。这些变革将有助于激发企业的内在活力，提升企业的市场响应速度和创新效率。

（4）独特机会点：量身定制战略，实现精准突破。企业需要结合自身的实际情况和市场环境，寻找数智化转型中的独特机会点。这些机会点可能是利用大数据和 AI 技术解决企业特有的问题，如提升生产效率、优化供应链管理、改善客户服务等；也可能是创新商业模式和服务，如开发新的盈利模式、构建全新的生态系统等。通过确定这些独特机会点，企业可以更加精准地制定数智化战略规划，明确转型的重点方向和目标。同时，这些独特机会点也将成为企业在智能化时代脱颖而出的关键所在。

3.6 定控制点

在数智化战略规划中，控制点的确立是企业稳固市场地位、抵御竞争对手的关键所在。这些控制点，又称核心壁垒、护城河，可以从 10 个方面来理解（见图 3-4），其门槛随着层次的提升而逐渐增高。

第1层：生命周期成本优势。处于这一层的企业，如富士康公司，通过精细的管理、先进的技术或庞大的规模实现了成本上的领先优势。这种优势使得它们能够以比其他企业更低的综合成本进行运营，从而获得更高的效率。富士康公司的成功不仅仅在于低成本，更在于它在保证质量的同时，具备了强大的交付能力，能够满足大规模的生产需求。

第2层：功能、性能、品质的领先。在这一层次，企业以卓越的研发和制造能力为基础，提供在功能、性能或品质上领先的产品。格力空调就是一个典型的例子，凭借其先进的空调技术和优质的制造工艺，赢得了广泛的市场认可。

第3层：技术或研发领先。技术领先是企业保持市场优势的重要手段。例如，英特尔公司的固态硬盘在技术上持续领先三星和台积电等竞争对手。虽然领先的时间从最初的一年半缩短到现在的6~9个月，但这种技术上的领先优势仍然是其市场竞争力的重要组成部分。

第4层：分销或渠道控制力。强大的分销和渠道控制力是企业扩大市场份额、提高品牌影响力的关键。

第5层：品牌。品牌是企业无形资产的重要组成部分，具有强大的口碑和影响力。宝洁等公司凭借卓越的品牌建设，降低了顾客的决策成本，赢得了消费者的信任，并使他们愿意为品牌产品支付溢价。

第6层：客户关系。对于面向企业的公司来说，客户关系是至关重要的战略控制点。

第7层：专利组合和版权。华为等公司以大量的专利和独特的知识产权形成了坚实的护城河。这些专利和版权不仅保护了企业的技术创新成果，也为企业赢得了市场竞争中的优势地位。

第8层：绝对的市场份额。在互联网行业，拥有绝对的市场份额是企业抵御竞争对手、保持市场领导地位的重要手段。腾讯公司的微信就是一个典型的例子，凭借其庞大的用户基数和强大的市场份额，微信在市场上形成了难以撼动的地位。

第9层：价值链的控制。苹果和微软等企业通过对价值链的精准控制实现了市场的领先地位。它们不仅掌控着产品的研发和生产，还通过独特的商业模式控制着产品的销售和利润分配。例如，苹果公司的App Store就垄断了大部分苹果手机上的应用,从而获取了可观的利润。

第 10 层:拥有标准。拥有标准是最高级别的战略控制点。高通公司在无线通信领域的 3G 和 4G 标准上占据了主导地位,这使得几乎所有从事手机制造的企业都需要向高通支付巨额的专利费用。这种对标准的控制力使得高通公司在全球无线通信市场上占据极其重要的地位。

图3-4 战略控制点与示例

在制定数智化转型战略时,企业必须深思熟虑如何利用先进的智能化技术来巩固并提升自身在 10 个关键战略控制点上的优势。这些控制点不仅关乎企业的当前竞争力,更是企业未来可持续发展的基石。

(1)生产周期成本优势:企业应积极探索智能化技术在生产流程中的应用,通过自动化和生产优化提高生产效率,同时保证产品质量。利用大数据分析工具进行精准预测性维护,能够显著减少设备故障,从而降低维修和更换成本。此外,实施供应链的智能化管理有助于企业更精确地控制库存和物流,进一步减少仓储和运输成本。

(2)功能、性能、品质的领先:借助 AI 和机器学习技术,企业可以加速产品研发和创新,使产品在功能和性能上持续领先市场。物联网和大数据技术的结合能够实现全方位的质量监控和追溯,确保产品品质的始终如一。而数字孪生和模拟仿真技术则能够帮助企业在产品设计和制造阶段就预见并解决潜在问题。

（3）技术或研发领先：为了保持技术上的领先地位，企业应不断加大对智能化技术的研发投入，特别是大模型、深度学习等前沿技术。建立跨部门的技术创新团队，促进内部技术交流与合作，是加快技术迭代、提高创新速度的关键。同时，企业还应通过并购、战略合作等方式积极获取外部先进技术资源，拓宽自身的技术视野。

（4）分销或者渠道控制力：在数字化时代，企业应充分利用电子商务和数字化营销手段来拓展线上销售渠道，提高市场覆盖率。通过实施CRM系统，企业可以更加精细地管理销售和服务过程，从而提升客户满意度和忠诚度。数据分析和预测工具则能够帮助企业优化渠道布局和资源配置，实现渠道效率和盈利能力的最大化。

（5）品牌：社交媒体和内容营销是提升品牌知名度和影响力的有效途径。通过个性化推荐和精准营销，企业能够增强品牌形象，并与消费者建立更紧密的情感联系。而区块链和溯源技术的应用则能够提高品牌的透明度和信任度，为消费者提供更可靠的产品质量和安全保障。

（6）客户关系：建立数字化的客户服务平台是企业提供便捷、个性化服务体验的基础。利用AI技术，企业可以深入洞察客户需求和行为，为客户提供定制化的产品和服务解决方案。同时，通过持续的客户互动和反馈机制，企业能够不断提升CRM水平，实现客户满意度的持续提高。

（7）专利组合和版权：智能化工具在专利挖掘和布局方面发挥着重要作用，有助于企业保护核心技术知识产权。建立数字化的知识产权管理系统能够实时监控全球专利动态，有效防止侵权行为的发生。此外，通过开放创新和专利交叉许可等方式，企业可以拓展专利合作网络，共同构建更加完善的生态系统。同时，构建自身的大数据、行业大模型专利也是巩固技术优势的重要手段。

（8）绝对的市场份额：借助智能化营销和数据分析工具，企业能够精准定位目标市场和用户群体，提高市场渗透率。通过平台化和网络效应的运用，企业可以吸引并留住大量用户，形成坚实的用户壁垒。而数据驱动的决策支持系统则能够帮助企业快速响应市场变化和竞争挑战，保持市场份额的领先地位。

（9）控制价值链：智能化技术为企业整合和优化产业链资源提供了有力

支持,实现从研发、生产到销售、服务的全价值链协同运作。建立数字化的合作伙伴生态系统能够加强与供应商、分销商、开发者等各方的紧密合作。而云计算和大数据技术的应用则有助于企业构建智能服务平台、提供增值服务和创新业务模式,进一步巩固其在价值链中的主导地位。

(10)拥有标准:将拥有标准作为最高级别的战略控制点,企业应积极参与并引领行业标准的制定和推广工作,利用智能化技术推动标准化进程的加速发展。创新和申请关键领域的技术标准和专利是构建独特技术壁垒的重要途径。同时,通过国际合作和联盟等方式推动全球范围内的标准统一和互认工作,有助于巩固和扩展企业在标准领域的优势地位。

在数智化转型的征途中,企业还需特别关注并持续维护以下三大技术控制点:独特数据资产、行业大模型算法以及专利技术。首先,独特数据资产是企业在竞争中脱颖而出的关键资源之一。企业必须持续收集、整合并分析高质量的数据资源,构建丰富多样的数据生态系统并确保数据的准确性和时效性。其次,大模型算法的投资与研发对于提升产品和服务的智能化水平至关重要。企业应不断优化和迭代模型算法以适应特定行业的应用需求并保持技术领先地位。最后,专利技术的申请与保护同样不容忽视。企业应积极申请关键技术的专利并采取措施防止侵权行为的发生以维护自身的合法权益和技术优势地位。

3.7 定策略

在数智化转型的道路上,企业必须精准制定策略,确保每一步都稳健而富有成效。

1. 审慎选择技术路线

技术路线的选择是数智化转型的基石,它决定了企业未来的技术架构和发展方向。在选择时,企业必须坚持几项核心原则:首先,要评估技术的成熟度与稳定性,选择那些经过市场验证、被广泛应用且表现稳定的技术,避免成为新技术的"小白鼠";其次,业务需求与技术方案的匹配度至关重要,技术应切实解决企业的痛点，带来可量化的效益提升；再次，技术的可扩展性和灵活性也不容忽视，它们决定了技术能否随企业一同成长，适应未来的变化；然后，安全性和合规性是保障企业数据资产和运营安全的关键，任何技术选择都不能忽视这两点；最后，要理性评估技术的投入产出比，确保所选方案不仅性价比高，还能为企业带来长期价值。在此基础上，企业还应关注技术的发展趋势，选择那些具有前瞻性和发展潜力的技术路线，为企业的长远发展布局。

2. 精心打造人才梯队

数智化转型离不开人才的支持。为此，企业需要制定全面的人才培养和团队建设策略。通过系统的内部培训和学习计划，提升员工在大数据、AI等领域的专业技能。同时，积极从外部引进具有相关经验和专业知识的人才，为企业注入新的活力。企业应鼓励跨部门间的协作和知识共享，打破职能壁垒，构建真正跨职能的智能化团队。此外，营造创新和学习并重的企业文化至关重要，它能够激发员工的创造力和学习热情。通过建立合理的激励机制，企业可以进一步调动员工参与数智化转型的积极性和主动性。而持续的学习和专业认证机会，则是帮助员工保持技能领先、不断自我提升的重要途径。

3. 巧妙构建合作网络

在智能化时代，建立强大的合作伙伴关系和投资计划至关重要。企业应积极寻求与智能化技术提供商、研发机构以及高校等的合作机会，借助外部力量提升企业的技术实力和市场竞争力。同时，企业应加入相关的行业联盟和协会，不仅能够共享行业最佳实践和前沿信息，还能扩大企业的影响力和人脉网络。此外，企业还应积极参与和构建创新生态系统，与初创公司、投资者、政府机构等多方携手合作，共同推动智能化创新和应用的发展。当然，明确的投资计划和预算也是必不可少的，它们将指导企业在技术研发、人才培养、基础设施建设以及市场推广等方面的投入。在此过程中，风险管理和评估同样重要，它们将帮助企业及时识别并应对潜在的技术风险、市场风险和法律风险。

3.8 定目标

在数智化转型的征途中，明确目标是企业前行的指南针。目标的设定需深思熟虑，既要顺应市场趋势，又要紧扣客户需求，更要立足自身优势。

1. 三维度目标设定原则

首先，企业要敏锐捕捉市场趋势。通过深入分析行业的发展动态、竞争态势以及市场需求的变化，企业可以洞察到数智化转型的潜在机遇。例如，随着个性化消费的崛起，企业若能迅速提升定制化能力，必将抢占市场先机。

其次，客户需求是目标设定的另一重要维度。企业要深入挖掘客户的真实需求，理解他们的痛点和期望，并据此确定数智化转型的服务重点。例如，针对客户对快速响应和高效服务的渴求，企业可以设定目标以打造一流的客户服务体验。

最后，企业自身的优势也是目标设定不可忽视的因素。企业应该全面评估自身在技术、资源和能力等方面的优势，并依托这些优势来确定数智化转型的独特定位。例如，若企业在数据分析和算法开发领域具备深厚实力，那么提升数据驱动决策能力无疑是一个明智的目标选择。

2. 明确、可量化、具有挑战性的数智化转型目标示例

在数智化转型的过程中，设定明确、可量化的目标对于企业的成功至关重要。这些目标不仅为团队提供了清晰的方向，还可以作为评估转型进展和成效的基准。以下是一些具有挑战性的数智化转型目标示例，它们旨在引领企业在各个方面取得显著进步。

（1）提高效率：通过数智化转型，企业可以实现企业效率的提升。例如，在制造业，企业可以致力于实现生产流程的全面优化和自动化，利用先进的物联网技术和数据分析工具，实时监控生产线的运行状态，预测并解决潜在问题，从而确保生产流程的顺畅高效。设定一个具体的目标，如设定提高生产效率10%的目标，将有助于企业在保持高质量的同时，显著提升产出速度，降低成本。

（2）降低成本：数智化转型为企业提供了降低运营成本的宝贵机会。通过运用大数据分析和AI技术，企业可以深入洞察运营过程中的浪费和低效环

节，进而采取针对性措施进行改进。例如，设定降低运营成本20%的目标，将促使企业更加精细地管理资源，实现成本结构的优化和盈利能力的提升。

（3）提升客户满意度：在竞争激烈的市场环境中，客户满意度是企业赢得忠诚客户和口碑传播的关键。通过数智化转型，企业可以利用个性化推荐、智能客服等先进手段，提供更加贴心、便捷的服务体验。比如，设定将客户满意度提升至90%以上的目标，将激励企业不断优化客户服务流程，提升服务质量和响应速度，从而赢得客户的信赖和忠诚。

（4）加强创新能力：创新是企业持续发展的核心动力。数智化转型为企业创新提供了广阔的平台和丰富的资源。通过建立创新平台和开放创新机制，企业可以汇聚内外部的智慧和力量，共同探索新的市场机会和技术突破点。例如，设定每年推出至少3个创新产品或解决方案的目标，将激发企业的创新活力，推动企业在市场竞争中保持领先地位。

（5）拓展市场份额：数智化转型为企业开拓新市场、拓展市场份额提供了有力支持。通过深入分析市场需求和竞争态势，企业可以精准定位目标客户群体，制定有效的市场扩张策略。例如，设定实现市场份额增长10%的目标，将引领企业积极开拓新的市场领域，提升品牌知名度和影响力，进而实现更广泛的市场覆盖和更强劲的业务增长。

3．目标设定与企业整体战略的紧密衔接与协同

在数智化转型的征途上，目标设定绝非孤立存在，而是必须与企业整体战略保持高度一致和紧密协同。这种一致性和协同性不仅关乎转型的成败，更是企业长期稳健发展的基石。

首先，目标一致性是数智化转型成功的关键。数智化转型的目标绝不能与企业整体战略目标相悖，而应与之保持高度一致。这意味着数智化转型的每一步都应紧扣企业的使命、愿景和价值观，确保转型方向与企业长期发展目标同向而行。只有这样，数智化转型才能为企业的长期发展提供源源不断的动力和支持。

其次，战略协同性是数智化转型目标实现的重要保障。数智化转型不是孤立的变革，而是需要与企业其他战略规划相互协同、相互促进。例如，通

过与市场营销战略的协同，数智化转型可以助力企业提升品牌影响力，拓宽市场份额；通过与人力资源战略的协同，数智化转型可以推动企业培养和发展具备数字化素养和创新能力的人才队伍，为企业的持续发展注入新的活力。

最后，建立绩效评估体系是确保数智化转型目标落地的有效手段。企业应将数智化转型的目标全面纳入绩效考核体系，通过设定科学合理的 KPI，对数智化转型的进展和成效进行持续监测和全面评估。这将有助于企业及时发现转型过程中的问题和挑战，及时调整战略方向和行动计划，确保数智化转型始终沿着正确的轨道稳健前行。同时，绩效评估体系还能激发团队的积极性和创造力，形成全员参与、共同推进数智化转型的良好氛围。

"五看三定"方法是制定数智化转型规划的有效路径。在当今数字化浪潮中，企业的数智化转型已成为必由之路。而"五看三定"方法，作为一种全面且系统的规划工具，为首席数智官提供了制定数智化转型蓝图的明确指导。

"五看"是转型规划制定的基础，它要求战略制定者从多个维度审视企业的内外部环境。首先看宏观及趋势，这包括技术、政策、社会等多方面的宏观变化，以及它们对企业可能产生的影响。其次看市场及行业，深入了解市场的动态变化、行业的发展趋势以及竞争格局的演变。再次看客户，这涉及客户需求的变化、消费行为的转变以及客户满意度的提升等方面。然后看竞争对手，分析竞争对手的战略动向、优势劣势以及潜在威胁。最后看自己和机会点，这要求企业客观评估自身的资源、能力、优势以及潜在的改进和增长机会。"五看"最核心的是输出企业智能化的机会点。

在全面审视了企业内外部环境之后，"三定"则为企业数智化转型提供了具体的行动指南。首先是定控制点，即明确企业在市场竞争中的核心优势所在，这些优势可能是技术、品牌、渠道等方面的壁垒或护城河，是企业需要重点保护和提升的关键领域。其次是定策略，根据企业的实际情况和市场环境，制定具体的数智化转型策略，包括技术选型、业务创新、组织变革等方面的计划和措施。最后是定目标，明确数智化转型的最终目的和期望达成的效果，这些目标应该是具体、可衡量且具有挑战性的，能够为企业的长期发展提供有力支持。"三定"核心是要输出中长期数智化战略规划，包括三年数智化战略方向、三年财务预测、客户和市场战略、智能化解决方案战略、技术与平台战略等。

在"五看三定"的基础上,企业需要输出年度数智化计划(见图3-5),包括以下几个方面:年度目标与策略、行动计划与关键财务指标、预算与组织KPI、智能化产品技术组合与产品管理 [最小可行产品(most valuable professional, MVP)与产品架构、产品路线图、资源计划、风险与应对],以及战略执行过程中的监控、评估与复盘。

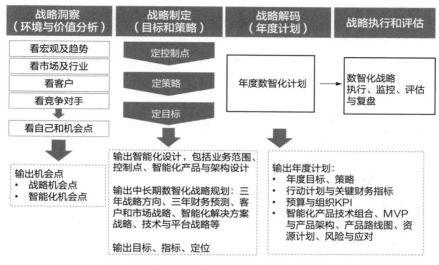

图3-5 "五看三定"法与数智化战略年度计划

战略解码(示例):制订年度数智化计划,执行并及时评估。

1. 年度目标与策略

(1)年度目标。

①提升运营效率:通过智能化技术减少人工操作,提高生产及服务流程的自动化水平,目标提升效率至少20%。

②增强客户体验:利用AI和大数据分析,通过个性化推荐和服务提升客户满意度至90%以上。

③创新产品服务:推出至少两项基于AI的新产品或服务,增加收入来源。

④数据智能驱动决策:建立全面的数据智能分析体系,确保所有重大决

策均有数据支持。

(2)策略实施。

①技术融合:整合AI、大数据、云计算等技术,构建灵活高效的数字化平台。

②人才发展:加强团队智能化技能培训,引进关键技术领域专家。

③合作生态:与科研机构、技术供应商建立紧密合作,加速技术创新应用。

2．行动计划与关键财务指标

(1)行动计划。

①项目启动与需求分析(Q1):明确智能化改造的具体需求,完成初步方案设计。

②技术选型与MVP开发(Q2):选定合适的技术栈,开发MVP并进行内部测试。

③试点部署与优化(Q3):选择业务部门试点,收集反馈,进行产品迭代。

④全面推广与评估(Q4):根据试点结果,调整策略后全面推广,年底进行全面效果评估。

(2)关键财务指标。

①投资回报率:确保所有数智化项目年化投资回报率不低于25%。

②成本节约:通过数智化实现的直接成本节省至少1000万元。

③新增收入:智能化产品与服务带来的额外收入增长目标为总营收的5%。

3．预算与组织KPI

(1)预算分配。

①技术研发:40%。

②人才培训与引进:20%。

③市场调研与产品推广:15%。

④运营维护与安全保障:15%。

⑤合作与外部资源采购:10%。

(2)组织KPI。

①技术成熟度:智能化技术应用覆盖度提升至80%。

②员工技能提升:智能化相关培训参与率100%,技能认证通过率85%以上。

③客户反馈：智能化产品/服务满意度评分平均达到 4.5~5 分。

4．智能化产品技术组合与产品管理

（1）技术组合。

①AI 算法：多模态大模型、深度学习和自然语言处理。

②大数据处理：实时数据分析、预测模型。

③云计算服务：IaaS、PaaS、SaaS 解决方案。

（2）MVP 与产品架构。

①MVP 设计：聚焦客户需求最迫切的功能，快速验证市场反应。

②产品架构：微服务架构，确保系统的可扩展性与灵活性。

（3）产品路线图。

明确从 MVP 到成熟产品的各个阶段目标，每季度评估并调整路线图。

（4）资源计划。

确保人力资源、资金和技术资源的合理分配与动态调整，以支持各阶段计划。

（5）风险与应对。

①技术风险：建立快速响应机制，与技术合作伙伴密切沟通，及时解决技术难题。

②市场风险：持续市场调研，灵活调整产品方向，快速迭代以适应市场变化。

③安全风险：加强数据保护措施，定期进行安全审计，确保合规运营。

5．监控、评估与复盘

（1）建立监控体系：实施项目管理工具，实时跟踪进度、成本与成效。

（2）定期评估：每月进行项目进展评估，每季度进行一次全面复盘，调整策略。

（3）绩效反馈：建立透明的反馈机制，鼓励团队成员提出改进建议，持续优化流程与产品。

通过上述计划的实施与持续优化，企业不仅能够有效推进数智化转型，还能在激烈的市场竞争中保持领先地位，实现可持续发展。

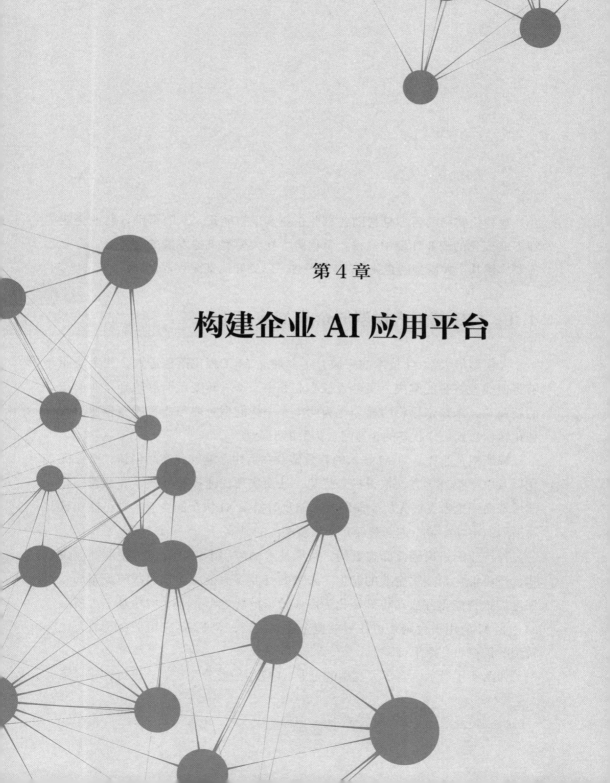

第 4 章

构建企业 AI 应用平台

数智化转型的目标是帮助各行业企业实现智能化，从而帮助各行业企业在不断变化的商业环境中取得竞争优势。在大模型飞速发展的趋势下，企业需要构建基于大模型的企业 AI 应用平台，以更好地支撑数智化战略。

4.1 构建基于大模型的企业AI应用平台

大模型等尖端 AI 技术的突破，正在加速 AI 工程化落地进程，使企业能够更便捷地将智能解决方案融入核心业务中。这一转变正悄然拉开企业形态的新篇章，未来市场将明显分化为两类——智能型企业与非智能型企业。数智化转型达到最佳状态的企业将成为智能型企业。

智能型企业凭借对 AI 技术的有效整合和运用，能够在产品创新、服务优化以及效率提升等方面取得显著优势，从而实现快速提质增效，并在新一轮技术革命中抢占发展先机。而那些未能及时搭乘 AI 快车的企业，则可能在日益激烈的市场竞争中逐渐落后，面临被淘汰的风险。

各行业的格局因此面临重构，智能技术的应用不仅会颠覆传统的商业模式，还将催化新领军企业的诞生。未来的行业巨头很可能是那些前瞻布局、深度拥抱智能化并成功将其转化为商业价值的智能型企业。构建基于大模型的企业 AI 应用平台则是通往智能型企业的关键，企业 AI 应用平台是数智化转型的最核心支撑平台。

如图 4-1 所示，基于大模型的企业 AI 应用平台分为三部分进行构建：第一，制定企业数智化战略；第二，根据数智化战略，进行 AI 应用平台建设；第三，对 AI 应用平台进行运营，赋能业务发展。

图4-1　基于大模型的企业AI应用平台

1．企业数智化战略制定

企业需根据"五看三定"法制定企业数智化战略（参考本书第 3 章），输出三年企业智能化规划，包括年度智能化目标、年度发展思路和举措。

（1）"五看"分析。

看宏观及趋势：分析行业数智化的最新趋势，如 AI、大数据、云计算等技术的应用情况，以及这些技术如何改变行业竞争格局和客户需求。

看市场及行业：调研客户对智能化产品或服务的需求，识别未被满足的市场空缺，特别是那些能够通过智能化解决方案提升效率或创造新价值的机会。

看客户：运用数据分析与用户画像技术，深入理解客户需求与价值取向，详细展开对个性化和智能化产品及服务的市场需求分析。

看竞争对手：分析竞争对手的数智化战略和实施情况，识别差异化竞争点，避免直接竞争，寻找蓝海市场。

看自己和机会点：评估企业自身在资源、能力、文化以及大数据与 AI 大模型方面的积累；分析内部的优势与劣势；明确数智化转型中的独特机会点。

（2）"三定"规划。

①定战略方向。

基于"五看"分析，确定企业数智化的核心领域，比如，是聚焦于产品智能化、生产自动化、客户服务智能化，还是聚焦于供应链优化等。明确智能化对企业长期发展的战略意义。

②定年度目标。

第一年：基础建设年。目标是建立数智化基础设施，如数据中心升级、云平台迁移、数据治理体系建设，以及启动首批智能应用试点项目。

第二年：应用推广年。在成功试点基础上，扩大智能化应用范围，提升运营效率，实现初步的业务流程自动化和数据分析驱动决策。

第三年：创新引领年。深化智能化应用，探索新技术（如 AI、区块链）在产品和服务中的创新应用，形成企业智能化核心竞争力。

③定实施策略和举措。

技术投入：逐年增加对关键技术的研发和引进投资，建立持续的技术迭代机制。

人才建设：培养和引进智能化领域专业人才，建立跨部门的智能化项目团队，加强员工智能化技能培训。

组织变革：推动组织结构和文化的适应性调整，建立支持快速试错和持续创新的机制。

合作伙伴生态：构建开放的合作生态，与技术供应商、研究机构等建立战略伙伴关系，共享资源，加速智能化进程。

风险管理：建立健全的数据安全和隐私保护体系，定期评估智能化项目风险，确保合规运营。

2．企业级 AI 应用平台建设

在确定企业数智化战略后，企业需要根据数智化战略构建企业级 AI 应用平台，以更好地承接数智化战略。企业级 Ai 应用平台在数智化转型中扮演着至关重要的角色。它不仅是企业 AI 能力的集中体现，更是推动企业实现全面智能化的关键力量。通过构建这样一个平台，企业能够更好地应对数智化转型带来的挑战和机遇，为未来的发展奠定坚实的基础。

企业级 Ai 应用平台提供了丰富的算法库、模型库和工具集，支持快速开发和部署各种智能化应用。通过这些应用，企业能够更好地挖掘数据价值，发现业务洞察，提升决策效率和准确性。企业级 Ai 应用平台的建设分三步走，即从 AI 应用规划、数据摸底到平台构建，赋能企业 AI 新时代。

第一步，AI 应用规划。

AI 应用的具体规划是一个细致且系统的过程，涉及多方面的考量与协作。

首先，团队需要与企业的各业务部门进行深入沟通，这是为了全面了解各部门在业务流程中面临的痛点和挑战。通过 AI 需求调研，团队可以收集到各部门对于智能化解决方案的具体需求和期望，这是确保 AI 应用能够紧密贴合企业实际运作的关键。

其次，在明确了各部门的需求后，规划团队需要根据企业整体的数智化发展战略，进一步明确 AI 的具体应用场景。这可能包括但不限于生产线自动化、客户服务智能响应、财务分析预测等。对于每个应用场景，都要设定清晰的目标和预期效果。例如，在生产线上，AI 的应用可能旨在提高生产效率，通过智能分析和优化生产流程来减少不必要的停机和浪费；在客户服务领域，AI 可能被用来实现自动应答和智能分流，以降低运营成本并提升客户响应速度；而在财务分析方面，AI 可以协助进行复杂的数据处理与预测，从而优化企业的财务决策。

选择适合的大模型是规划中的另一个重要环节。企业需要根据自身的业务需求、数据规模和处理能力来挑选最合适的模型。这一过程需要综合考虑模型的准确性、效率、可解释性以及训练的难易程度。

再次，制订详细的实施计划和时间表对于确保项目的顺利进行至关重要。这包括确定项目启动的时间、关键里程碑的设定、资源分配以及风险评估等。实施计划不仅要考虑到技术的可行性和资源的可用性，还要预留足够的时间用于测试和调整，以确保 AI 应用的稳定性和性能。

最后，建立评估与反馈机制是规划过程中不可或缺的一部分。在 AI 应用上线后，需要定期对其性能进行评估，并根据实际运行情况进行必要的调整和优化。这一机制能够确保 AI 应用持续为企业带来价值，并及时发现和解决潜在的问题。通过这种方式，企业可以不断完善 AI 应用的功能，以更好地服务于企业的长期发展战略。

第二步，数据摸底。

企业要根据 AI 应用规划所涉及的业务方向进行数据摸底。深度学习技术的 AI 应用极度依赖于大规模数据。因此，在实施 AI 项目之前，企业必须对

AI应用规划所涉及的业务方向的数据进行全面的诊断和评估。数据基础的稳固与否直接决定了AI项目能否成功落地。为了衡量企业数据基础的成熟度，可以将其划分为五个等级，从第一级到第五级。在第一级别，企业缺乏关键业务数据，这使得AI方案的实施变得困难重重。因此，在这一阶段，企业应优先考虑进行数字化或信息化升级，而非急于推进AI项目。当企业数据基础成熟度提升至第二级别时，虽然基础数据已经完整，但信息孤岛问题仍然存在。而在第三级别，企业数据的整合度较高，但仍不足以支持业务决策。对于数据基础成熟度在第二、第三这两个级别的企业，需要进一步优化数据管理流程，打破数据壁垒，提升数据决策价值。达到第四级别的企业已经能够利用数据进行业务决策，但尚不能实时响应业务变化。而第五级别的企业则不仅能够利用数据驱动业务决策，还能实时响应市场变化，这是数据基础成熟度的最高境界。互联网行业由于其业务特性，每天都能产生大量数据，因此数字化程度相对较高，也最早开始尝试利用AI技术。然而，对于其他传统行业而言，在推进AI解决方案之前，必须先通过业务流程的改进来提升数字化水平，为AI的实施奠定坚实的数据基础。

第三步，平台构建。

企业应构建出一张涵盖全局、布局合理的AI应用平台架构和蓝图。这张蓝图不仅是对企业未来AI发展的战略规划，更是对各个功能模块、技术组件以及它们之间交互关系的详细描绘。为了实现这一宏伟目标，企业需要细致入微地划分各个模块的功能边界与责任归属。每个模块都应有明确的任务和目标，以及与其他模块协同工作的方式和接口。通过这样的划分，可以确保整个AI应用平台在设计和开发过程中始终保持清晰的结构和高效协作。

同时，确定AI应用平台的整体架构也是至关重要的一步。企业需要综合考虑业务需求、技术趋势、资源投入等多方面因素，选择最适合自身的架构模式。在明确了整体架构之后，企业还需要进一步细化不同板块的技术路线、功能定位和建设目标。数据处理板块应关注如何收集、清洗、整合和存储海量数据，为模型训练提供高质量的数据源；模型训练板块则应聚焦于算法选择、模型优化和性能评估等方面，力求训练出更加精准、高效的AI模型；而服务部署板块则需要关注如何将训练好的模型部署到实际业务场景中，实现业务价值的最大化。通过这样科学合理的顶层设计，企业级 AI 应用平台将能够有序开发和应用落地。它将无缝融入企业的日常运营流程中，与企业的业务系统、数据资源以及人员团队紧密配合，共同推动企业的智能化升级。

3. 智能运营：AI 能力内化，赋能业务升级，打通应用落地"最后一公里"

智能运营的核心理念在于全面而深入地将 AI 技术嵌入到企业的日常运营管理、战略决策制定以及多元化业务场景中，这一过程犹如打通了 AI 从理论研究到实际应用落地的"最后一公里"，让 AI 技术如同生命之血，深深渗透并激活企业的每一个细胞，不断催生和释放出新的价值潜能。

针对企业级 Ai 应用平台的运营实践，首要原则是坚持以业务为导向，这意味着所有的技术应用与创新必须紧密围绕和服务于企业的核心业务需求。为了实现这一目标，企业需要构建一套跨部门、跨职能团队的高度协同机制，确保业务团队、内部管理团队以及技术团队能够高效沟通、深度融合，形成强大的协同效应。这种融合不仅仅是技术和数据层面的对接，更是涉及企业战略定位调整、组织结构优化、工作流程再造等深层次的企业改革行动。

为保障上述策略的有效执行，企业应当前瞻性地开展 AI 技术人才培养，打造一支既深谙业务规则，又掌握先进 AI 技术的专业人才队伍。这要求企业在教育培训、职业发展等多个环节进行系统布局，以满足智能化时代下对企业人才的新需求。

同时，企业建立一套适应新时代特点的运营管理机制尤为关键，这套机制需充分考虑如何将业务逻辑与 AI 技术紧密结合，通过不断地挖掘、提炼和内化企业的 AI 能力，使之成为企业内在的核心竞争力。在此基础上，推动 AI 能力由内向外逐步显现，赋能企业的产品研发、服务模式创新、市场拓展及精准决策等多个维度。

构建智能新生态：四步走战略驱动常态化运营。在 AI 技术持续引领行业变革的背景下，企业及各类组织正逐步实施一套涵盖常态化运营、场景应用创新、人才培养以及生态共建共享的战略推进步骤，以实现产业智能的深度整合与发展。

第一步，铸牢 AI 运营管理的基石。

在推动企业数智化转型的进程中,为了确保 AI 模型和服务能够高效、规范地运作,首要任务便是构筑起标准化的 AI 运营管理基石。这一环节不仅关乎 AI 技术的实施效果,更直接影响着企业未来的智能化发展道路。构筑标准化 AI 运营管理基石的核心在于确立详尽的模型生产管理流程和规划。这需要企业对从模型开发、训练、部署到监控的每一个环节都建立起清晰、规范的操作流程,确保每一个步骤都有明确的指导原则和执行标准。通过这样的流程管理,企业能够有效地控制 AI 模型的质量、效率和安全性,为后续的智能化应用奠定坚实的基础。

同时,建立健全模型服务的质量标准和运维保障体系也是构筑标准化 AI 运营管理基石的重要组成部分。企业需要制定一系列严格的质量评估标准,对 AI 模型的服务性能、准确性、稳定性等方面进行全面的衡量和监控。此外,运维保障体系的建立也至关重要,它能够确保 AI 模型在实际运行过程中的持续稳定性和高效性,及时应对各种可能出现的问题和挑战。

通过制定并执行严格的模型开发、管理和运行准则,企业能够为日常运营提供坚实的基础支撑。这不仅有助于提升 AI 技术的实施效果,更能够帮助企业在智能时代中形成稳定而高效的 AI 运营模式。

第二步,赋能业务场景,深化 AI 应用创新。

在成功构筑了标准化 AI 运营管理基石之后,将先进的 AI 技术有效融入企业的具体业务场景,便成了推动企业数智化转型的第二步。为了实现这一目标,搭建一个以业务为导向的 AI 赋能平台显得尤为重要。这个平台将作为企业内部各业务单元与 AI 技术之间的桥梁,提供一站式 AI 创新工具和服务解决方案,帮助业务团队更加便捷、高效地利用 AI 技术推动业务创新。

在这一阶段,企业的目标不仅仅是将 AI 技术引入业务场景,更重要的是拓宽业务团队对 AI 应用场景的认知边界。通过技术支持、培训指导等方式,协助业务团队深入理解 AI 技术的潜力和应用场景,激发他们的创新思维,开发出高度定制化且深植业务内涵的 AI 模型与应用。

随着 AI 技术在业务场景中的广泛应用和深度融合,企业的整体业务智能化水平将得到显著提升。这不仅有助于提升企业的运营效率和服务质量,更能够为企业带来新的商业模式和竞争优势,推动企业在激烈的市场竞争中脱颖而出。因此，赋能业务场景、深化 AI 应用创新，无疑是企业数智化转型过程中不可或缺的重要一步。

第三步，激活内生动力，打造一流 AI 人才梯队。

随着 AI 技术的迭代升级，人才储备成为核心竞争力之一。为此，企业应积极推进内部 AI 人才培养计划，设立专属的学习和发展平台，为员工提供全面而系统的 AI 技能训练。通过建设阶梯式成长机制，激发全员智能化潜能，培养具备前沿知识与实战能力的 AI 专业人才，确保企业拥有稳固的人才供应链，以应对日益复杂的智能挑战。为了成功构建企业的 AI 能力，一个由多元化专业人才组成的团队至关重要。这个团队至少应该包括以下几个方面的专家。

（1）AI 技术专家：他们不仅是数学和统计学领域的精英，能够深入研究底层算法，还必须是精通最新 AI 算法开发技术原型和商业产品的 IT 技术专家。

（2）行业专家：对于特定行业的 AI 解决方案，具有丰富经验的行业专家的参与是必不可少的。

（3）AI 应用专家：这些专家首先是卓越的产品经理，他们需要了解算法的特性，并具备深入理解行业问题的能力。这样，他们才能有效地整合 AI 技术专家和行业专家的优势，构建出真正适合特定行业的技术解决方案。

第四步，携手生态伙伴，领航开放共享的 AI 联合运营时代。

在数智化转型的道路上，企业逐渐认识到，单打独斗已不再适应这个快速变化的时代。建立强大的伙伴关系，是企业高效快速引进 AI 相关专业知识的重要途径。在 AI 战略制定、实施流程、技术实践和项目交付等方面，合作伙伴的协助能够有力地填补企业的能力空白，加速 AI 能力的提升，确保 AI 项目的顺利实施和成功交付。这种合作方式不仅提升了企业的竞争力，更推动了整个行业的进步。

同时，企业积极携手产业链上下游的合作伙伴，共建跨界的 AI 创新实验室和创新中心。在这些平台上，各方共同探索行业级 AI 大模型的研发和应用推广，打破行业壁垒，促进资源的优化配置。通过数据融合与技术创新成果的共享互鉴，企业能够合力塑造一个包容性更强、更具活力的 AI 产业新生态。

这个新生态以开放共享为核心，鼓励各方在平等互利的基础上展开合作。

通过共同研发、共同推广、共同分享成果，企业能够降低研发成本，提高创新效率，加速 AI 技术的普及和应用。同时，这种合作模式也有助于培养更多的人才，推动整个行业的持续发展。

4.2 企业AI应用平台案例

4.2.1 案例背景：科技赋能智慧升级

1. 科技赋能，智慧升级：大型物业集团借力大数据与 AI 开启多元化业态新篇章

某大型物业集团以其前瞻性的战略布局和深度的技术融合，正推动着物业管理服务业态从传统向智慧化的全面跃升。这家物业集团不仅坐拥多元化的物业管理业态——涵盖住宅、商业物业、写字楼、多功能综合楼、政府机构、产业园区、高速公路服务区、公园乃至学校等各类非住宅物业项目，而且，其主营业务——物业管理服务在收入贡献上依旧举足轻重，但真正引人瞩目的是，依托于人口资源、资产覆盖及渠道优势所衍生出的多元化增值服务，其已成为物业集团新的业绩增长引擎。

随着大数据与 AI 技术的深度融合与广泛应用，这家大型物业集团成功地将科技力量转化为实实在在的生产力，为整个行业树立了全新的运营典范。尤其是大数据分析技术的运用，犹如一双洞察秋毫的眼睛，精准捕捉并解析各类业态下的客户需求脉络，有力驱动了服务策略的精细化制定与高效执行。

尤为值得一提的是，在 AI 领域的实质性突破，使得物业集团能够通过智能软硬件一体化解决方案大幅提高工作效率，降低人力成本，优化用户体验。以智慧停车系统为例，该系统巧妙结合物联网、云计算、深度学习与图像识别技术，实现了车辆无感通行、智能车位引导以及线上支付等功能的高度集成。数据显示，智慧停车系统的引入已经显著减少了 50% 的现场人员投入，大幅提升了停车场整体运营效率，为业主带来了前所未有的便捷体验。

随着物业集团在大数据和 AI 领域持续加大投入，深度挖掘技术潜力，一系列富有前瞻性和创新性的增值服务将不断涌现，如智能家居集成管理、基于大数据预测的设施维护、能源管理优化等诸多应用，将彻底颠覆传统物业服务模式，进一步释放物业集团的盈利潜能，并重新定义物业行业的价值边界。

2. 物业数智化转型的关键价值驱动要素

在当前数字化浪潮席卷各行各业的大背景下，物业行业的数智化转型已成为其保持竞争力、实现可持续增长的关键路径。以下四个核心驱动要素正在有力地推动着物业行业的深层次变革和价值提升。

驱动要素一：规模与收入优化。借助智能化手段，物业企业能够快速扩大服务范围，精准定位市场空白点，通过精细化管理和高效资源配置来提升市场占有率。同时，强大的数据分析能力有助于构建起覆盖产业链上下游的智能生态圈，增强企业在供应链中的议价能力，从而直接带动营业收入的稳健增长。

驱动要素二：速度与效率革命。智能化技术的应用使得物业企业的运营效率得到了前所未有的飞跃。通过云计算、AI 和物联网等先进技术，劳动密集型工作得以自动化，流程得以简化，劳动效率显著提高；运营环节实现了实时监控和智能决策，管控效率大幅提升；此外，资源利用率的优化也有效降低了运维成本，真正实现了又快又省的高质量发展。

驱动要素三：服务品质升级。数智化转型不仅为物业服务注入了科技元素，还对服务质量进行了重新定义。通过智能设备与系统的部署，物业企业能够提供更加标准化、个性化的服务，并通过大数据分析不断优化服务质量，确保品牌价值持续累积。高品质的服务反过来增强了物业企业的卖方议价优势，有利于在市场中树立良好的口碑形象。

驱动要素四：客户体验重塑。以客户为中心的数智化转型战略着重于全面改善用户体验，包括从客户服务响应速度到个性化需求满足，再到线上线下一体化的便捷交互，每一个细节都体现了对用户满意度的高度关注。通过智能化工具提升服务质量和便利性，进而提高客单价并激发客户的忠诚度，驱动重复购买行为的发生，使物业企业能够在激烈的市场竞争中获得稳定的客源和长期的业务增长动力。

4.2.2 建设物业集团企业AI应用平台

物业集团企业 AI 中心的整体构建是一项系统工程，它以前瞻性的战略规划为核心，通过技术赋能和生态共建，全方位提升企业的智能化管理水平和服务质量。其整体架构可划分为三个相互关联且互为支撑的关键部分，如图 4-2 所示。

图4-2　基于大模型的物业企业Ai应用平台

第一，企业数智化战略制定。这一层次旨在构建长远的战略蓝图，物业集团要以企业整体战略为出发点，明确愿景定位，勾勒出未来物业集团数智化战略；制定涵盖短期至中期的三年发展规划，清晰规划阶段性目标和实施步骤，确保每一阶段的发展都有序推进。此外，发展思路应紧密结合行业发展趋势和国家政策导向，引领企业在数智化转型的道路上保持稳健而有力的步伐。

第二，Ai 应用平台建设。在深入理解和响应政府政策倡导的基础上，物业集团要精准选取符合政策导向且适应集团内部业务特点的新业态、新模式进行智能化应用布局；结合集团内部实际需求和市场吸引力，对各类应用场景进行优先级排序，优先开发那些能够带来显著价值增量的智能化服务项目；并对数据进行摸底，以评估已有数据是否能支撑 AI 应用的建设。具体举措包括建立大数据处理和分析平台，构建行业级别的大模型算法体系，实现数据资源的有效整合与深度挖掘，为决策支持、优化运营提供强大工具。

第三，智能运营层面。智能运营是将智能中心从理论构想转化为实践成果的核心环节，其重点在于常态化运营机制的确立，以及场景应用创新的不断迭代。企业需要培养一支既懂物业又精于智能技术的专业人才队伍，推动智能产品及解决方案在实际业务中的广泛应用。同时，通过生态共建共享的方式，企业需要协同内外部合作伙伴共同打造开放、共赢的智慧物业生态系统，从而确保 Ai 应用平台产出的产品能够快速落地，并持续产生可观的价值收益，真正助力物业集团在数字化时代实现跨越式的增长与变革。

1. 物业企业数智化战略制定

经过深入的战略分析和前瞻性的布局策划，物业集团的管理团队已明确勾勒出一幅宏伟的数智化转型愿景（如图 4-3）——致力于在行业领域内实现全面智能化升级，并最终确立自身为全球最受信赖的智能服务合作伙伴。

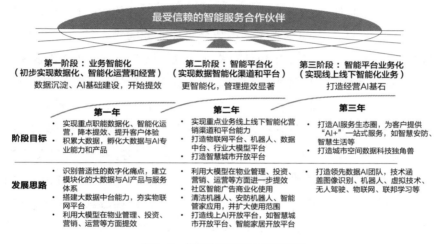

图4-3　物业企业数智化转型愿景

第一阶段：业务智能化初步构建与提效起航。

在项目的第一年，企业设定的核心目标是实现从传统运营模式向数据化、智能化的初步转型。

（1）阶段目标。

第一，数据沉淀与治理：构建全面的数据收集体系，确保各业务模块的关键数据能够及时、准确地归集；强化数据标准化管理，通过统一的数据模型进行整合，建立基础数据中心，为后续分析挖掘提供高质量的数据资源。

第二，AI 基础设施建设：部署适合物业管理、投资、营销及运营等领域的 AI 技术底层架构，如大数据处理平台、机器学习计算集群等；开发或引进必要的大模型工具和算法，用于提升工作效率和辅助决策。

第三，业务职能数据化与智能化运营：对核心业务职能实施数据化改造，比如，通过自动化流程工具和数据分析工具优化工作流程，实现部分业务流程的自动化；利用 AI 技术推动客户服务、设施维护、资产管理等关键环节的智能化，以提高响应速度和精准度。

第四，降本增效与客户体验升级：通过智能分析和优化策略减少无效投入，降低成本，同时提高工作效率和服务质量；运用客户行为分析和个性化推荐等方式提升客户满意度，打造更加便捷、高效的用户体验。

第五，数据能力与 AI 应用产品的孵化：建立内部的大数据团队，培养具备大数据分析与 AI 应用的专业人才；结合实际业务场景，启动大数据产品和服务的研发，积累经验并逐步推出针对物业管理和城市服务的智能化解决方案。

（2）发展思路。此阶段核心思路是识别并解决各领域普遍存在的数字化痛点，以此为基础，企业建立一套模块化的大数据与 AI 产品和服务体系。通过精准定位行业需求，企业将打造出灵活适应、易于扩展的智能化工具，有力推动物业管理、投资分析、营销策略以及运营优化等多领域的深度变革。

首先，企业聚焦于搭建完善的大数据中台能力。大数据中台作为企业级的数据基础设施，将承担起海量数据的统一接入、整合清洗、存储管理及价值挖掘的任务，实现数据资源的有效管理和高效利用。同时，企业也将进一步夯实物联网平台建设，通过万物互联技术，实时获取和处理各类设备产生的海量数据，为后续的智能决策提供源源不断的"数字燃料"。

其次，在具体业务场景的应用层面，企业将充分利用大型预训练模型的强大功能。这些大模型初步应用到物业管理、投资评估、市场营销以及日常运营等关键环节，以试点的方式来推进大模型和业务应用的融合，达到初步提效的效果。

第二阶段：智能平台化与业务深度整合。

第二阶段的核心任务是实现智能平台化，从而全面赋能线上线下重点业务的智能化营销渠道和平台能力提升。这一战略举措不仅着眼当前业务流程的优化提效，更致力于在未来塑造一个全方位、立体化的智慧运营生态系统。

（1）阶段目标。

首先，企业将倾力打造物联网平台，深度融合实体世界与数字世界，让万物互联成为可能，以实现设备间的数据实时交互和智能决策，进而全面提升业务运行效率与用户体验。同时，通过引入机器人技术，实现在客户服务、运营管理等多个场景下的自动化与智能化操作，显著降低人力成本，提高工作效率。

其次，建设数据中台与AI中台，将海量数据资源进行高效整合与深度挖掘，形成强大的数据资产管理和智能服务能力。数据中台旨在统一数据标准，打破信息孤岛，实现数据的快速流动与价值共享；而AI中台则专注于算法模型的研发与应用，推动机器学习、深度学习等先进技术在各业务领域的落地生根，催生出更为精准且具有前瞻性的商业洞察与决策支持。

最后，企业将积极构建智慧城市开放平台，以大数据和AI为核心驱动力，联通政府、企业和公众，形成开放、协同、创新的智慧城市生态网络。此平台将集成各类城市服务功能，通过智能化手段解决城市管理、公共服务等问题，为城市居民创造更加便捷、舒适、安全的生活环境，同时也为城市的可持续发展提供强有力的支持与保障。

（2）发展思路。在当前的数智化转型浪潮中，企业的发展思路围绕着深度利用大模型，在物业管理、投资决策、营销策略、运营优化等多个核心领域实现深层次的智能提效。

首先，企业将聚焦物业管理板块，引入大模型进行数据挖掘与分析，优化设施运维、资源调度以及客户服务流程，实现精细化管理与服务效率的显著提升。同时，在投资决策上，通过大模型对复杂市场环境进行精准模拟和预测，提供科学、高效的投资指引，赋能企业做出更具前瞻性和竞争力的战略布局。

其次，针对营销层面，将大模型应用于用户画像描绘、个性化推荐以及营销活动效果评估等方面，打造线上线下一体化、高度个性化的智能营销体系，从而提高转化率、增强客户黏性。此外，在运营层面，运用大数据实时洞察业务动态，实现运营策略的动态调整与优化，有效降低运营成本，提升整体业务效能。

在社区智能化方面，企业计划进一步推广清洁机器人、安防机器人和智能管家等 AI 硬件的应用，并不断扩大其在各类场景下的使用范围，以科技力量推动社区服务品质升级，为居民带来更为便捷、舒适的生活体验。

最后，企业将构建线上 AI 开放平台，如智慧城市开放平台与智能家居开放平台，搭建起连接政府、企业和用户的桥梁，共同促进智慧城市建设与智能家居生态的发展。这些开放平台不仅整合了丰富的 AI 能力与资源，还鼓励第三方开发者积极参与，形成共创共赢的良好格局，助力城市治理现代化和居民生活质量的全面提升。

第三阶段：智能平台业务生态化与 AI 服务全面落地。

进入战略发展的第三阶段，企业将致力于实现智能平台的全面业务化转型，打造坚实有力的经营 AI 基石。

（1）阶段目标。这一阶段的核心目标在于深度整合线上线下资源，推动智能化业务的无缝对接与深度融合，同时构筑起一个开放、协同、共赢的 AI 服务生态圈，为客户带来一站式、全方位的"AI+"解决方案。

首要任务是围绕智慧安防、智慧生活等多个领域，充分利用 AI 技术优势，开发出一系列具有前瞻性和创新性的智能化产品及服务。例如，在智慧安防方面，企业将通过 AI 算法赋能监控预警系统，提供精准高效的异常行为识别和风险防控能力；在智慧生活领域，则借助 AI 技术提升社区管理、家居控制等方面的自动化水平，为居民创造更安全、便捷、舒适的居住环境。

此外，企业还将全力冲刺打造城市空间数据科技领域的独角兽企业。通过对海量城市数据进行深度挖掘、分析与应用，企业的目标是构建一套覆盖城市规划、交通管理、环境保护等多元场景的城市智慧大脑，引领城市治理模式向数字化、数智化转型升级，为城市的可持续发展注入强劲动力。

总之，在第三阶段的发展蓝图中，智能平台业务化的推进将作为企业核心战略，旨在通过线上线下智能化业务的融合与拓展，以及"AI+"一站式服务的打造，实现从技术领先到市场领导力全面提升的战略跃迁，并在此过程中塑造并巩固自身在全球城市空间数据科技领域的领先地位。

（2）发展思路。在数字化与智能化大潮中，企业的发展思路明确而前瞻：集结业界精英，倾力构建一支具备跨学科、全方位能力的数据 AI 团队，以实现对图像识别、机器人技术、虚拟现实（virtual reality，VR）技术、无人驾驶、物联网以及联邦学习等前沿领域的全面覆盖和深度探索。

首先，企业将强化图像识别技术的研究与应用，利用深度学习算法优化图像处理效能，重点赋能园区安防等场景。

再次，通过机器人技术的研发与集成，企业将推动服务型机器人、工业机器人以及特种机器人的广泛应用，助力企业与社会服务的效率升级，并为未来智慧城市、智慧社区建设提供智能硬件支持。

同时，企业还将深挖虚拟技术潜能，结合增强现实（augmented reality，AR）与VR，创新应用场景，如虚拟展示、远程培训、沉浸式体验等，打破传统业务边界，塑造全新的交互模式与商业模式。

在无人驾驶领域，团队将着力攻克环境感知、路径规划、决策控制等关键技术，促进自动驾驶技术在物业和园区尤其是物流配送等领域的商业化落地。

然后，企业高度重视物联网技术的发展，致力于搭建安全高效的物联网平台，连接并管理海量设备数据，为企业提供实时洞察、预测性维护等增值服务，从而驱动行业的数智化转型。

最后，在数据隐私保护日益严格的背景下，联邦学习作为一项重要的分布式机器学习技术，将成为企业团队的重要研究方向。通过联邦学习的应用，可以在保障数据安全和用户隐私的前提下，实现多方数据联合建模与分析，催生更多基于大数据的协同创新项目。

2. 物业企业 Ai 应用平台建设

在推进集团内部智能应用场景的优先级排序过程中，物业集团将结合企业实际需求、市场吸引力以及政府政策导向三大关键因素进行综合考量。

首先，基于政府政策鼓励层面，集团会优先考虑那些得到国家和地方政府明确支持与引导的新业务领域。具体筛选标准包括但不限于以下几个方面。

（1）政策契合度：该应用场景是否符合当前我国创新驱动发展战略的大方向，尤其是国家重点布局的AI、大数据等新一代信息技术领域。

（2）行业适用性：该应用是否适应并有助于提升物业管理及相关产业的服务品质、运营效率及管理效能，如智慧社区建设、公共安全防控、能源管理优化等。

（3）政策优惠与扶持：关注该应用场景是否能享受到政府给予的相关优惠政策、资金补贴或项目支持，以便企业降低实施成本、提高投资回报率。

其次，在战略层面，在对各类智能应用场景进行考量时，集团会深入分析它们对于长期发展战略实现的关键作用，并关注以下几个战略价值驱动因素。

（1）数字维度：集团重视那些能够通过大数据、AI等先进技术助力集团精准预测客户需求和消费行为的应用场景。例如，通过对用户行为数据、消费习惯等海量信息进行深度挖掘和分析，可以准确预判客户的服务需求和购买时机，从而优化产品推荐、提升销售转化率以及提供更个性化、更贴心的服务体验。

（2）实体维度：集团倾向于选择能够有效利用物联网等技术来识别、管理和优化空间资源配置的应用方案。比如，通过部署智能传感器和设备实时监控和管理物业设施状态、空间使用效率等实体资源，集团可以提高运营维护水平，降低能耗成本，同时为客户提供更加智能化、高效的空间服务。

（3）服务维度：着重考虑那些有助于整合并创新人性化增值服务的智能应用。借助AI客服机器人、VR技术、智能家居系统等手段，集团不仅可以提供24 h不间断、无缝衔接的服务体验，还能根据客户的实际需求，定制化推送各类增值服务内容，如健康咨询、教育辅导、社区活动等，进而强化集团的核心竞争力与市场领导地位。

最后，针对AI应用场景的选择，业务吸引力和可行性是决定性因素。具体评估维度包括但不限于以下方面。

（1）业务吸引力。

①对最终客户的价值：考虑应用是否能够显著提升用户体验、解决用户痛点或创造新的价值需求，例如，通过智能化服务实现个性化推荐、便捷操作或安全保障等。

②对物业的价值：考察应用能否助力品牌升级、优化服务质量以及增强产品/服务的竞争力，例如，通过AI技术提高物业管理效率、降低运营成本、增加增值服务内容，从而提升品牌形象和市场份额。

③AI团队价值实现：分析应用对内部团队产生的经济效应，如通过新场

景带来的收入增长潜力、流量吸引与用户黏性的提升以及团队专业技能的积累和市场影响力的增长。

（2）业务可行性。

①实施成本：计算实施相应智能应用场景所需的成本投入，包括硬件设备、软件开发、运维支持、人才培养、市场推广等方面的费用，并对比预期收益进行经济效益分析。

②技术储备：评估集团现有的技术资源和技术团队能力，是否具备实施相关应用场景所需的底层技术架构、算法模型及解决方案的能力，同时考虑技术合作的可能性。

③风险考量：评估技术成熟度风险，确认所选应用场景中的关键技术是否已经足够成熟，能否稳定可靠地应用于实际业务场景中，避免因技术不成熟导致的项目延误或效果不佳。

④市场竞争风险：研究当前市场环境中类似的应用场景的竞争格局，判断进入该领域的难度和壁垒，以及集团在该领域取得竞争优势的可能性。

综上所述，集团将依据政策鼓励、战略匹配度以及业务吸引力与可行性这三大原则，对各类智能应用场景进行系统梳理和科学排序，从而确定切实可行且具有前瞻性的智能应用的用例（见图4-4）。

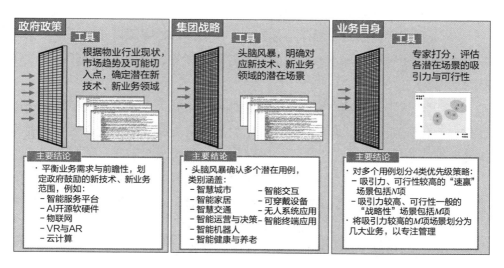

图4-4　确定智能应用的用例

在大数据与 AI 深度融合的时代背景下，企业面临多维度、多元化业务场景的数智化转型挑战。为了科学规划和最大化资源效益，企业依据业务吸引力和可行性两大核心指标对多项潜在智能应用业务进行了细致梳理与优先级划分，旨在实现既满足短期业务需求，又兼顾长期发展蓝图的战略目标，智能应用选择矩阵如图 4-5 所示。其中，吸引力与可行性均较高的"速赢"智能应用业务包括以下几项。

（1）物业智能投资决策分析系统：通过整合海量市场数据及深度学习算法的 AI 技术，实现精准预测与实时动态决策支持，赋能物业行业高效、理性地进行投资布局。

（2）智能运营决策分析系统：运用先进的 AI 模型深入挖掘运营数据，提供可执行的洞察与建议，助力企业提升运营效率，降低风险并把握商业机遇。

（3）基于用户行为模式的智能推荐系统：结合大数据处理能力和个性化推荐算法，构建"千人千面"的用户体验，有效提升用户黏性和转化率。

（4）全方位智能管家服务：结合语音技术和大模型能力的智能管家，可以实现与用户智能对话，为用户提供智能服务，从而为用户提供便捷、舒适的智慧生活体验。

（5）智能客服解决方案：利用大模型构建高精度、低延迟的智能客服系统，显著提高客户满意度及服务效率。

（6）消费者洞察云（画像与标签）：集成多种数据源以建立用户画像，并采用 AI 技术精确提炼出有价值的消费者特征标签，为企业精准营销提供强有力支撑。

（7）数据资产管理与数据安全防护体系：依托大模型对大规模数据资产进行自动化管理和价值挖掘，同时强化数据安全防线，确保企业数字化进程稳健推进。

（8）融合语音识别与大模型应用的智能中控屏：革新传统交互方式，集成语音识别技术与大模型决策支持功能，打造面向未来生活的多功能智能中控界面，无缝连接家庭、园区服务等多种场景。

（9）保洁机器人：将视觉识别、路径规划等 AI 技术与自主导航相结合，研发具备高效清洁能力且能在复杂环境中安全运行的智能机器人，填补传统保洁领域的技术空白。

通过对上述"速赢"业务的合理排序与深入实施，企业不仅能迅速收获实际业务成效，还能借力大模型技术的创新应用为长远战略布局和持续保持竞争优势奠定坚实基础。

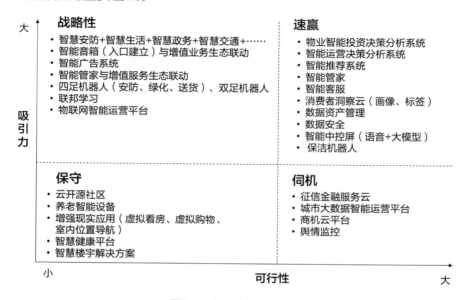

图4-5 智能应用选择矩阵

物业企业级Ai应用平台建设是一项关键性的数智化转型平台，旨在通过集成先进的AI技术和大数据处理能力实现物业管理服务的全面智能化升级。在明确了各项智能应用的优先级后，平台的整体设计应遵循技术先进性、业务实用性与扩展灵活性的原则，构建层次化的架构，如图4-6所示。

（1）AI基础设施层：作为整个平台的基础支撑，GPU计算平台扮演着关键角色。通过集成高性能GPU搭建强大的并行计算环境，平台能有效支持大规模数据处理、深度学习模型训练和实时推理等任务，为上层应用提供坚实的算力保障。

（2）数据层：此层是平台的知识存储与管理中枢，包含了社区运营、客户服务、管家服务、园区管理以及城市公共服务等多个领域的丰富数据资源。这些经过整合与清洗的数据构成了多个主题知识库，确保各类信息得以结构化、标准化地存储，并能方便地进行查询与调用，为后续的数据驱动应用提供精准的信息基础。

（3）行业模型层：这一层级主要涵盖了从数据预处理到模型全生命周期管理的一系列功能。其中包括了高效的数据处理机制以挖掘潜在价值，先进的机器学习和深度学习模型训练平台以生成高质量预测或分类模型，严谨的模型评估体系来衡量模型性能与适用性，以及全面的模型管理系统用于模型版本控制、部署更新及效果监控，确保模型始终保持最佳状态，满足实际应用场景需求。

（4）智能应用层：基于底层稳固的基础设施与中层完善的模型支持，智能应用层聚焦于打造一系列高附加值的应用场景，助力物业管理智慧升级。优先投入建设的智能应用包括但不限于智能管家服务、智能客服系统、智能中控屏、智能运营决策支持、智能投资决策工具和智能保洁机器人等。

综上所述，这个多维度、多层次的企业级Ai应用平台致力于打通AI在物业服务各个环节中的落地应用，全方位推动物业行业的数智化转型和服务创新。

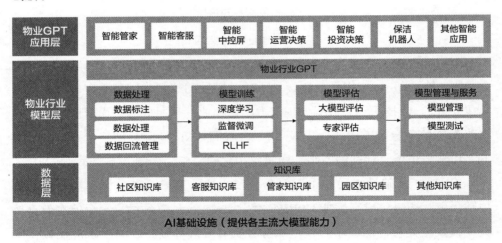

图4-6　物业企业级Ai应用平台架构

3．物业企业Ai应用平台"智能运营"

物业智能运营的核心理念，实际上是在强调将AI技术全方位、深层次地植入到物业管理的日常操作流程、战略规划以及丰富多样的业务场景之中。这一举措犹如构建起从理论研究到实践应用的无缝桥梁，实现了 AI 技术与实体业务之间的深度融合与联动。

同时，在多元化业务场景中，如设施维护、安防监控、客户服务、资产管理等，智能运营模式借助 AI 的力量，不断挖掘并释放出新的价值增长点，推动整个物业行业向着更加高效、智慧的方向发展。物业企业 Ai 应用平台的智能运营构建与实施策略可概括如下。

（1）以业务为导向的应用创新：所有的智能应用开发与迭代必须紧密围绕并服务于企业的核心业务需求。这要求智能管家系统能够精准理解业主需求并提供个性化服务，智能客服系统能在第一时间高效解决客户问题，智慧运营决策能实时呈现关键运营数据助力决策者快速响应变化，保洁机器人等硬件设备则需切实提升物业服务质量和效率。

（2）AI 技术深度融合：将 AI 技术全面而深入地融入物业企业的日常运营与战略决策中。例如，运用机器学习和大数据分析优化设施运维、能源管理、安全监控等；通过构建预测模型协助管理层制定精准的预算规划、客户服务策略以及资源调度方案。同时，在多元化业务场景下，如社区活动组织、租赁服务、资产管理等，实现智能化运作。

（3）团队建设与人才培养：打造一支兼具业务洞察力和 AI 技术实力的专业人才队伍至关重要。一方面要培养员工理解和掌握先进的 AI 技术，另一方面要强化员工对企业业务逻辑的理解和实战经验积累，确保技术和业务之间的有效衔接。企业要定期进行专业培训、技术分享以及跨界交流，以形成具有竞争力的 AI 人才梯队。

（4）生态共建与联合运营：积极联手物业行业的生态伙伴，构建开放、共赢的生态系统。物业企业与生态伙伴共同建立 AI 创新实验室和创新中心，共享研究成果和技术解决方案，推进产业链上下游协同发展。通过这种合作模式可以打破行业壁垒，加速科技成果的转化应用，并针对行业痛点提出更符合市场需求的整体解决方案，从而共同推动整个物业行业的智能化升级。

第 5 章

企业智能营销

本书第 5～7 章，分别对企业重点职能（包括营销、销售、客户体验）的数智化应用，尤其是与 AI 结合的应用进行详细阐述。本章将深入探讨数智化技术尤其是 AI 技术如何重塑营销，提升用户体验，并为企业带来新的增长机遇。

5.1　AI在营销领域的应用

AI 尤其是 AIGC 在内容创作和营销领域的应用（见图 5-1），不仅优化了生产流程，提高了工作效率，还通过个性化和精准化的服务增强了用户体验，为企业创造了更大的商业价值。随着 AI 技术的不断进步，其在未来的内容创作和营销领域的潜力将更加无限。

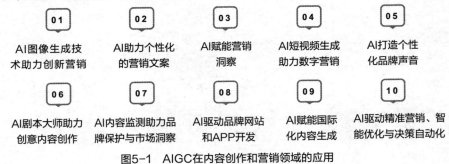

图5-1　AIGC在内容创作和营销领域的应用

1．AI 图像生成技术：创新营销与无限创意的融合

在竞争激烈的市场中，创新和效率是企业成功的关键。基于 AIGC 的图像生成技术正是这一理念的完美体现。通过这项技术，企业能够以前所未有的速度和质量创造出引人注目的视觉内容，彻底改变了广告宣传和产品展示的面貌。

在营销活动中，AIGC生成的图像能够迅速响应市场变化，提供高效的创意产出。企业不再受限于传统设计流程的时间和成本约束，可以快速调整营销策略，实时更新广告素材。这种灵活性使得营销活动更加敏捷，能够及时抓住消费者的注意力，提高品牌的市场响应速度。

此外，基于AIGC的图像生成技术还为用户提供了定制化体验的可能性。通过简单的文本描述或风格指定，AI能够创造出符合个人品位的产品图像，无论是想改变产品颜色、材质，还是在虚拟环境中模拟不同的使用场景。这种个性化的视觉呈现，不仅提升了用户的参与度，还极大地增强了用户的购买意愿。

更进一步，基于AIGC的图像生成技术打破了现实世界的界限，为营销活动带来了无限的想象空间。无论是梦幻般的产品展示场景，还是超现实的视觉特效，AI都能够轻松实现。这种创新的视觉内容，不仅能够吸引消费者的目光，还能够在广告宣传中创造出独特的品牌形象，从而在竞争激烈的市场中脱颖而出。

2．AI革新内容创作：高效、个性化的营销文案生成技术

内容创作的速度和质量对于品牌的成功极为重要。AI驱动的文字生成技术，正是应对这一挑战的理想解决方案。通过结合深度学习和自然语言处理的最新进展，AI不仅能够理解复杂的主题和关键词，还能够捕捉到细微的情感差异和语境含义，从而创作出既连贯又引人入胜的营销文案和文章。

这种技术的优势在于其高效率的生产能力。AI系统能够在极短的时间内，根据企业的特定需求，生成大量风格多样、内容丰富的文案。这不仅极大地加快了内容创作的速度，还显著降低了对人力资源的依赖，从而减少了成本。

更重要的是，AI文字生成技术能够实现精准定制。通过深入分析目标受众的行为模式、搜索历史和兴趣偏好，AI能够创造出高度个性化的内容，这些内容不仅与用户的需求紧密相关，还能够有效地提升信息的触达效果和转化率。这种个性化的内容策略，使得营销信息更加贴合消费者的实际需求，

从而提高了营销活动的投资回报率。

此外，AI在保持品牌一致性方面也发挥着关键作用。品牌的声音和调性是其身份的核心组成部分，AI可以根据企业的品牌指南，生成与品牌形象完美契合的文字内容。这种一致性不仅有助于加强品牌识别度，还能够避免人工创作过程中可能出现的不一致性问题。

最后，AI文字生成技术的迭代优化能力不容忽视。随着AI的不断进步，AI系统能够从用户反馈中学习，自我调整和改进，确保内容质量持续提升。这种自我优化的能力使得AI生成的内容能够适应市场的变化和趋势，保持其相关性和吸引力。

3．AI赋能营销洞察：精准分析用户反馈以优化内容策略

理解并响应消费者的行为和情绪是构建成功营销策略的关键。AI技术的发展为企业提供了强大的工具，特别是在内容监测和分析领域，以数据驱动的方式洞察消费者心理，优化营销活动。

首先，AI系统能够实时监测并收集用户对特定内容的各种反馈，这些反馈包括社交媒体上的互动行为，如评论、点赞、分享和转发，以及用户在论坛、博客等平台上的讨论。这些数据为企业提供了一个全面的反馈渠道，让企业能够及时了解消费者对品牌内容的反应。

其次，AI通过自然语言处理技术进行情感分析，将用户的文本反馈转化为量化的情绪数据，从而揭示用户对产品、服务或营销活动的真实感受。这种分析帮助企业识别出正面和负面的趋势，及时调整策略以应对市场变化。

再次，AI在主题和热点监测方面的应用，使企业能够迅速捕捉到用户最关注的话题和关键词，洞察市场趋势和消费者需求。这些信息对于制定相关性强、时效性高的营销内容至关重要。

最后，深度洞察是AI内容分析的另一个重要方面。通过对大量数据的分析，AI能够提供详尽的内容效果报告，指出哪些内容类型、发布时间和信息传递方式最能吸引目标受众，以及哪些内容可能未能引起预期的反响。这些洞察力是优化内容策略、提升用户参与度和转化率的关键。

基于这些分析结果，营销团队可以制定更加精准的内容策略，包括改进

内容创作方向、调整发布时间、优化宣传渠道等。AI 提供的数据支持使得这些策略调整更加科学和有效，从而提高内容的质量和传播效果，促进品牌知名度和销售转化率的增长。

4．AI 短视频生成：数字营销的创新引擎与个性化内容大师

短视频生成技术的出现，标志着内容创作和营销策略进入了一个新的时代。这项技术通过智能化的方式，将创意和效率提升到了前所未有的水平。AI 短视频生成技术的核心优势在于其能够理解和整合多种类型素材，包括文本、音频、图像和视频。AI 系统不仅能够将文字叙述转化为引人入胜的视觉场景，还能够将现有的图片和视频片段进行创意合成，创造出全新的内容。这种素材整合与编辑的能力，极大地扩展了内容创作的边界。

自动剪辑与调色功能是 AI 短视频生成技术的另一个亮点。AI 通过学习大量的专业剪辑案例，掌握了如何进行镜头切换、特效添加和色调调整，从而确保生成的短视频既流畅又具有吸引力。这种自动化的剪辑过程，不仅提高了内容生产的效率，还保证了视频的专业品质。

动态叙事构建是 AI 短视频生成技术的又一强大功能。AI 能够根据预设的故事线或产品特点，创作出既符合逻辑又能够引起情感共鸣的视频叙事结构。这意味着即使是没有专业编剧团队的企业，也能够制作出故事性强、情感丰富的短视频内容。

个性化定制是 AI 技术在短视频生成中的另一个显著优势。通过分析用户画像和行为数据，AI 能够生成符合不同目标受众喜好的个性化内容。这种高度定制化的内容，能够更精准地满足不同用户群体的需求，提升用户的参与度和品牌忠诚度。

最后，AI 短视频生成技术的大规模生产与优化能力，使得企业能够快速响应市场变化，进行内容的快速迭代和多版本测试。这不仅大幅度降低了内容生产的时间和成本，还提高了内容的多样性和创新性。

5．AI 音频革命：打造个性化品牌声音与提升营销效果

AI 技术在音频生成领域的应用，不仅为内容创作者带来了便利，也为品

牌营销开辟了新天地。

首先，语音合成（text to speech，TTS）技术的成熟使得 AI 能够将文本信息转化为自然流畅的语音输出。这一功能对于创建个性化的品牌声音或虚拟主播至关重要，无论是在广告宣传、智能客服还是有声读物中，企业都能够提供一致而逼真的声音体验。这种技术的应用，不仅提高了品牌信息传播的效率，还增强了品牌的声音识别度。

其次，在音乐创作方面，AI 通过深度学习模型学习大量的音乐样本，能够创作出符合特定情感色彩和营销需求的原创背景音乐和旋律。这种能力使得企业能够不需要依赖传统作曲家，即可快速生成符合品牌形象和营销活动的音乐内容，大幅提升了内容创作的灵活性和效率。

再次，音效设计是 AI 音频生成技术的另一个重要应用。AI 能够根据特定情境创造出各种环境音效和过渡效果，为广播剧、播客等音频节目增添丰富的听觉层次。这种定制化的音效设计，不仅提升了听众的听觉体验，还能够增强内容的吸引力和记忆点。

最后，AI 音频生成技术的高度定制化服务使得企业可以根据自己的品牌形象和营销策略，定制独一无二的音频内容。这种定制化不仅体现在声音的音色和风格上，还体现在内容的情感表达和品牌故事的传达上。通过这种定制化的音频内容，企业能够有效地与消费者建立情感连接，提升品牌忠诚度。

6．AI 剧本大师：内容创作的智能引擎与品牌故事塑造者

借助 AI 剧本生成能力，营销团队可以高效地产出各种创意视频脚本，如微电影、短视频广告等，这些内容不仅可以在社交媒体平台上广泛传播，吸引消费者关注并引发互动分享，还能够精准地塑造品牌形象，深化品牌故事，提升品牌的市场认知度和影响力。同时，AI 辅助创作也能够减轻人工编剧的工作负担，为其释放更多精力用于打磨和完善最终作品的艺术性和情感共鸣。

剧本生成作为 AI 技术在创意产业中的创新应用，正逐步改变着内容创作的游戏规则。通过深度学习和自然语言处理技术，AI 不仅能够理解复杂的叙事结构和人物设定，还能够根据品牌故事和目标受众的特点自动生成引人入胜的剧本草稿和情节概要。

在剧本生成的过程中，AI系统首先接收来自用户或营销团队的输入要求，包括创作主题、目标受众分析、品牌价值观和故事背景等关键信息。这些信息为AI提供了创作的方向和框架，确保生成的内容与品牌战略和市场需求保持一致。

接下来，AI系统通过分析大量的电影剧本、电视剧本和广告文案等语料库，学习并掌握各种叙事技巧和对话风格。这一过程使得AI能够理解不同类型故事的共性和差异，学习如何构建引人入胜的冲突和高潮。

在创新构思阶段，AI运用其算法模拟人类编剧的思考过程，生成初步的故事线、场景描述和角色对白。这一过程不仅考虑了故事的逻辑性和连贯性，还注重情感的表达和品牌的传达。

随后，AI进行优化迭代，不断调整和完善剧本内容。这一阶段是AI剧本生成系统的核心，它确保了最终剧本的质量和吸引力，同时也使得剧本能够准确地传达品牌信息和价值观。

7．AI内容监测：企业品牌保护与市场洞察的智能守护者

AI技术的进步，尤其是在自然语言处理、机器学习和大数据分析方面的突破，为信息管理、危机预警和市场分析带来了革命性的变革。AI内容监测系统的工作始于企业根据自身的战略需求设定监控参数。这些参数可能包括品牌关键词、竞品名称、产品特性等，以及监测范围，如新闻网站、社交媒体平台等。这一步骤是至关重要的，因为它确保了监测工作的相关性和针对性，为企业提供了定制化的内容监测解决方案。

随后，AI系统开始执行实时抓取与分析的任务。它能够24 h不间断地从互联网上收集与监控目标相关的数据，并对这些数据进行深入的分析。这包括情感倾向分析、语义理解和话题聚类，以便识别出潜在的负面舆论、侵权行为以及竞品动态。这种实时的监控和分析能力，使得企业能够快速响应市场变化，及时调整策略。

当AI系统监测到可能对企业造成影响的负面信息时，它会立即启动智能预警机制。系统不仅会通知企业相关人员，还会生成详尽的舆情报告。这些报告包含了问题的源头、传播路径和影响程度等关键信息，为企业应对危机提供了决策支持。

AI 的另一个重要功能是基于数据分析结果提供应对策略建议。这些建议帮助企业公关团队及时回应消费者的关切，解决问题，甚至在危机中寻找转机，从而提升品牌形象和服务质量。这种数据驱动的策略建议，使得企业的响应更加科学、精准和有效。

8. AI 驱动的智能开发：提升品牌网站与 APP 设计效率和用户体验

网站和 APP 智能开发技术通过 AI 算法的加持，不仅提高了品牌的网站和 APP 开发的效率，还增强了产品的个性化和用户体验，从而为企业在激烈的市场竞争中立足提供了有力的支持。

在需求理解与分析阶段，AI 系统通过深入学习企业的业务流程、目标用户群体的特征以及用户行为数据，能够准确把握核心开发需求。这种深入的理解使得开发团队能够专注于最有价值的功能开发，确保产品能够满足市场和用户的实际需求。

自动生成界面设计是 AI 智能开发的另一项关键功能。AI 系统能够根据行业标准、用户体验原则以及品牌视觉设计规范，自动生成适应不同设备和场景的页面布局方案。这不仅提高了设计的效率，还能够确保设计结果的专业性和一致性，同时允许根据品牌风格和色彩搭配进行个性化定制。

代码自动化编写功能使得 AI 能够在低代码或无代码开发环境中，快速生成基础架构代码和业务逻辑代码。这种自动化大大减少了手动编码的工作量，加快了开发进程，同时也降低了开发成本和出错率。

持续集成与测试是确保产品质量的关键环节。AI 在这一阶段能够协助完成单元测试、集成测试以及性能优化等工作，确保生成的应用程序不仅能够高效运行，还能够不断适应市场变化和用户需求的迭代。

虽然 AI 技术在完全自主设计、构建复杂网站和 APP 方面尚未实现全面自动化，但其在智能开发中的应用已经显著提高了开发效率，减轻了开发者的工作负担，并推动了产品更贴近用户需求和偏好。

9. AI 赋能国际化内容生成，引领国际营销新篇章

在全球化的浪潮下，跨国内容生成已成为企业国际营销战略中不可或缺

的一环。而 AI 技术，作为这一战略中的关键力量，正在以前所未有的速度和精度，助力企业跨越语言和文化的鸿沟，实现品牌信息的全球无缝传播。

想象一下，一个智能系统不仅能够将企业的核心信息、广告文案或网站内容从源语言精准翻译成多种目标语言，还能确保这些翻译文本在保持原意的基础上，完美融入当地的语言习惯和表达方式。这就是 AI 技术带来的多语言翻译与本地化的魅力所在。它基于深度学习和神经机器翻译技术，打破了传统翻译模式的局限，实现了高效、准确且自然的语言转换。

但 AI 的能力远不止于此。通过对海量数据的深度学习和理解，AI 还能敏锐地捕捉到不同市场中受众的文化偏好、价值观和社会习俗。这种文化敏感性分析，使得企业在制定内容策略时能够避免文化冲突，更加贴近当地受众的心理预期，从而提高品牌的接受度和亲和力。

AI 还能根据不同地域的审美观和消费习惯，自动生成符合当地特色的图像、视频和其他多媒体营销内容。从设计风格、色彩搭配到版式布局，每一个元素都经过精心计算和优化，以确保内容在视觉上也能引起目标受众的共鸣和喜爱。

当然，面对瞬息万变的全球市场，实时响应市场需求也是至关重要的。AI 结合大数据分析能够实时追踪和预测全球各地市场的动态变化，无论是新的消费趋势、热点话题还是竞争对手的动态，都能被迅速捕捉并转化为有价值的信息。这使得企业能够灵活调整内容策略，及时抓住市场机遇，保持品牌的领先地位。

10. AI 驱动营销智能优化与决策自动化

以往，传统的营销策略构建在有限假设与预设参数的基础上，虽然能够在较高层次提供市场趋势的概览，却往往难以触及微观层面的个性化需求，限制了其灵活性与精准度。而 AI 技术的融入，为这一困境提供了突破性的解决方案，使营销分析与执行迈入了一个全新的维度。

（1）超精细化市场细分：利用 AI 算法的高度定制化能力，营销人员能够从庞大的消费者群体中精炼出高度聚焦的细分市场，每个细分群体都基于复杂的用户行为模式、偏好特征及生活方式等多维度数据进行构建。这种超细粒度的划分，为制定更为个性化和高效的营销策略奠定了坚实基础。

（2）产品组合智能优化：AI通过高级数据分析，能够深入探索产品间的关联性与互补性，识别出隐藏的市场需求模式。它不仅能揭示单一产品的销售潜力，还能指导如何通过产品组合策略最大化顾客价值和销售效益，推动库存管理和产品推荐系统的智能化升级。

（3）自动化决策支持：在AI的辅助下，那些基于明确逻辑规则和历史数据的决策过程得以自动化，释放了人力资源去专注于更高阶的战略规划。对于那些因果关系模糊、涉及多变量交互的复杂决策场景，AI提供的深度分析与预测模型能够为决策者提供科学依据，确保策略的前瞻性和有效性。

5.2 智能广告与营销数字人

AI在营销领域的应用正变得日益广泛，特别是在智能广告、智能创意和营销数字人方面。企业正利用AI技术来深入理解消费者需求，提供个性化推荐和定制服务，优化营销策略，提高广告效果，并降低运营成本。AI技术不仅提高了营销活动的效率和效果，还满足了消费者对个性化体验的需求。

5.2.1 智能广告

1. 大模型领航，互联网企业广告业务驶入增长快车道

大模型在广告领域的应用已呈现出日益广泛的趋势。这一变革不仅提升了广告投放的精准度和效果，还为广告行业带来了新的增长机遇。腾讯公司，作为中国互联网大型企业之一，其2023年第二季度财报的发布引起了广泛关注。财报数据显示，公司实现了稳健的收入增长，并成功向更高利润率的优质收入来源倾斜。在这一转变的推动下，腾讯的利润增速成功超过了收入增速，其中广告业务更是实现了显著的快速增长。这一成绩不仅彰显了腾讯在广告领域的深厚实力，也反映了大模型技术在提升广告投放效果方面的重要作用。

腾讯公司CEO马化腾在财报发布后表示，公司将继续推动创新，积极探索生成式AI等前沿技术。通过腾讯云模型即服务（model as a service，

MaaS），腾讯公司将为合作伙伴提供丰富的模型库，同时也在打磨自研专有基础模型，以进一步提升广告业务的竞争力和创新能力。

在腾讯平台上，除了汽车行业外，所有重点广告主行业的广告支出都实现了同比双位数增长。这一强劲的增长势头不仅证明了广告主对腾讯平台的认可，也凸显了大模型技术在提升广告投放效果方面的巨大潜力。在财报后的电话会议中，腾讯公司高管更是明确指出，下半年广告业务将继续保持增长势头，并将进一步利用 AI 技术，将其与广告相结合，以挖掘新的变现机会。

广告作为互联网的第一大商业模式，其整个链路和过程与 AI 技术密不可分。从广告创意的生成到目标受众的精准定位，再到投放效果的实时监测和优化，大模型技术都发挥着至关重要的作用。同时，广告作为科学与艺术的交叉行业，其独特的属性和货币化潜能也推动了 AIGC 商业化向广告方向发展。在 AI 技术的赋能下，广告行业有望实现更加高效、精准和个性化的营销，为广告主带来更大的商业价值。

2．广告智能精准投放时代：利用 AI 实现营销效果的飞跃

在数字化营销的新纪元中，广告智能精准投放已崭露头角，成为变革传统广告模式的一股强大力量。这种基于 AI 技术的广告投放方式，不仅能深刻洞察用户的行为、兴趣和偏好，更能够为广告主构建出精细化的目标受众画像，从而在激烈的市场竞争中脱颖而出。

智能精准投放的核心理念在于数据的深度挖掘与实时响应。通过对用户数据的分析，系统能够识别出潜在消费者的微妙需求，进而调整广告投放策略，确保每一分广告预算都能转化为最大的营销效果。这种高度定制化的投放方式，不仅提升了广告的点击率和转化率，更在很大程度上减少了广告预算的浪费。

展望未来，广告系统的智能化将迎来更为广阔的天地。其中，APP 智能投放、线索智能投放和商品智能投放将成为营销新常态下的三大支柱。

首先，APP 智能投放将移动应用作为广告的载体，利用 AI 技术将广告内容与用户兴趣紧密匹配，使得用户每一次打开应用都成为一次与广告的精准对话。这种投放方式不仅提升了用户体验，更为广告主带来了可观的转化率

提升。

其次，线索智能投放则更进一步，将广告投放与销售线索获取紧密结合。系统能够实时分析用户行为，捕捉那些稍纵即逝的销售机会，为广告主提供有价值的潜在客户线索。这种模式下，广告不再仅仅是品牌展示的工具，更成为销售转化的直接推动力。

最后，商品智能投放则是电商领域的营销利器。通过对用户购物行为的深入分析，系统能够在最合适的时机向用户推送最符合其需求的商品信息。这种个性化的商品推荐，不仅提高了商品的曝光率和转化率，更在无形中增强了用户对品牌的忠诚度。

值得一提的是，大模型技术的加入使得广告效果的评估和优化成为可能。通过对广告投放数据的实时分析，系统能够自动识别出哪些广告策略有效、哪些需要调整，从而为广告主提供科学、准确的决策支持。

3．对话式 AI 广告：引领个性化营销时代

在数字化营销的新浪潮中，对话式 AI 产品正迅速成为广告界的新宠。借助聊天机器人、语音助手等前沿技术，对话式 AI 广告能够与用户展开实时、深度的互动，精准捕捉并响应他们的需求。这种广告形式不仅革新了传统的广告呈现方式，更在提升用户体验的同时，显著提高了广告的点击率和转化率。

谷歌、Meta、微软等科技巨头已经敏锐地捕捉到了这一趋势，纷纷在其对话式产品中融入广告元素，其中谷歌的对话式广告如图 5-2 所示。这种融合不仅拓展了广告业务的疆界，也深化了 AI 技术在商业领域的应用。通过这些巨头的实践，人们可以看到，对话式 AI 广告不仅能够有效增强用户对品牌的认知和好感，更能为广告主带来可观的商业价值。

大模型产品的兴起为对话式 AI 广告提供了更为广阔的舞台。这些产品凭借强大的自然语言处理能力和深度学习算法，能够精准地理解用户需求，并为之匹配相应的广告创意。谷歌等公司拥有庞大的广告主资源，这使得它们能够轻松地将原有广告模式切换到这一新领域，实现广告的无缝融入和原生展示。

展望未来，对话式 AI 产品中的广告业务有望成为大模型时代最主流、最具影响力的互联网商业模式之一。随着技术的不断进步和市场的日益成熟，人们有理由相信，对话式 AI 广告将为用户、平台和广告主带来更加丰厚的利益回报。

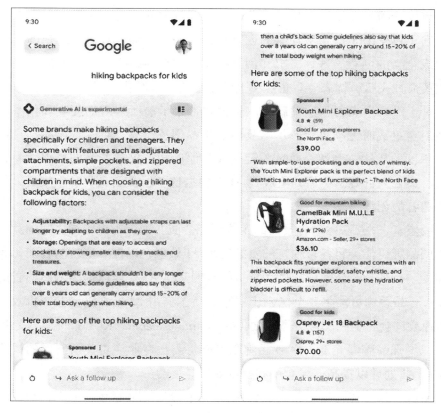

图5-2　谷歌对话式广告

4．大模型技术领航实时广告生成时代

随着大模型技术的崛起，广告行业正迎来一场前所未有的变革。基于广告主的需求和目标受众，利用大模型技术实时生成吸引力强且品牌调性一致的创意素材已成为现实。谷歌公司在 2023 年 5 月的 Google Marketing Live 活动中向全球展示了这一创新成果，引领广告业进入实时生成的新纪元。

当用户在谷歌搜索框输入关键词时，谷歌公司的大模型技术能够迅速捕捉用户需求,并实时生成与之匹配的广告创意。例如,输入"干燥敏感肌护理",下方的广告文案"舒缓你的干燥敏感肌"便是通过大模型在极短时间内生成的,这种生成速度甚至可以在几十毫秒之内完成。这种技术不仅提升了广告的个性化和精准度,更让每个用户都有可能看到为自己量身定制的广告。

与传统的个性化广告相比,基于大模型技术的实时广告生成具有显著优势。它不再受限于广告主现有的创意集合,而是能够针对每个用户的需求实时生成全新的创意。这种需求和创意一对一的模式,无疑是广告创意层面的一次革命性飞跃,标志着真正意义上的个性化广告时代已经到来。

对于广告主而言,这种新型广告模式带来了前所未有的便利和效率。他们在后台投放时无须再费心填写具体的文案创意,只需对广告产品本身进行一定程度的描述,例如,通过关键词或其他形式来描述产品的特点、参数、配置、适合人群等。然后,生成式 AI 会根据这些输入信息实时生成最终呈现给消费者的创意。

展望未来,互联网广告投放的竞争可能会演变为广告提示词之间的竞争。而不同品牌可能会将各自独特的资源交由 AI 处理,以提升广告的智能化和用户体验。例如,A 品牌可能将其车型的官网交由 AI 处理以提高网站的智能化水平;B 品牌则可能将其全国销售冠军的话术交由 AI 处理以提升销售效率;C 品牌或许会将全网关键意见领袖(key opinion leader,KOL)的文案交由 AI 处理以增强品牌曝光度;而 D 品牌则可能将委托专业广告公司制作的视频广告交由 AI 处理以提高广告效果和投放效率。

在这个新时代背景下,"广告 Prompt 工程师"可能会成为广告行业的新宠。他们的职责将是更好地向 AI 描述自己产品的特点与优势,以及用更合适的 Prompt 让 AI 写出更精彩的创意。由于这些广告 Prompt 的输入在某种程度上将决定广告的成败,因此也成为广告主之间更高维度的竞争焦点。

5.大模型领航广告精排时代,提升匹配效率与用户体验

在数字广告领域,如何将广告精准地展示给目标人群,一直是广告平台面临的核心挑战。随着 AI 技术的不断发展,大模型在广告精排方面的应用正逐渐展现出其强大的潜力。智能排期与策略作为基于 AI 技术的广告排期和投

放策略优化方法，通过深度分析历史数据和实时数据，能够自动生成最优化的广告排期和投放策略。这不仅最大化了广告效果，降低了广告成本，还实现了自动化排期，大大提高了运营效率。

然而，广告平台的挑战远不止于此。即便通过定向筛选，平台仍然需要面对数以万计的广告主和数以亿计的用户。每次用户请求都可能涉及多达数千个广告的匹配问题。为了将最符合用户偏好的广告展示给用户，同时为广告主带来最大的收益，需要进行复杂而精细的多对多匹配。

例如，某大型互联网企业推出的基于大模型的广告精排大模型，正是为解决这一广告匹配难题而生。该模型拥有千亿级别的单模型推理参数和数百 GB 的序列化大小，每秒能进行超过 10 亿次的浮点数计算。其最大优势在于能够利用更多的特征和样本数据学习得到更强大、更精确的模型，从而实现更高效的广告匹配。具体来说，该模型能够基于更长期、更细致的人群数据，在合规前提下强化用户洞察，对人群的理解更清晰准确。同时，它还能基于更多场景、页面、上下文信息，在跨场景联合建模的同时强化场景差异性表达，降低维护成本，提升用户广告体验。此外，通过更长期的样本数据和恰当的模型结构及学习算法，该模型能够平衡不同行业、不同稀疏程度的广告主的投放目标的学习，从而提升投放效果。最后，该模型还能更好地基于大模型在广告理解层面得到的丰富信息，实现更好的泛化和广告冷启动。

除了广告精排大模型外，大模型在广告领域的应用还广泛涉及广告点击率（click-through rate，CTR）预估、意图判别、数据管理平台建设、竞品广告分析、广告人群画像以及广告分析工具等方面。例如，在 CTR 预估方面，大模型可以通过分析用户行为、广告历史数据等信息来预测广告被点击的概率。在意图判别方面，大模型可以通过分析用户的行为和语言来判断其意图，从而提供更加精准的广告服务。

5.2.2 营销数字人

1. 智能驱动型数字人领航未来：行业趋势与商业机遇

数字人作为一种存在于非物理世界中的创新产物，正逐渐融入人们的日常生活。通过计算机图形学、图形渲染、动作捕捉、深度学习、语音合成等尖端技术,具备多重人格特征的虚拟形象被创造出来,它们不仅拥有逼真的外貌,还具备了与人类相似的表演和交互能力。从影视娱乐到游戏、电商、金融、文旅等多个领域,数字人的身影无处不在,它们以独特的魅力和无限可能为各行各业带来了前所未有的变革和机遇。

在数字人的发展历程中,驱动方式的革新一直是其关键所在。传统的真人驱动型数字人,虽然能够实现与用户的实时交互,但其高度依赖真人表演和动作捕捉系统的局限性,使得其应用场景和灵活性受到了一定的限制。而智能驱动型数字人的出现,则彻底打破了这一桎梏。它们通过智能系统自动读取并解析识别外界输入信息,根据解析结果决策数字人后续的输出文本,然后驱动预先通过AI技术训练得到的人物模型生成相应的语音与动作来与用户互动。这种驱动方式不仅大大提高了数字人的自主性和适应性,还使得它们能够在更广泛的场景中发挥作用。

从商业化和应用场景的角度来看,数字人可以分为内容/IP(intellectual property)型、功能服务型和虚拟分身型三大类。

(1)内容/IP型数字人主要应用于影视、文娱和市场营销等领域,它们以独特的形象和故事背景吸引观众,成为品牌推广和内容创新的重要载体。

(2)功能服务型数字人则更侧重于在电商、金融、教育、医疗、文旅等行业的服务场景中发挥作用,它们以智能化的服务流程和个性化的用户体验为核心竞争力,为企业和用户带来更高效、便捷的服务体验。

(3)虚拟分身型数字人则满足了个人用户在虚拟空间中的形象分身和代理需求,比如,在虚拟社交平台上的应用中,它们以个性化的形象和交互方式,为用户提供了全新的社交体验。

随着人工成本的逐渐攀升和AI技术的持续进步,智能驱动型数字人无疑将成为行业趋势。它们不仅能够在更广泛的场景中发挥作用,还能够为企业和个人用户带来更高效、便捷的服务体验。同时,随着技术的不断创新和应用场景的不断拓展,人们有理由相信,数字人将在未来的商业生态中扮演更加重要的角色,成为连接虚拟与现实世界的桥梁和纽带。

2．数字人领航营销新纪元：灵活性、定制性与交互性重塑商业生态

在商业营销领域，随着科技的进步和创新思维的涌现，数字人已成为一股强大的新势力，它们以灵活性、可定制性和智能交互性的独特优势，在多渠道展示和推广产品中发挥着不可或缺的作用。

首先，作为数字品牌代言人，数字人为企业创造了一个全新的形象大使。这些形象大使不仅具有特定的外貌和性格特征，更重要的是，它们不受现实世界的限制，能够全天候地与消费者进行互动。通过社交媒体、广告视频、直播平台等多元化渠道，它们将品牌理念和产品信息传递给消费者，有效提升了品牌的知名度和好感度。

其次，企业专属的虚拟形象也为企业与客户之间的沟通搭建了一座新的桥梁。这些虚拟助手或客服代表不仅可以在线解答消费者的疑问，提供个性化的服务，还能够同步收集用户反馈，为企业优化产品和服务提供宝贵的建议。它们的存在使得企业能够更加精准地把握市场需求，提供更加贴心的服务。

最后，数字人还在数字营销咨询顾问和数字营销分析师的角色中发挥着重要作用。通过 AI 技术，它们能够深度分析市场趋势，解读数据，为潜在客户提供精准的产品选择建议和营销策略指导。在电商平台中，这些数字营销顾问更是能够根据用户的浏览历史和偏好，实时推荐符合需求的产品和解决方案，极大地提升了用户的购物体验。

3．数字人领航零售与电商时代：创新营销工具点燃增长引擎

在数字化浪潮席卷全球的今天，零售和电商行业正迎来一场由数字人引领的营销革命。这些栩栩如生、功能强大的数字化角色，不仅重塑了消费者与品牌之间的互动体验，更为商家打开了前所未有的增长大门。

作为新时代的营销利器，虚拟主播以其超越时空限制的魅力，正成为品牌与消费者之间全天候沟通的桥梁。通过高度逼真的图像生成和动画技术，虚拟主播能够模拟真实人物的行为和表情，为观众呈现生动有趣的产品展示和解说。无论是深夜的购物狂欢还是清晨的悠闲浏览，虚拟主播都能随时满足消费者的需求，为品牌带来持续的销售动力。

而虚拟销售员则凭借智能化的数据分析和推荐算法，为消费者提供个性

化的购物体验。它们能够深入挖掘用户的浏览历史和购买记录,精准推送符合个人口味和需求的产品信息。这种量身定制的服务不仅提升了用户的购物满意度,更在无形中增强了品牌与消费者之间的情感纽带。

智能客服数字人的崛起则彻底改变了传统客服的工作模式。借助自然语言处理和机器学习等先进技术,智能客服能够实时响应消费者的各种咨询和问题,提供快速、准确的解决方案。它们的不知疲倦和始终如一的服务态度,为消费者带来了前所未有的便捷和安心。

购物助手则是数字人在个性化服务领域的又一杰出代表。它们能够深入理解消费者的购物需求和预算限制,为其提供量身定制的购物建议和决策支持。从商品筛选到价格比较,再到购物清单和预算规划,购物助手都能一一胜任,为消费者带来轻松愉悦的购物体验。

4.数字人将升级为数智人,营销价值将覆盖营销全链路

数字人作为新兴的市场营销手段,具有形象生动、交互性强的优点。它们可以根据不同的场景和需求,模拟出各种人物形象,如明星、品牌形象、客服等,以声音、图像、视频等多种形式与用户进行互动。数智人能够通过自然语言处理技术,理解用户的语言和情感,从而提供更加个性化和贴心的服务。

(1)AI赋能,数字人进入数智人新阶段。数字人最早起源于影视行业,随后逐渐扩展到泛娱乐、电商、营销和企业服务等多个领域。随着AI等技术的快速突破,数字人的发展进入了一个新的阶段,从数字人转变为数智人。

近年来,AI技术取得了巨大的进展,尤其是在AIGC技术方面。AIGC技术包括自然语言处理、图像识别、声音识别等多种模态的处理,这使得数字人的表现形式更加丰富多样,能够更好地与用户进行互动和沟通。近期的突破进一步推动了数字人的发展,使其进入了一个崭新的发展阶段。

AI技术已经覆盖了数字人的建模、视频生成和驱动等全流程。在建模方面,AI技术可以通过对大量数据的学习和分析,快速生成符合用户需求和偏好的数字人形象。在视频生成方面,AI技术可以根据用户的需求和场景,自动生成逼真的数字人视频内容。在驱动方面,AI技术可以通过智能算法和自动化控制，实现数字人的自主运动和交互。

AI 技术的应用也使得数字人的制作成本降低、周期缩短，并且降低了制作门槛。通过 AI 技术，数字人的外形和动作效果更加接近真人。例如，在 3D 数字人建模环节中，相比人工建模，AI 建模所需的时间大幅缩短，效率提升。目前，AI 建模已经初步实现产品化，可以开放程序接口对接各种应用，使用范围广泛。此外，AI 技术还可以实现 C 端应用，只需上传图片即可生成 3D 数字人面部模型。

多模态 AI 技术的运用使得数字人的交互能力更上一层楼。随着 AI 技术的不断改进和完善，数字人的感知能力（例如，现在的数字人对语言的理解主要以文本为主，未来有望实现多模态输入）、思维能力和内容输出能力都将得到显著提高，使其在思想、语言和行为上与人类更加接近、智能化程度更高。

AIGC 技术的不断革新和发展为数字人的功能深化提供了强大的技术支持。在高度仿真的外貌和声音基础上，通过深度学习、自然语言处理、情感计算等先进技术，数字人主播能够实现更加智能、精准且富有情感色彩的用户互动。

①智能解答：数字人可以根据训练数据集和实时算法对用户提出的问题进行快速响应和准确解答，涵盖产品信息、优惠活动乃至售后政策等多个方面。

②情绪识别：借助 AI 的情绪分析能力，数字人能够识别直播间观众的情绪状态，根据用户情绪变化适时调整交流策略，营造更为舒适、贴心的互动氛围。

③实时响应：随着技术进步，数字人在直播场景下的反应速度与真人无异，可实现实时对话交流，有效解决用户的疑问和需求，增强购物过程中的参与感。

（2）升级后的数字人，营销价值将覆盖营销全链路。在售前阶段，企业可以利用数字技术和创新思维打造独特的数字人品牌 IP，以打破传统营销的限制。通过结合科技和人文关怀，企业可以创造沉浸式、可交互的全新闭环营销模式。该模式优化了商业模式并提升了客户体验，使客户能够更直观、更深入地了解公司的产品和服务。通过数字人品牌 IP 的打造，企业可以实现与客户的个性化交流和定制化服务，进一步提升客户忠诚度和口碑效应。

在售中阶段，数字人 IP 可以变身为风格各异的带货主播和实时可交互的虚拟导购，以满足不同消费者的需求。借助数字人的创造力，他/她能够深入了解产品或服务背后的文化底蕴和溯源信息，同时也能准确把握消费者的核心诉求。数字人可以根据不同的消费者群体和场景，灵活地进行个性化推荐和互动服务，提升消费者的购物体验和满意度。作为购物助手，它们可以帮助用户浏览商品、提供建议或解答问题。通过运用自然语言处理技术，能够理解用户的需求，并借助深度学习技术提供更智能的建议与推荐。

在售后阶段，数字人 IP 可以变身为全天候在线的品牌客服和情感伙伴。他/她能够随时随地为用户提供支持和解答问题，增强用户的购买体验和忠诚度。作为客服代表，数字人能够与用户进行真实的对话，并帮助解决退货或退款申请问题。它们还可以提供有关产品或服务的信息，以帮助用户更好地了解相关事宜。同时，基于数字人的可塑性，企业可以将已售产品与二次营销内容融合，持续影响用户心智，实现销售转化。通过这种方式，企业不仅可以扩大销售规模，还能提高客户满意度，进一步巩固品牌形象。

（3）数字人在电商直播应用日趋广泛。数字人在电商行业的应用正在迅速拓宽其覆盖面。随着技术的不断成熟，数字人已经具备了替代真人主播进行连续不断的 24h 直播的能力，有效地缓解了电商行业在主播资源有限、人力成本日益增长等方面面临的压力。早期由于数字人的生成和使用技术复杂、成本高昂，并且在实际操作中的部署与维护具有一定难度，因此主要局限于财力雄厚的头部商家尝试采用数字人来进行短视频制作、电商直播等活动。然而，当前阶段，伴随着 AI、计算机图形学以及深度学习等技术的快速迭代和发展，市场上涌现出了一系列低成本、易于实施和智能化的数字人解决方案及产品，这大大降低了中小商家采纳数字人的门槛。预计未来，不仅大型企业，更多中小型企业和个人商家也会积极采用数字人来提升电商业务效率和用户互动体验，从而推动整个电商行业受众群体对数字人服务需求的大幅增长。

随着 AIGC 技术的持续进步，数字人在直播间内的交互能力和场景适应性将有望得到大幅提升，进而使得数字人主播与真人主播在直播转化效果上的差距逐渐缩小，为电商行业带来更加高效、便捷且经济实惠的营销方案。

第 6 章

智能销售与客户管理

本章将深入探讨 AI 在销售支持和销售管理中的多维应用，展示如何通过智能化的手段优化销售策略、提升客户触达效率、加强客户关系管理，并最终实现销售业绩的飞跃。同时，本章也将介绍一系列前沿的 AI 营销工具，这些工具正在帮助企业以更智能、更个性化的方式与客户互动，提升营销活动的参与度和效果。

6.1 智能销售

6.1.1 AI 在销售支持中的应用

某国际咨询机构研究指出，通过使用基于 AI 和自动化的营销自动化平台，大约有 1/5 的销售团队工作内容可以实现自动化，企业不仅能够减少人力在重复性任务上的投入，还可以提高工作效率、精准度和响应速度。同时，销售团队成员因此能将更多精力投入高价值活动上，如建立客户关系、战略规划和复杂谈判等，从而提升整体销售业绩与客户满意度。展望未来，AI 将与销售的各核心环节深入结合，包括销售策略、线索挖掘、线索评估和线索筛选、客户触达与沟通、完善客户档案、商机转化与成单，从而提升销售收入。AI 在销售支持中的应用如图 6-1 所示。

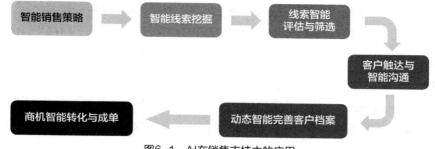

图6-1　AI在销售支持中的应用

1．AI赋能销售策略优化：从行业趋势洞察至动态定价的全方位应用

AI已经成为销售战略制定与执行过程中不可或缺的核心技术支撑。通过深度整合大数据分析和机器学习等先进技术，AI为销售策略优化提供了有力支持，并在多个关键环节展现出显著优势。

（1）行业趋势分析。AI能够快速处理并解析海量行业数据，结合先进的算法模型对市场走势进行实时追踪和精准预测。企业利用AI驱动的行业趋势分析工具，可提前捕捉到新兴领域的发展机遇，以及潜在的风险挑战，从而及时调整销售策略，抢占市场先机。

（2）竞品分析。通过集成网络爬虫、文本挖掘及情感分析等手段，AI系统能有效收集和解析竞品信息，实现对竞争对手产品特性、市场表现、用户反馈等方面的全面监控与对比分析，帮助企业知己知彼，找准自身定位，针对性地制定差异化销售策略。

（3）洞察消费者行为和偏好。基于大数据的消费者行为分析是AI在销售领域的核心应用之一。通过对用户购买记录、浏览历史、社交媒体互动等多维度数据的深入剖析，AI模型可以构建详尽的消费者画像，准确把握客户需求变化，引导企业更准确地满足消费者的个性化需求，帮助企业制定更有针对性的销售策略。

（4）热点和爆品分析。AI技术可以实时监测市场热点，识别潜在爆款产品特征，并结合历史数据和模式识别来预判哪些产品或服务可能成为下一个销售热点。这种前瞻性分析有助于企业迅速响应市场动态，优化产品组合，确保销售资源的有效配置。

（5）预测性销售分析。运用时间序列分析、回归分析等多种统计学方法，AI可在庞杂的数据中提炼出未来销售趋势的预测模型。这不仅有助于企业合理规划生产和库存管理，更能指导其精准投放营销活动，提高销售额和市场份额。

（6）动态定价。借助于机器学习的动态定价策略，AI可根据市场需求、竞争环境、库存情况、成本变动等因素，实时调整产品价格，以实现最大化收益目标。

（7）渠道预测。AI还能辅助企业预测最有效的销售渠道，通过分析各渠道的转化率、客户获取成本、生命周期价值等指标，优化销售渠道布局，确保产品和服务能够精准触达目标客户群体。

2．AI在销售线索挖掘领域的革新应用

在当今快速变化且高度竞争的商业环境中，AI技术已经成为销售团队提升线索质量与效率的关键驱动力。通过深度融合大数据和先进算法，AI不仅揭示了隐藏在海量数据背后的市场趋势和潜在客户群体，更从实时互动、个性化营销、自动化培育以及社交媒体情感分析等多个维度重塑了销售线索挖掘的实践。

（1）智能洞察，挖掘销售线索。运用AI技术，企业能够实现对其内外部的庞大数据资源（包括但不限于客户行为日志、社交媒体交互信息、行业数据库等）进行深度整合与精细化处理。先进的机器学习和数据分析算法在此过程中发挥关键作用，它们揭示出隐匿的消费模式和市场需求，帮助企业精准定位目标客户群、发掘出具有高价值的销售线索。

（2）实时行为感知与响应系统。AI技术可以实时监测并解析用户在网站上的访问轨迹、内容下载情况、产品试用反馈等多种行为指标，通过对这些行为特征的即时识别与智能判断，迅速锁定具有强烈购买意愿的高质量线索，并将其即时推送给销售人员，确保快速响应客户需求，把握最佳跟进时机。

（3）精准推荐与个性化营销策略。依托协同过滤算法或深度学习模型，AI可根据用户的个人偏好、需求历史及实时行为动态，提供精准的产品和服务推荐方案。这种个性化的营销手段不仅能有效吸引潜在客户的关注，更能引导其逐步深入到企业的销售漏斗中，进一步提高转化可能性。

（4）智能化线索培育流程。AI 驱动的自动化营销平台具备强大的智能化线索培育能力，能够根据预设的营销策略，自动发送定制化的电子邮件、短信通知或是定向广告给潜在客户。更为重要的是，该平台能根据潜在客户的反应和互动情况动态调整培育路径和内容，确保每一步动作都贴近客户的真实需求，从而显著提升线索转化为销售的机会。

（5）社交媒体监听与情感分析工具。借助 AI 技术，企业能够对社交媒体上关于自身品牌及竞品的相关讨论进行全面、持续的监测与深入分析。利用情感分析技术，AI 能够精确解读用户的情感倾向，敏锐捕捉那些反映积极兴趣或消极信号的评论，进而从中提炼出富含价值的销售线索，为企业决策提供有力支持。

3．AI 重塑线索评估与筛选的新范式

随着大数据与先进 AI 技术的深度融合，销售线索评估与筛选已进入精准化、智能化的新纪元。这一转变不仅体现在数据处理能力的大幅提升上，更在于对潜在商机深度洞察与有效转化的革新。

（1）大数据赋能线索质量评分体系构建。借助大规模机器学习模型和海量客户数据集的力量，企业能够构建一套基于大数据驱动的精细化线索质量评分系统。通过深入挖掘并整合包括但不限于客户属性特征、行为轨迹序列、行业趋势动态、互动行为强度等多维度信息，AI 能够在短时间内为每个销售线索赋予科学而精确的量化评价。这种评分体系不仅能够助力销售人员高效识别出高价值、高潜力的目标客户，还实现了从数据到决策的无缝对接，极大优化了销售资源的战略布局。

（2）智能筛选机制下的目标市场精确定位。运用先进的算法技术和大数据分析框架，AI 驱动的智能筛选平台可以实时扫描并甄别符合特定业务场景和客户需求画像的优质线索。大模型具备强大的计算力，能在庞杂的数据海洋中快速定位潜在机会，同时排除无效或过时的信息噪声，确保销售团队聚焦于最具转化可能的潜在客户上，从而显著提高成交效率。

（3）实时动态评估与智能优先级调整。不同于传统的静态评估方法，大

模型支撑下的销售线索评估系统具有实时反馈和动态调整的能力。它持续跟踪并解析线索的各种实时行为数据，如网站活动热度、内容消费频次、产品试用情况、询盘及反馈响应速度等，并基于这些动态变化即时更新线索评分与优先级排序。这使得销售流程始终与市场需求保持同步，从而提升整体销售漏斗效能。

（4）预测性线索评估与前瞻性资源配置。结合先进的预测性机器学习模型与历史成交数据，AI能够精准预测各个线索在未来转化为付费客户的概率。通过对大量历史数据进行深度学习训练，模型将揭示隐藏在数据背后的规律，帮助企业提前锁定高质量线索，预见未来销售走势，进而合理分配销售资源，优化销售漏斗结构，加速销售周期进程。

（5）交叉验证与多因素关联分析：解密转化关键因子。利用大数据与大模型的协同效应，企业可以实施复杂的交叉验证分析以及多因素相关性探究，揭示不同线索特征之间的深层次关系网络。通过对关键影响因子的挖掘与解读，企业能够基于数据驱动的方式制定针对性的销售策略和营销举措，真正实现由数据洞察到商业增长的有效转化。

4．AI助力客户触达与沟通

随着AI技术的广泛应用，客户触达与沟通方式正经历着前所未有的革新。AI不仅提高了企业与客户的互动效率，还实现了更加精准且个性化的服务，从而深化了客户关系并推动业务增长。

（1）智能客户触达策略制定。首先，通过大数据分析及机器学习算法，AI能够对海量客户数据进行深入挖掘，识别出不同客户群体的行为模式、兴趣偏好以及需求特点。基于这些洞察，企业可实现精细化的客户分层，并量身定制触达策略，如智能推荐内容、精准推送信息、适时开展营销活动等，确保每一次接触都能击中客户的痛点与兴趣点。

其次，借助预测分析能力，AI可以预见潜在客户行为和需求变化，进而实施主动式的客户关怀与服务。例如，在客户可能需要支持或遇到问题之前发送提醒、解决方案或者个性化优惠，这将极大地增强客户感知度和忠诚度。

最后，结合用户历史行为记录、购买习惯及实时反馈信息，AI能够构建全面的用户画像，以此为基础实现个性化产品推荐、动态定价、定制化消息传递等。这种高度个性化的沟通方式使得每个客户都感到被重视和理解，从而强化品牌亲和力和市场竞争力。

（2）AI驱动的智能语音外呼。在客户触达和沟通的革新中，智能语音技术也扮演了重要角色。AI驱动的智能语音外呼系统能够自动拨打并进行电话沟通，为企业提供了一种高效且节省人力的客户服务方式。

①智能呼叫与信息传达：基于预设的脚本和情境对话模型，智能语音机器人可以准确地向客户传递产品信息、服务更新或提醒事项等，并根据客户的实时反馈调整沟通策略。

②个性化互动体验：通过自然语言理解和自然语言生成技术，智能语音外呼能够理解并回应客户的复杂问题，模拟真人对话模式，实现个性化的交流互动。

③大规模批量处理：相较于人工客服，智能语音外呼具有强大的并发处理能力，能够在短时间内完成大量客户的外呼任务，尤其适用于通知类、调查类以及简单咨询类场景的服务需求。

④数据收集与分析优化：每次通话后，智能语音系统都会记录和分析通话内容及结果，帮助企业不断优化沟通策略、提升服务质量，并为后续的数据挖掘和营销决策提供有力支持。

（3）AI智能销售助手与实时话术指导。AI技术在销售领域的应用同样显著，其中智能销售助手是将AI融入销售沟通的关键工具。它不仅能够进行智能语音外呼，还能在客户与销售人员的沟通过程中扮演辅助和引导的角色。

①动态推荐最佳话术：根据预先设定的销售策略、产品知识库以及对大量成功案例的学习，智能销售助手能够在实时通话过程中为销售人员提供最恰当的话术建议，帮助他们更精准地把握客户需求，提升转化率。

②情绪识别与适应：AI销售助手具备情绪识别功能，可以捕捉并分析客户的语气、语速等情绪信号，从而及时调整销售人员的回应策略，保持对话氛围积极且有利于达成销售目标。

③个性化定制体验：结合客户历史购买行为、偏好数据及实时交互信息，智能销售助手能够生成个性化的销售话术，以满足不同客户的具体需求和期望。

④培训与绩效优化：通过对销售团队实际通话的分析评估，智能销售助

手还可以提供有针对性的培训反馈和改进意见，助力销售人员不断提升自身业务能力，并为企业整体销售流程的优化提供数据支持。

5．大模型驱动的客户档案动态优化。

AI技术尤其是大模型的应用，正在深刻改变企业对客户档案管理的方式，实现从静态记录到实时动态优化的飞跃。

（1）跨渠道数据集成与智能解析。借助于大模型强大的数据融合能力，企业能够跨越线上线下边界，整合来自多元化渠道的客户交互信息，构建起一个详尽而全面的客户行为全景图。这一过程涵盖了网站访问行为分析、社交媒体互动追踪、电话沟通内容挖掘、历史购买行为汇总以及客户服务请求处理等多个维度，形成了具有深度价值的客户行为数据库。

（2）基于先进算法的洞察生成。通过应用先进的自然语言处理、机器学习算法及模式识别技术，大模型能够深入理解并精确解读客户的实时反馈与行为信号，揭示出隐藏在海量数据背后的客户需求、兴趣变化及潜在价值点。这些洞察不仅限于对当前状态的理解，更是对未来趋势的预测和把握。

（3）动态更新与CRM系统无缝对接。面对不断涌现的客户反馈和行为模式的变化，AI驱动的大模型能即时对客户档案进行精细化调整和完善，如重新定义客户标签、精细调整客户细分模型，甚至预测客户的未来价值潜力。同时，这些动态优化后的客户档案将实时同步至企业的CRM系统中，确保销售、市场和服务团队依据最新且最准确的数据采取行动，为客户提供个性化且精准的服务体验。

（4）闭环优化机制与持续改进。大模型所建立的客户档案动态优化机制形成了一个自我学习、迭代提升的闭环体系。它根据实际业务结果反馈，持续调整优化策略，不断提升客户档案构建的精度和效率。这一过程无疑极大地提升了企业的市场营销效果和客户满意度，并推动了整体CRM水平跃上新台阶。

6．大模型驱动商机转化与成单的智能革命

大模型正在深刻改变企业的商机挖掘与销售成交过程。通过深度结合数据资源与先进算法，企业得以大幅提升商机转化率和成单效率，形成一套智能化、精准化的销售流程。

（1）大模型智能预测与个性化推荐。基于海量的历史交易数据和实时客户行为数据，大模型能够深入洞察潜在商机的价值潜力，并运用机器学习等前沿算法进行精准预测。在此基础上，系统可以为每个潜在客户定制个性化的营销策略和产品推荐，确保销售团队专注于最具价值和高转化概率的机会。

（2）自动化营销与精细化触达。结合大模型的大数据处理能力，企业能够实现营销活动的全链条自动化，从识别目标市场到制定针对性的营销策略，再到执行多渠道投放并追踪效果。这种高度自动化的流程有助于企业在正确的时间、正确的地点向目标客户提供恰如其分的信息，显著提高商机转化速度和质量。

（3）智能交互与即时决策支持。利用先进的自然语言处理和对话式 AI 技术，企业部署聊天机器人和语音助手以提供 $7 \times 24h$ 全天候客户服务，有效解答客户疑问、挖掘深层次需求，并在销售谈判中提供实时的数据驱动建议，极大地提升了沟通效率和商机转化成功率。

（4）智能化定价与谈判策略。利用先进机器学习算法，大模型可以协助企业制定灵活且具有竞争力的价格策略，并在销售谈判过程中提供实时建议。通过对历史成交案例的学习和模拟，大模型能精准判断最佳成交时机和条件，进一步增强企业在谈判桌上的优势，促进更多商机转化为实际订单。

（5）精细化漏斗管理与预测分析。依托于大数据背景下的大模型技术，企业能够对销售漏斗各阶段的关键节点进行深度剖析，以发现阻碍商机转化的问题并提出针对性解决方案。同时，借助于预测性分析能力，大模型能提前预估商机转化为订单的可能性及其潜在价值，帮助企业前瞻布局、把握先机，实现更高效的资源调度和更快的业绩增长。

6.1.2　AI在销售管理的应用

AI 在销售领域的应用远不止于实时销售过程的支持，它还在以下几个方面发挥着重要作用。

1. 销售复盘与策略优化

在当今的数字化商业环境中，销售管理者犹如装备了超级"销售雷达"的战略家，借助大数据和高级 AI 技术的力量，能够实时捕捉并精准解析每一次销售对话中隐含的市场信息。当竞争对手的名字在客户交谈中悄然出现时，智能化系统不仅能即刻警觉，更能在深度学习和自然语言处理的支持下深入剖析场景内涵，揭示出客户所关心的具体问题、潜在需求以及对竞品的认知差异。

通过运用先进的大模型技术，可以对海量销售会话数据进行细致入微的挖掘和情境理解，从而使企业能够构建出高度精细且实时更新的客户画像，洞察客户的购买动机、行为模式以及他们在寻找供应商时所依赖的信息渠道。此外，AI 引擎还能动态梳理出细分市场的竞争格局，包括但不限于竞品的核心性能指标、价格波动策略、市场响应速度以及客户对不同产品的优劣势评价等关键情报。

尤为重要的是，智能分析技术能够提炼出竞争对手针对自身产品或服务的主要攻击点，从而帮助企业快速调整销售策略，预先布局防御措施，并在必要时主动出击。同时，这些基于真实会话数据得出的结论为企业的长期产品创新和迭代提供了宝贵的决策依据，确保企业在瞬息万变的竞争环境中始终保持领先优势，实现精准营销和高效转化。

2. 销售团队智能管理

借助 AI 驱动的团队分析模块，企业能够从多元且精细的角度透视每个销售人员的工作表现，实现对销售效能的深度挖掘和科学量化。例如，AI 系统可以实时追踪并统计每位销售人员的平均通话时长、与客户沟通过程中产生的平均异议数量以及触发深入产品讨论的频次等 KPI。

更为重要的是，大数据支持对个人及团队数据进行多层次对比分析，将每一位团队成员的业绩表现与团队内的销售冠军进行横向、纵向的对照研究，揭示出他们在沟通技巧、问题解决能力、成交转化效率等方面的差异性特征。

基于这些翔实的数据洞察，AI 系统将进一步提供个性化的指导建议，针对不同销售人员的短板和优势制定改进策略和发展路径，旨在全面提升销售团队的整体效能，并激发每个成员的潜能，向销售冠军的标准看齐。这样的智能化管理模式不仅有助于企业优化资源配置，更有助于培养一支具有高竞争力的专业销售队伍，从而在日益激烈的市场环境中保持领先优势。

同时，AI 能够帮助管理者跟踪每个销售人员的业绩表现，提供预测性分析，如销售目标完成情况、客户转化率、销售额波动趋势等，以便及时调整销售任务分配和资源调度。AI 驱动的智能系统还可以为管理者提供有关团队成员技能评估、工作效率提升以及行为指导的数据支持，通过实时反馈和建议来提升整体团队效能。

3．大模型赋能的销售人员智能陪练系统

在现代销售培训领域，AI 技术正在以前所未有的方式重塑训练模式。销售人员智能陪练系统整合了自然语言处理、自然语言理解、语音识别以及语音合成等尖端 AI 技术，实现了从理论学习到实战演练的无缝对接，极大地提升了培训效率与效果。

（1）实时话术提示：基于强大的自然语言处理和语音处理技术，智能陪练系统能够实时感知销售代表在模拟对话过程中的困惑或卡壳，并即时提供恰当的话术建议。这一功能大大节省了查阅资料的时间，确保销售代表在练习过程中始终保持高效流畅的状态，从而快速掌握并运用核心销售技巧。

（2）实时互动评分：每次模拟对话结束后，系统会立即对销售代表的表现进行全方位评估，包括对话内容的质量、情绪控制、应变能力等多个维度，并通过精准的评分反馈机制，帮助销售代表迅速定位自身短板，制订针对性的强化训练计划。这种实时量化评估的方式使得培训过程更加透明化且具有明确的目标导向性。

（3）智能情境对练：传统的背诵式学习无法满足复杂多变的销售实战需求，而智能陪练系统通过模拟真实客户角色，可以根据不同的问题场景、背景及客户需求阶段，灵活调整对话策略和话术应对。这种"智能对练"模式使销售代表能够在高度仿真的环境中反复锤炼沟通技巧，真正实现从理论知识的"记住"向实际应用的"会用"转变，显著提升销售代表面对不同状况时的应答能力和赢单率。

（4）个性化培训内容推荐：AI可以根据历史销售案例库定制个性化的培训内容，针对销售人员的短板进行精准提升，并通过持续学习和智能化反馈机制促进其专业成长。智能推荐系统可以帮助销售人员迅速获取相关产品知识、行业动态和竞品信息，确保他们在面对客户时能够提供最新、最准确的信息。

6.2　AI营销工具

AI的出现彻底改变了企业进行营销工作的方式。在现代营销中，AI技术是基本组成部分，能够提供无与伦比的洞察力、预测分析和个性化客户体验能力。利用AI创建数字营销策略为数字营销人员开辟了许多新的可能性，使他们能够获得竞争优势，并以创新的方式与客户互动。其中一个重要工具是AI营销平台，它利用AI技术执行任务，帮助营销人员做出有见地的商业决策。这些工具可以预测客户行为并自动化任务，从而帮助营销人员节省时间、提高效率和优化工作。此外，通过对历史营销数据的识别和分析，AI营销工具还能提高投资回报率。通过利用AI驱动的工具和技术的力量，企业可以创建一个动态和数据驱动的营销策略，不仅可以触达到企业的目标受众，还可以在个性化层面上吸引他们。以下是国外值得关注的AI营销工具。

1. Zooma

Zooma（见图6-2）是一款功能强大的AI营销工具，为优化AI营销策略提供了一系列功能。通过AI推荐，Zooma能够无缝地识别出提高活动表现的方法。该平台的自动化功能涵盖了出价调整的管理、关键字定位的微调以及广告副本测试的执行，大大简化了活动管理任务。通过利用Zooma，企业不仅能够提高时间效率，还能够提高AI营销工作的有效性，从而实现卓越的结果。

图6-2　Zooma网站

2. Jasper AI

Jasper AI（见图6-3）是一种先进的AI营销解决方案，早期称为Conversion.ai。它能够利用OpenAI公司开发的GPT模型的功能，将文本转换为引人入胜的内容创意。通过提供品牌或产品名称等，营销人员可以轻松生成引人注目的内容。Jasper AI可在各种渠道上制作出一流的内容，包括社交媒体、电子邮件、登录页面和文章。这个强大的AI营销工具使得各行各业的企业都能够为他们的博客文章、登录页面、社交媒体、广告、营销邮件等制作更具说服力和吸引力的内容。

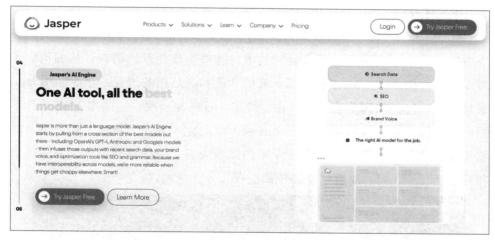

图6-3　Jasper网站

3. HubSpot

HubSpot（见图6-4）的AI工具为营销人员提供了新的创造力和精确度，从而提高了活动的参与度和效果。借助HubSpot尖端的AI功能，营销人员可以改变他们的营销方法。他们现在可以利用强大的工具来推动内容创作、个性化活动以及数据分析，从而制定精确而有影响力的营销策略。此外，该工具还能帮助制作社交媒体帖子，并根据用户提示生成图像，确保营销工作的简化、高效和高度影响力。

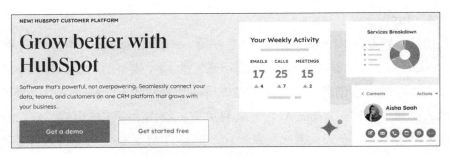

图6-4 HubSpot网站

4．Murf

Murf（见图6-5）作为一款AI语音合成器，是当今最为重要的AI营销解决方案之一。它利用自然语言处理技术，能够生成逼真的语音，从而消除了对专用硬件的需求。Murf提供了丰富的功能和高品质的语音，企业能用Murf来自定义语音，如调整语音的口音、情感、音高和速度，还能用Murf选择不同声音模板直接生成视频字幕。Murf极大地简化了营销人员的工作流程，能够快速创建各种应用程序所需的音频和视频内容，包括社交媒体、品牌广告和营销活动等，而且所有这些操作都能在几分钟内完成。

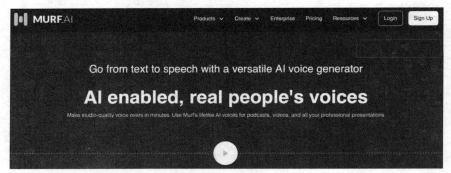

图6-5 Murf网站

5．Adobe Sensei

Adobe Sensei（见图6-6）是一款专注于创新的AI驱动的营销解决方案，旨在提升品牌的客户体验，增强客户参与度和忠诚度。作为AI领域的先锋力量，Adobe Sensei深知生成式AI的潜力，能够彻底改变营销的战略、实施和分析等各个方面。通过引入最新的 AI 技术——Adobe Sensei GenAI，客户体验团队可以充分利用生成式 AI 的独特功能，扩大自身专业知识，为客户提供更加精确、个性化的服务。

图6-6　Adobe Sensei网站

6．Surfer SEO

Surfer SEO（见图 6-7）是一个 AI 驱动的搜索引擎优化（search engine optimization，SEO）工具，可以帮助企业优化搜索引擎的内容。它通过分析目标关键字排名靠前的页面，为企业提供有关其内容结构、字数和其他因素的见解。然后企业可以使用这些信息来创建更有可能排名靠前的内容。随着 AI 技术的不断发展，它在营销中的作用只会变得更加突出。通过利用 AI 驱动的工具和技术的力量，企业可以创建一个动态和数据驱动的营销策略，不仅可以触达企业的目标受众，还可以在个性化层面上吸引他们。

图6-7　Surfer网站

7. Phrasee

Phrasee（见图6-8）是一款专注于"品牌语言优化"的AI工具。该工具通过提升公司在其内容创意中使用的品牌语言来发挥作用。Phrasee利用自然语言生成系统和机器学习算法为电子邮件、Instagram、Facebook等推送通知生成内容创意。其生成的内容创意听起来很人性化，既符合品牌语言又有效。

图6-8　Phrasee网站

8. Smartwriter.ai

Smartwriter.ai（见图6-9）是一个强大的AI工具，旨在协助自动化电子邮件外展。通过使用该工具，用户可以轻松生成个性化的电子邮件，这有助于激起客户的兴趣。此外，Smartwriter.ai还提供反向链接生成、Shopify产品标题和描述创建等功能。同时，Smartwriter.ai还允许与其他第三方工具和平台集成，以进一步改进企业的电子邮件外展流程。无论企业是想提高销售业绩还是增加客户互动，Smartwriter.ai都是一个值得信赖的选择。

图6-9　Smartwriter.ai网站

9. Optimove

Optimove（见图6-10）是一款集成了基于AI的营销功能的客户数据平台。该平台能够从各种不同的平台中收集数据，并在一个仪表板中提供统一的信息视图。通过Optimove，企业能够轻松地分析和共享信息，并做出相应的营销策略决策。Optimove的AI工具Optibot能够搜索和分析企业提供的所有客户数据，并生成具有可操作性的建议。它能够根据损失情况建议放弃哪些活动，或者提醒企业哪些客户可能过于关注与公司的沟通。

图6-10　Optimove网站

10. Acrolinx

Acrolinx（见图6-11）是一种由AI驱动的营销软件，它通过提供改进建议来提高内容的质量，从而符合品牌参数。大公司（如谷歌和亚马逊）都使用这个工具来确保他们的所有营销内容与品牌保持一致。用户可以通过设置样式、语气、语法甚至添加公司特定的措辞来定制内容。Acrolinx的AI会检查内容并提供改进建议。

图6-11　Acrolinx网站

11．Grammarly

Grammarly（见图6-12）是一款功能强大的AI内容营销平台，适用于各类企业。它是最佳的免费营销工具之一，能够帮助企业仔细检查书面副本，确保其完善和专业。Grammarly运用高度准确的AI技术，能够在线实时检查拼写和语法。此外，用户还可以通过安装Google Chrome扩展程序来使用Grammarly。Premium和Business选项提供了更强大的功能，如音调、清晰度和风格的检查。

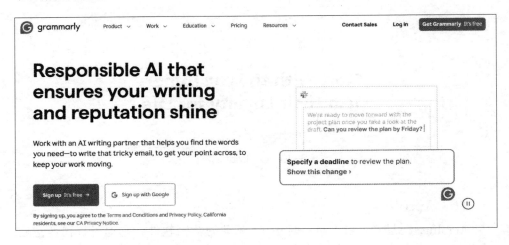

图6-12　Grammarly网站

12．Seventh Sense

Seventh Sense（见图6-13）是一款AI电子邮件营销活动工具，它以个性化的方式确保每位客户在合适的时间收到电子邮件。这种个性化服务使得营销人员能够更好地与他们的客户互动，因为他们知道客户将在最佳时间打开电子邮件。此智能平台还能够提高电子邮件的送达率，从而提高发件人的分数。对于每周发送数百或数千封电子邮件的公司来说，这是一个非常重要的指标。Seventh Sense的设计目标是可以与HubSpot和Marketo紧密配合使用。

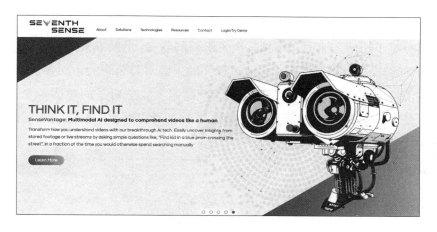

图6-13　Seventh Sense网站

13. Brandwatch

Brandwatch（见图6-14）提供了两个主要解决方案，即消费者情报和社交媒体管理。这两个解决方案可以应用于多种用例，包括市场研究、品牌管理、内容营销、危机管理和影响力营销。Brandwatch已经存在了十多年，因此拥有丰富的数据资源，而它真正的价值在于帮助用户充分利用这些数据。该平台基于AI，能够生成可操作的建议，并帮助用户更好地了解消费者以及品牌在当前市场中的位置。Brandwatch可以深入了解客户对品牌、产品和行业趋势的看法。为了帮助用户理解数据，平台提供了灵活的用户界面和多种实时可视化选项供用户选择，进行数据分析。凭借详细的见解和及时的分析，Brandwatch平台能够帮助企业在快速发展的市场中保持敏捷的响应能力。

图6-14　Brandwatch网站

14．Brand24

声誉对于任何企业而言都具有至关重要的意义。借助Brand24（见图6-15）强大的AI社交媒体监控工具，企业可以实时追踪对其公司的正面和负面反馈。该工具能够分析整个网络上关于品牌、产品以及竞争对手的对话。除了监控品牌声誉，Brand24还能够帮助企业评估营销活动，并及时解决潜在的问题，以避免局势失控。

图6-15　Brand24网站

15．Flick

Flick's AI Social Media Assistant（见图6-16）是一款功能强大的营销工具，旨在简化社交媒体内容的头脑风暴、写作和规划过程。它通过提供7天免费试用，让用户能够体验一种轻松创建引人入胜品牌内容的新方式。这个由AI驱动的平台可作为一个多功能合作伙伴，可以集思广益完成独特的内容创意、制作个性化的字幕、将长篇内容进行重新编排与精简，以打造出易于分享且精炼有趣的片段，以及只需单击一下即可组织和安排的创意。Flick's AI Social Media Assistant不是通用的AI写作工具，它就像一位对企业品牌了如指掌的经验丰富的营销人员。该工具专为社交媒体打造，提供7×24 h全天候支持并拥有简单的设置过程。Flick's AI Social Media Assistant受到超过100 000名内容创作者、品牌和营销人员的信任，帮助他们节省时间、改善结果并提升他们在社交媒体上的影响力。

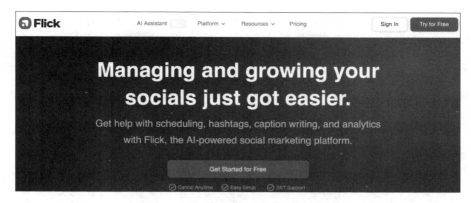

图6-16 Flick网站

16．Frase.io

Frase.io（见图6-17）是一个能够帮助用户更好、更快地创建SEO优化内容的平台。用户只需输入主题，Frase就会自动比较并从具有相同关键字的热门网站中提取数据。随后，这款AI营销工具将生成一个SEO友好的大纲，使用户能够编写在搜索结果中排名更高的内容。在用户创作内容时，Frase会为其作品评分。评分越高，说明用户的内容相对于竞争对手网站的排名就越好。

图6-17 Frase.io网站

17．Smartly.io

Smartly.io（见图6-18）是一种基于AI的广告营销工具，它通过集成各种主要平台，如Facebook、Snapchat、Pinterest和Instagram，在一个平台上处理所有的广告营销。该工具的优势之一是能够跨不同渠道进行模块化广告测试，从而让企业能够准确评估广告设计的效果。通过 Smartly.io，团队可以智能地计划、测试并针对目标受众投放效果最佳的广告，从而提高广告营销的效果。

图6-18　Smartly.io网站

6.3　客户生命周期智能管理

借助大数据和先进的 AI 技术对客户生命周期进行智能管理，已逐渐成为企业实现持续增长与价值最大化的重要战略手段。通过构建并应用大规模机器学习模型，企业能够以全新的视角和前所未有的精度来解析和预测客户行为，从而实现客户生命周期的有效延长及生命周期价值的显著提升。

首先，大数据在此过程中扮演了关键角色。通过对海量、多维度的客户数据进行全面而深入的挖掘分析，大模型能捕捉到客户从认知、接触、购买、使用到忠诚各个阶段的行为模式与潜在需求变化，为精准营销、个性化服务提供有力的数据支持。

其次，AI 专家精心设计并训练的大规模预测模型，在深度学习前沿技术的支撑下，不仅能够实时监测和预判客户的潜在流失风险，还能根据客户行为特征制定出有效的留存策略，从而有效延长客户生命周期。同时，基于大模型的优化决策能力，企业可以更精确地定位客户需求，适时推送符合其个性化偏好的产品或服务，进而提升单个客户在整个生命周期内为企业创造的价值。

因此，将大模型与客户生命周期智能管理相结合，实则是将先进技术转化为实在的商业洞察力和行动力的过程，对于企业在激烈竞争中赢得先机、稳固并拓展市场份额具有深远的战略意义。客户全生命周期智能管理将关注点从单一交易环节扩展至客户与企业接触的全过程，包括客户获取阶段、磨合阶段、成长阶段、成熟阶段、衰退以及离开阶段（见图6-19）。企业运用AI技术实时追踪和预测客户在各个生命周期阶段的行为变化，并根据这些洞察优化产品设计、销售策略、客户服务等各环节，以期延长客户生命周期，提升客户黏性，同时通过持续的价值传递与增值活动激发客户潜在价值。

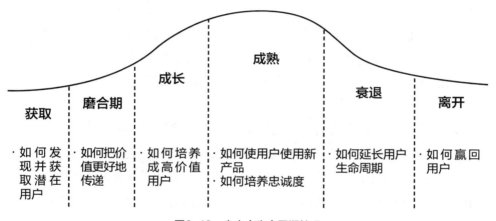

图6-19 客户全生命周期管理

1. AI助力客户获取期：精准预测并有效触达潜在用户

通过构建强大的AI预测模型，并结合内外部数据资源，企业在寻找潜在客户的过程中展现出前所未有的洞察力和执行力。

首先，整合内外部数据资源。企业充分利用大数据平台，将内部积累的客户交易记录、行为数据与外部多元信息源（如市场趋势分析、社交媒体洞察等）深度整合。企业通过构建全面的数据湖，为AI算法提供了丰富的素材，使得系统能够基于这些海量且多维度的数据来描绘出详尽且立体的客户画像，深入挖掘潜在客户的兴趣偏好、消费习惯及需求模式。

其次，运用 AI 算法构建预测模型。利用机器学习、深度学习等多种先进的 AI 技术，企业可以构建针对潜在客户的预测模型。此模型通过学习历史数据，对每一个潜在客户进行精细化评估，并赋予一个代表其转化可能性的概率值，从而帮助企业在大规模客户群体中精确锁定高价值、高潜力的目标客户。

再次，A/B 测试验证和优化模型输出。为了确保预测模型的实际效果并优化营销触达策略，企业会采用 A/B 测试的方法。根据模型预测的转化概率，企业将潜在用户划分成不同组别，并对预测转化率较高的用户率先进行定制化的营销活动，实时监测和对比各组别的实际转化情况，进而不断调整和优化营销策略以实现最佳投资回报。

最后，模型部署与持续反馈优化。经过严格测试和验证的预测模型最终会被部署至生产环境，在实际运营中发挥效能。同时，企业建立了一个持续迭代的反馈机制，通过实时收集客户在实际应用中的最新数据，对预测模型进行周期性更新和优化，不断提升模型对未来潜在客户需求变化的适应能力和预测准确度，使客户获取策略始终保持敏锐度和高效性。

2．AI 赋能客户磨合期：深度挖掘产品价值并优化新用户体验

当新客户购买产品或服务后进入关键的磨合期时，企业正越来越多地借助大数据和 AI 技术，以创新方式将产品的核心价值淋漓尽致地传递给客户，确保他们能够充分体验并迅速适应。以下详细探讨这一过程中的具体应用与实践。

（1）个性化与制定化体验：基于海量的大数据资源，AI 系统通过深入挖掘新用户的消费历史、行为轨迹、兴趣偏好等信息，构建出细致入微的客户画像。在此基础上，AI 系统运用机器学习算法进行精准推荐，为每位新客户提供符合其需求和习惯的产品功能介绍、操作教程及应用场景示例。这种个性化的引导策略有助于缩短新客户的认知周期，使其更快地感知到产品的核心价值。

（2）智能化客服支持：AI 客服机器人和语音助手在客户磨合期发挥着重要作用。它们能全天候实时响应新客户的咨询请求，通过深度学习模型快速识别问题类型，并提供精确的答案或解决方案。此外，智能客服还能根据

客户的反馈持续迭代升级，不断优化对话策略，提升交互体验，帮助新客户有效解决使用过程中遇到的问题，进而加深客户对产品价值的认知。

（3）动态分析与个性化教学：AI系统利用大数据持续监控和分析新客户在使用产品过程中的各项指标，如点击率、停留时间、操作路径等。通过对这些数据的深度挖掘，企业可以及时发现客户在产品理解和使用上的盲点或瓶颈，适时推送针对性的教学内容或提示信息。例如，在软件产品中，当AI系统检测到用户频繁在同一功能上受阻时，可自动触发相关教程弹窗或视频演示，加速客户熟悉产品功能的过程。

（4）预测性维护与更新优化：对于硬件产品或涉及复杂系统的服务，结合物联网技术和AI算法，企业可提前预知潜在的技术故障或性能下降，主动提醒新客户进行预防性维护或升级。同时，AI还能根据客户实际使用情况及反馈，实现产品功能的动态优化与调整，使产品始终保持最佳状态，从而增强新客户对产品稳定性和价值的认可。

（5）满意度评估与反馈闭环：通过自然语言处理技术，企业可以全面收集和分析新客户在社交媒体、在线评价、售后反馈等渠道表达的情感倾向、满意度以及痛点问题。基于此，企业不仅能实时了解新客户的真实感受，还能优化产品设计和服务流程，形成从用户反馈到产品改进的快速反馈闭环，进一步凸显产品的核心价值。

（6）客户成长路径规划与激励机制：针对特定类型的产品或服务，企业还可以利用大数据和AI技术设计个性化的客户成长路径。比如，通过追踪新客户的活跃度、互动频率等数据，企业可以设定不同阶段的成长目标，并配套相应的激励措施，促使客户逐步解锁更高级的功能，从而深化其对产品整体价值的理解与感知。

3．AI赋能客户成长期：驱动消费体验升级与价值深化

客户成长期通常是指客户完成初始购买并度过磨合阶段后，开始对产品或服务产生依赖，并随着使用频率和深度的增加而逐渐成熟的过程。在此期间，客户不仅期望获得稳定的基础功能满足，更期待能够发掘更多潜在价值，提升个人或业务效能。AI在这个关键阶段发挥着至关重要的作用，通过精准

推荐、个性化服务、高效互动等手段，让客户使用产品或服务时感到更加舒适和愉悦，同时促进其进一步的消费升级。

（1）智能推荐与增值服务：运用机器学习算法，AI系统能够根据客户在成长期的行为习惯、偏好变化以及需求升级进行实时动态分析，提供精准的产品内购推荐或相关增值服务。例如，在电商平台上，AI可以通过客户购物记录和浏览行为预测客户的潜在需求，推送定制化商品信息；在内容平台中，AI可以根据客户的阅读历史、观看记录推送符合其兴趣的新内容，引导客户发现并享受更多优质资源。

（2）客户行为预测与优化策略：基于大数据分析，AI技术可以深入洞察客户在成长期的行为模式，预测其未来可能的消费路径和需求变化。企业可据此提前布局，调整产品特性或推出新功能以满足客户预期，同时制定相应的营销策略，如适时推出促销活动或会员特权，鼓励客户持续投入并提高消费频次。

（3）个性化客户体验优化：在客户成长期，AI能进一步细化用户画像，根据每个客户的特性和发展阶段，为其量身打造个性化的使用场景和服务方案。例如，在在线教育领域，AI可以根据学生的学习进度和知识掌握程度，自动调整课程内容及难度，确保客户始终处于最优学习路径上；在金融投资行业，AI则可通过智能投顾为客户提供个性化的资产配置建议。

（4）高效客户服务与支持：随着客户对产品或服务理解的加深，他们在成长期可能会提出更复杂的问题或需求。利用自然语言处理和聊天机器人技术，企业可以提供更为高效、准确的客服支持，解决客户疑难问题的同时，也能及时捕捉到客户反馈中的创新点子和改进建议，进而推动产品的迭代更新。

（5）社区建设与客户参与度提升：AI还能助力构建活跃的客户社区，通过智能匹配、话题推荐等功能，增强客户间的交流互动，让客户感受到自己是产品生态的一部分，从而提高其归属感和忠诚度。此外，AI还可以通过数据分析挖掘出意见领袖和高价值客户，对其进行定向激励，以他们的影响力带动整个社区的成长和发展，刺激更多客户消费升级。

（6）数据驱动的产品改进与创新：在客户成长期，AI通过对大量客户数据的持续分析，揭示客户的真实需求和潜在市场机会，指导企业不断优化现有产品功能，开发新的增值模块。这种数据驱动的决策方式不仅能提高产品的竞争力，更能帮助企业持续吸引并留住日益成熟的客户群体，实现双赢局面。

4．AI在客户成熟期的赋能作用：强化忠诚度与促进新产品接纳

客户成熟期是指客户对产品或服务已经非常熟悉，消费习惯趋于稳定，需求满足程度较高，且对品牌的忠诚度初步建立的阶段。在这个阶段，企业面临的挑战是如何保持客户的满意度，进一步巩固其忠诚度，并成功引导他们接纳和使用新产品或新功能。AI技术通过精准营销、智能服务、体验升级以及个性化推荐等方式，在客户成熟期发挥着不可替代的作用。

（1）精细化运营与忠诚度维护：基于深度学习和大数据分析，AI能够精确描绘出成熟客户的画像，包括他们的历史行为模式、消费偏好、痛点及潜在需求。企业利用这些信息实施精细化运营，如提供定制化的会员权益、积分奖励计划等，以持续激励留住成熟客户。同时，通过预测性维护和预警系统，AI可以提前发现并解决用户可能遇到的问题，减少用户流失风险，从而增强客户对品牌的依赖性和忠诚度。

（2）智能化客户服务与关怀：在客户成熟期，及时有效的沟通和支持对于维持客户关系至关重要。AI客服机器人通过自然语言处理技术，能够在第一时间响应客户咨询，准确解决问题，并能主动发起关怀行动，如定期回访、节假日祝福等，让客户感受到品牌的人性化关怀，进而加深情感连接。

（3）关联产品推荐与交叉销售：当用户进入成熟期，AI算法可以根据客户过去的购买记录和使用情况，精准匹配相关联的新产品或服务，实现高效交叉销售。比如，如果一个长期使用某品牌手机的用户进入了换机周期，AI系统可以通过对其使用习惯和性能需求的分析，推送最适合该客户的下一代智能手机或其他互补产品。

（4）创新产品的智能推广：在推出新产品时，AI可以帮助企业精准定位到最有可能接受新产品的目标群体——成熟客户。通过挖掘客户数据，识别潜在的兴趣点和接受意愿，AI可制定个性化的推广策略，确保将新品的信息以最符合客户喜好的方式传达给他们。此外，企业还可以借助虚拟助手、AR/VR体验等先进技术手段，为成熟客户提供沉浸式的产品演示，降低尝试

新产品的心理门槛。

（5）客户生命周期管理与价值提升：AI驱动的生命周期管理系统能够实时监测客户的行为变化，预判客户生命周期阶段的转变，并采取相应的策略延长客户的成熟期。比如，当检测到某客户即将进入消费疲劳期时，系统会自动触发特定的唤醒活动，如新品试用、优惠券发放等，刺激客户重新产生消费兴趣，延展其生命周期，同时提升客户整体价值。

（6）社群互动与口碑传播：AI还能够助力构建活跃的品牌社区，通过分析客户的社交行为和影响力，鼓励具有高忠诚度的成熟客户成为意见领袖，分享使用经验和产品评价，带动其他客户接纳新产品，形成良好的口碑效应，从而提升新品的市场渗透率。

5．AI在客户衰退期的赋能作用：延展客户生命周期并重新激发兴奋度

客户衰退期是客户对产品或服务的兴趣逐渐减弱，消费频次降低，满意度下滑，并可能产生转向竞争对手的倾向。这一阶段的主要特征包括但不限于购买行为减少、互动频率下降、反馈消极以及忠诚度动摇等。为了延长客户的生命周期，避免流失，并尽可能重新激发他们的兴趣和兴奋度，企业可以利用大数据、AI以及互联网思维，采取一系列精细化运营策略。

（1）客户行为分析与预警：借助于大数据分析技术，企业能够实时追踪并解析衰退期客户的各项行为指标，如使用频率、停留时间、活跃度等。通过建立预测模型，AI系统能够提前识别出即将进入衰退期的客户，并发出预警信号，使得企业能够在问题显现之前就及时介入干预。

（2）个性化挽回策略制定：基于历史数据和机器学习算法，AI能够深度挖掘衰退期客户的需求变化及潜在痛点，进而为企业定制个性化的挽回策略。比如，为客户提供针对性的产品优化建议、提供特殊优惠以激励再次购买，或者推出契合其新需求的新功能或新产品。

（3）动态定价与促销活动：结合AI驱动的动态定价策略，企业可以根据衰退期客户的购买意愿和市场环境，灵活调整价格策略，同时策划具有吸引力的限时促销、捆绑销售等活动，旨在刺激客户的消费欲望，提高他们的购买转化率。

（4）精准化营销沟通：运用自然语言处理和情感分析技术，AI 可以帮助企业撰写更具情感共鸣的营销信息，通过电子邮件、短信、社交媒体等多种渠道精准推送，确保信息内容既符合客户当前的实际需求，又能触动他们的情感共鸣点。

（5）智能化客户服务体验升级：针对衰退期客户的抱怨或不满，AI 客服机器人能快速响应并解决相关问题，提升客户体验。此外，通过对客户交互数据的学习，智能客服还可以主动发起关怀行动，提供定制化的解决方案，努力重塑客户对品牌的信任。

（6）客户旅程重塑与价值唤醒：结合客户全生命周期管理理念，AI 可以通过客户画像和行为路径分析，设计新的客户旅程地图，引导衰退期客户重新发现产品和服务的价值。例如，创建全新的应用场景、设计游戏化互动体验或实施积分回馈计划等，使客户感受到品牌仍在持续创新和改进。

（7）社区维系与口碑重建：搭建线上社区平台，利用 AI 推荐系统鼓励衰退期客户参与互动交流，分享经验心得，甚至邀请他们成为品牌大使，通过社群影响力带动其他客户的参与热情。此外，对积极评价和成功案例进行放大传播，有助于改善品牌形象，修复并提升衰退期客户的口碑。

6．AI 在客户离开期（流失期）的赋能作用：识别并有效赢回高价值客户

客户离开期，又称客户流失期，是指客户终止与企业之间的交易关系，不再使用其产品或服务，且表现出长期不活跃或者转向竞争对手的现象。这一阶段对企业来说，意味着收入减少和市场份额下滑的风险加剧。为了有效地挽回流失客户，尤其是那些具有高赢回可能性及潜在高价值的客户，大数据分析与 AI 技术在此过程中扮演了至关重要的角色。

（1）流失预警与预测模型：基于历史数据，AI 通过机器学习算法构建精准的客户流失预测模型，能够实时监测客户的活动指标、消费行为、满意度变化等关键信息。当系统检测到客户有显著的流失倾向时，将自动触发预警机制，以便企业提前采取干预措施。

（2）细分客户群体与特征挖掘：运用大数据技术对流失客户进行深度分析，AI 可以识别具有相似行为模式和特征的客户群组。同时，AI 可以通过聚类分析、关联规则挖掘等方法，提炼出影响客户流失的关键因素，如价格敏感度、服务质量感知、替代品吸引力等，从而为后续赢回策略提供决策依据。

（3）赢回概率评分与排序：针对已经流失或即将流失的客户，AI 可以建立赢回概率评分模型。该模型综合考虑客户的生命周期价值、流失前的行为表现、品牌忠诚度以及市场环境等多个维度，为企业提供每个客户的赢回优先级排序，便于集中资源优先关注赢回概率高的客户。

（4）个性化赢回策略设计：根据上述分析结果，企业可借助 AI 技术制定个性化的赢回策略。这包括但不限于针对性的产品优化升级、定制化优惠方案、一对一沟通关怀、提升客户服务体验，甚至创新性地引入合作伙伴资源，以满足流失客户新的需求和期望。

（5）动态渠道选择与触达时机：利用 AI 智能推荐系统，企业需要确定最有效的沟通渠道和最佳触达时机。例如，对于社交媒体活跃的客户，可能采用定向广告投放；而对于更偏好电子邮件的客户，则发送精心设计的邮件营销内容。同时，根据客户的行为规律，企业要把握最佳互动时间窗口，确保消息传递的有效性。

（6）效果追踪与策略迭代：实施赢回策略后，AI 将持续监控赢回行动的效果，并结合实际反馈数据不断优化模型。通过对每项举措的执行结果进行量化评估，企业可以及时调整赢回策略，提高资源分配效率，降低无效投入，持续提高整体赢回成功率。

（7）深度学习驱动的长尾效应挖掘：AI 技术能帮助企业深入探索"沉默的大多数"，即那些尚未显现出明显流失迹象但存在较高流失风险的客户。通过深度学习模型发现这些客户间的隐性联系和共同属性，有助于进一步完善赢回策略，防止潜在的大规模客户流失。

在客户离开期，大数据与 AI 技术的融合应用极大地提升了企业识别、理解和应对客户流失的能力，帮助企业在正确的时间，以正确的渠道向正确的人群推出最具吸引力的赢回策略，最大限度地找回高价值客户，重新激活业务增长动力。此外，通过对客户流失现象的深度洞察与持续优化，企业还可借此机会改进自身产品和服务，从根本上降低客户流失率，实现更为稳健和可持续的发展。

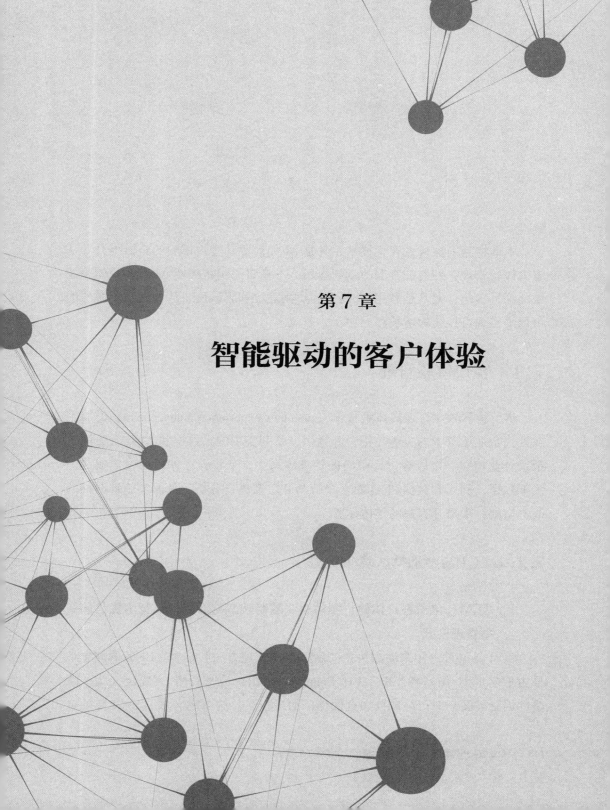

第 7 章

智能驱动的客户体验

本章将深入探讨数智化技术尤其是 AI 如何驱动客户体验的全面提升。从客户体验管理，到智能客服的创新应用，本章将一步步揭示 AI 在客户体验领域的深远影响，尤其是利用 AI 提升客户满意度和忠诚度，从而在竞争激烈的市场中实现可持续的增长和成功。

7.1 客户体验管理

本节将深入探讨客户体验管理（customer experience management，CEM）在现代企业运营中的关键作用，并提供一系列实用的大数据和 AI 结合方法，帮助企业构建一个以客户为中心的管理体系。本节将介绍如何通过集成线上线下数据，利用大数据和 AI 对客户行为和反馈进行分析，从而实施针对性的改进措施，来提升客户的整体体验。

7.1.1 CEM塑造持久竞争优势

1. CEM：重塑客户体验，驱动企业战略转型与形成持久竞争优势的新型管理模式

CEM 是一种近年来崭露头角的新型客户管理方法和技术。CEM 的理念最早由伯尔尼 H. 施密特（Bernd H. Schmitt）提出。施密特将 CEM 定义为"战略性地管理客户对产品或公司全面体验的过程"。这个定义强调了 CEM 的全面性和战略性,而不仅仅是片面的、战术性的管理。

CEM 不仅仅是一个概念或者理论,它更是一种实践。它贯穿在整个客户旅程中,从品牌产品或服务的售前阶段,到售中阶段,再到售后阶段,都有它的身影。在每个阶段,企业都需要关注客户的体验,并以此为依据进行决策和改进。

在实践中,企业需要集成客户线上和线下的触点数据,包括他们的行为、反馈和体验数据。这些数据被收集并分析,从而揭示出客户的需求、期望和痛点。基于这些洞察,企业可以有针对性地改进产品、优化流程、提升交互体验等,从而提高客户的整体体验。

CEM 的核心目的是提高客户的整体体验。这并不是一个短期的目标,而是一个长期、持续的过程。为了实现这个目标,企业需要注重每一次与客户接触的机会,无论是面对面的交流,还是线上的互动。每一次接触都是一次传递价值、建立信任、提高忠诚度的机会。

通过实施 CEM,企业不仅可以提高客户的忠诚度和好感度,还可以增加企业的收入和相关资产价值。因为满意的客户会成为企业的忠实拥趸,他们会愿意支付更高的价格,也更愿意推荐其他人来购买企业的产品或服务。

2. 客户体验已经成为客户决策和企业成长的关键因素

消费者在选择商品或服务时,除了满足基本的功能外,越来越重视整体的消费过程是否顺畅愉悦,个性化需求是否得到尊重与满足,以及后续服务支持是否及时有效等多维度体验。通过实施有效的 CEM,企业能够系统地捕捉和分析这些体验数据,精准地识别出驱动客户满意度和忠诚度的"买点",即那些能够激发消费者购买意愿并维系其对品牌持久好感的独特价值主张或服务亮点。

同时,CEM 也能够敏锐揭示客户的"痒点",即那些令客户不满、困扰或感到不便之处。通过对这些问题的深入挖掘与改进,企业可以有针对性地优化服务流程,提升产品性能,或创新解决方案,从而降低客户流失风险,增强品牌的口碑传播力,扩大品牌的市场份额。

此外,CEM 在竞争情报方面同样具有战略价值。客户在使用不同品牌产品或服务的过程中，会自然地进行主观对比，并通过各种渠道提供反馈，其中就包含了大量关于竞争对手的信息。企业运用先进的 CEM 工具和技术，如情感分析、社交媒体监听、净推荐值（net promoter score，NPS）调查等手段，可以实时捕获并解析这些蕴含丰富信息的情绪信号和行为数据，从中发现自身相较于竞品的优势与劣势，进而制定出更有针对性的竞争策略和改善措施，不断提升自身的竞争力和市场地位。

7.1.2 CEM四大挑战

企业在全面实施有效的 CEM 过程中，在认识客户、系统性地收集和管理客户反馈以及据此采取相应行动的各个阶段可能会面临一系列复杂而棘手的挑战。

1．未能全面及时收集客户声音

客户体验数据采集是企业了解客户反馈、优化产品和服务的关键环节。然而，目前许多企业在客户体验数据采集方面面临一系列挑战。

首先，客户体验数据采集的覆盖面较低，采集的数量较少，缺乏整体代表性。这导致企业难以全面了解客户的真实需求和反馈，难以制定针对性的改进措施。

其次，数据采集的效率较低，需要耗费大量的人工和时间。在许多企业中，客户体验数据的采集仍然依赖于传统的调查问卷、电话访谈等方式，这些方式不仅效率低下，而且容易因为人为因素导致数据失真。

再次，数据采集的时效性较差，滞后于客户体验的数据，无法及时收集客户的满意度尤其是不满。这使得企业难以在第一时间了解客户的反馈，错失改进的良机。

最后，数据采集的颗粒度较粗，内容单一受限。目前许多企业的客户体验数据采集主要集中在一些宏观的指标上，如满意度评分、投诉渠道等，而对于客户的具体需求、痛点和期望缺乏深入的了解。

为了解决这些问题，企业需要采取一系列措施：首先，提高数据采集的覆盖面和数量，通过多渠道、多方式获取客户的反馈，确保数据的全面性和代表性；其次，采用更先进的数据采集技术，如 AI、大数据分析等技术，提高数据采集的效率和准确性；再次，加强数据采集的时效性，及时获取客户的反馈，以便于企业快速响应和改进；最后，细化数据采集的内容和颗粒度，深入了解客户的具体需求和痛点，为企业提供更有针对性的改进建议。

2. 客户主动发声的积极性也常常受到制约

从客户角度来看，他们主动发声的积极性也受到多重因素的制约。

一方面，对于一些不严重但影响体验的小问题，客户可能出于"小事懒得提"的心理选择隐忍不发，认为这些问题微不足道，没有必要向企业反馈。另一方面，"过了就忘了"的心理现象同样普遍存在，即当客户在使用产品或服务过程中遇到的问题未得到及时解决时，随着时间推移，这种不满的情绪可能逐渐淡化，除非当时就能通过便捷的反馈渠道表达出来，否则很可能会被遗忘。

再者，"嫌麻烦"的心理也是阻碍客户主动提供反馈的重要原因。如果企业未能构建顺畅、易用且高效的反馈渠道，或者客户认为即使提供了反馈也无法获得及时有效的回应，那么他们很可能因怕麻烦而放弃发声，从而导致大量有价值的客户体验数据流失。

最后，即便客户愿意发声，他们的声音还可能在层层传递过程中被扭曲或失真。比如，由于中间环节的信息筛选、误读或主观解读，原本真实客观的"客户之声"到达企业管理层时已经发生了改变。这种情况对于企业正确理解和改进客户体验无疑构成了巨大的挑战。

因此，企业亟须建立一套完善、公正且透明的客户反馈机制，确保能够及时、准确、全面地收集和理解"客户之声"，并据此做出适应市场的决策和优化行动。

3. 未能及时分析客户体验数据，导致无法提取意见

在当前的商业环境中，企业对客户体验数据的有效管理和分析能力至关重要，但很多企业在这一领域存在明显短板，这直接阻碍了其在组织内部构

建客户体验透明度，并阻碍了其从海量反馈中提取关键意见。

首先，客户体验透明度低的问题在于数据缺乏组织和处理。各部门（如管理层、生产、市场、销售等）之间的数据分散且不统一，导致他们难以轻易地获取到自己所需的客户体验数据。这些部门本应基于真实的客户体验数据做出决策调整和优化服务流程，但由于数据散乱无章，无法有效共享，导致各部门无法清晰地了解客户在整个购买和服务过程中遇到的问题、需求及期望，使得CEM成为一种"盲人摸象"的状态。

其次，客户反馈的传递与整理时效性差也是一个重要问题。从客户提出问题或建议，到信息层层传递至各相关部门，这个过程耗时过长，大大削弱了反馈的价值。利益相关方往往在多次传递后才了解到相应的客户反馈，然而此时可能已错过最佳的响应时机，导致企业不能及时采取措施解决客户痛点，影响客户满意度和忠诚度，甚至可能导致潜在客户的流失。

最后，难以从零散信息中提取意见是另一个挑战。企业在面对大量的客户反馈数据时，如果没有先进的可视化工具和深度分析手段，将难以从纷繁复杂的数据海洋中提炼出具有指导意义的洞察和改进策略。零散的评价、投诉、建议等非结构化数据如同散落的珍珠，需要借助专业的数据分析工具才能串联起来，形成对企业产品改进、服务优化乃至战略决策具有深远影响的智慧结晶。目前，一些企业正是因为缺乏这样的数据分析能力和技术支撑，即使坐拥丰富的客户体验数据，也无法有效利用这些宝贵资源来驱动业务创新和提升客户体验质量。

4．无闭环管理，未能及时处理客户反馈，未能有效解决客户问题

在CEM中，未能及时处理客户反馈，未能有效解决客户问题，主要表现在以下几个方面。

首先，缺乏系统的流程设置导致许多客户反馈被忽视或无人跟进。在许多企业中，客户反馈的管理并未被纳入标准化和规范化的流程体系。这意味着当客户提出意见或投诉时，这些宝贵的信息可能没有得到应有的重视与及时的处理。反馈渠道可能未得到有效维护，导致信息漏接或者滞留，从而无人负责跟进和解决。此外，企业内部没有明确的责任人去推动针对客户反馈

的改进措施的设计和执行工作，使得客户的需求得不到切实满足，从而影响客户对企业的信任度和满意度。

其次，缺乏合理的激励机制也是影响组织对客户反馈响应的重要因素。企业在制定绩效考核标准时，往往未能充分考虑到员工主动听取并采纳客户意见的积极性与必要性。现有的绩效评估系统可能过于侧重短期业绩指标而忽视了长期的客户关系建设以及客户体验的持续优化。因此，员工缺乏足够的内在动力去积极回应客户反馈，并将其转化为实质性的改进行动。只有通过建立与客户满意度、忠诚度紧密关联的激励机制，企业才能激发全员上下共同关注并致力于提升客户体验水平。

最后，缺乏跨职能的客户体验团队也是一个关键问题。为了全面有效地实施客户体验改进计划，企业需要有一个能够跨越不同部门边界的专门团队，负责从设计、协调到监督整个客户体验改善项目的全过程。这个团队应具备整合各职能部门资源的能力，确保每个环节都能围绕客户需求进行调整和优化。然而，在实践中，很多企业并没有设立这样的跨职能团队，这导致在面对复杂的客户流程改造需求时，各部门各自为战，难以形成合力，从而无法实现客户体验的持续迭代升级。一个高效且运作良好的客户体验团队不仅有助于发现和解决问题，还能通过持续跟踪和改进客户流程中的各个接触点，不断打造卓越的客户体验，进而提升企业整体竞争力和市场地位。

7.1.3 构建闭环客户体验管理体系

构建闭环客户体验管理体系，有助于解决客户体验数据采集、分析和闭环管理问题。

1．多场景和多渠道采集客户体验数据

多场景和多渠道采集客户体验数据是全面了解客户需求、提升客户满意度和忠诚度的关键。通过多种场景和渠道的采集，企业可以更全面地覆盖客户的反馈，为改进产品和服务提供有力的支持。

首先，多场景采集可以确保企业覆盖所有门店、渠道和客户，实现100%

的覆盖率。通过在不同场景下收集客户反馈，企业可以更全面地了解客户在不同情境下的需求和体验，从而制定更有针对性的改进措施。

其次，多渠道采集可以利用各种途径获取客户反馈，省去大量人工操作。企业可以利用线上和线下的多种渠道，如调查问卷、社交媒体、客服中心等，从多个角度获取客户的意见和建议，提高数据采集的效率和准确性。

再次，时效性高的采集方式可以及时收集客户反馈，第一时间了解客户需求和不满。通过及时触点触发数据采集，企业可以在客户提出问题或表达不满时立即进行响应，避免因时间滞后而错失改进机会。

最后，精细化指标的采集可以为科学评估考核提供指导，从而更好地指导运营工作。通过采集具体的指标数据，如满意度评分、使用频率、用户行为等，企业可以对各个触点进行精细化管理，制定更有针对性的改进措施。

2．利用大数据和 AI 重塑客户体验：统一 CEM 平台

为了更好地了解客户需求，优化产品和服务，许多企业开始寻求引入统一 CEM 平台。通过大数据和 AI 技术的运用，这种平台能够整合各种客户体验数据，进行自动建模分析，并实时生成报表和洞察报告，为企业提供全面、客观、准确的客户体验数据支持。

首先，统一 CEM 平台的核心在于数据源整合。企业可以将来自不同渠道和触点的客户体验数据统一整合在平台内，形成一个完整的数据仓库。这些数据源可能包括调查问卷、社交媒体、客服中心、客户行为等多个方面。通过数据整合，企业可以方便地进行组合分析和数据沉淀，更好地了解客户的真实需求和反馈。

其次，统一 CEM 平台利用大数据技术和 AI 技术进行自动建模分析。通过植入体验模型，平台能够自动对客户体验数据进行实时分析，而无须人工干预。这种自动化分析可以提高效率，减少人为因素对数据分析和解读的影响，确保分析结果的客观性和准确性。同时，利用大数据技术，平台可以对大量数据进行快速处理和挖掘，发现潜在的规律和趋势，为企业提供更深入的洞察和指导。

最后，统一 CEM 平台还提供分层级的报表和实时生成报告功能。不同角

色的用户可以根据自己的需求登录平台查看实时报表，及时获取相关信息。这些报表可以包括满意度评分、用户行为、使用频率等多个方面的数据。值得注意的是，AIGC技术被巧妙融入报告生成过程中，使得平台能够根据最新数据，即时产出富有洞察力的客户体验分析报告，这极大地提高了企业的决策效率与准确性。这些报告同时可以帮助企业及时发现问题、优化产品和服务，提高客户满意度和忠诚度。

在实际应用中，统一CEM平台已经取得了一些显著的成果。例如，某知名电商企业引入了该平台后，通过整合线上线下渠道的客户反馈数据，实现了对客户体验的全面了解。同时，利用平台的自动建模分析功能，该企业能够实时监测客户满意度和流失率等关键指标，及时采取措施进行改进。此外，通过实时生成报表和洞察报告，该企业还能够快速发现产品和服务中的问题，并针对性地进行优化和改进。最终，该企业的客户满意度得到了显著提升，销售额也实现了稳步增长。

3．建立管理闭环并监控提升效果

建立管理闭环并监控提升效果是确保客户体验持续改进的关键。通过闭环管理，企业可以形成一个完整的管理体系，从识别问题、制定改进措施到评估效果，确保每个环节得到有效监控和管理。

针对客户的不满，企业需要及时进行识别和应对。统一CEM平台通过实时监测客户反馈数据，可以及时发现客户的不满和问题。一旦发现问题，平台自动流转工单给相关部门处理，并跟进处理进度。这种自动化的处理流程可以确保问题及时得到解决，提高客户满意度。

在回访过程中，基于大模型的智能客服可根据AI推荐的最佳话术回复客户，提高客户满意度。智能客服能够快速、准确地回答客户的问题，提供个性化的服务，并且可以根据不同情境和客户需求自动调整回复策略。智能客服能够不断学习和改进，提高服务质量和效率。

除了不满意客户的及时挽回，公司层面的排查行动也是闭环管理的重要环节。企业需要定期进行客户体验的全面排查，识别潜在的问题和改进空间。这种排查行动可以通过数据分析和挖掘来实现，利用大数据技术对大量数据进行快速处理和关联分析，发现潜在的规律和趋势。

在发现问题后，企业需要制定针对性的改进措施，并确保措施的有效执行。改进措施的实施可以通过自动化流程和智能决策来实现，利用 AI 技术对数据进行分析和处理，提供科学、客观的决策依据。同时，通过大数据技术的实时监测和预警机制，企业可以及时发现潜在的问题和风险，快速调整和优化改进措施。

改进后，企业还需要对效果进行评估，确保问题得到解决并带来实际效果。这种评估可以通过数据分析和用户反馈实现，利用大数据技术对大量数据进行处理和分析，挖掘改进措施实施后的效果和影响。同时，通过统一 CEM 平台收集用户反馈数据，了解客户对改进措施的认可度和满意度。

在实际应用中，这种闭环管理体系已经取得了一些显著成果。例如，某银行通过引入统一 CEM 平台，建立了针对个体客户和公司客户层面的闭环管理体系。在个体客户层面，该银行及时发现并解决了多个客户不满的问题，并通过回访确认改进效果，使客户满意度得到了显著提升。在公司客户层面，该银行通过全面排查发现了多个潜在问题，并采取了针对性措施进行改进。改进后，客户满意度整体得到了提升，业务指标也实现了增长。这些成果证明建立管理闭环并监控提升效果是提升客户体验的有效途径。

7.2 智能客服

本节将深入探讨智能客服的发展趋势，分析其在客户服务和营销领域的创新应用，以及大模型如何助力智能客服系统实现更高层次的智能化和个性化服务。

7.2.1 大模型推动智能客服变革

1. 大模型加持下的智能客服将超越传统的答疑功能

智能客服的出现，为企业提供了一种更加高效、便捷的客户服务方式。与传统客服相比，智能客服可以快速地回答客户的问题，提高客户服务效率，降低企业成本。同时，智能客服还可以通过数据分析和挖掘，了解客户需求和行为，为企业提供更加精准的营销和服务策略。

在智能客服的数智化转型过程中，大模型发挥了关键作用。在客户服务领域，大模型能够提供高度智能化的服务。它们可以理解和回答各种复杂的客户问题，包括技术问题、产品信息查询、售后服务等。它们还能从中学习和掌握各种语言和知识，不断提高自身的智能水平。在一些情况下，大模型甚至可以进行自主决策，比如，根据客户的行为和偏好进行个性化的商品推荐。

同时，大模型还可以与其他技术（如语音识别、自然语言生成等）结合，实现更加智能化和人性化的客户服务。比如，客户可以通过语音与智能客服进行交互，智能客服可以自动生成文字或语音回复，提高客户的使用体验。此外，大模型还可以结合情感分析技术，理解客户的情感和情绪状态，提供更加贴心和人性化的服务。

2．智能客服已经成为企业提升客户体验和效率的重要手段

随着AI技术的不断发展和普及，智能客服已经成为企业提升客户体验和效率的重要手段。某知名电商平台作为行业的佼佼者，率先采用了基于大模型的智能客服系统。

该智能客服系统采用了最先进的深度学习算法，对大量的客户问题和对话进行训练和学习，以不断提高自身的智能水平。通过深度学习算法，智能客服系统能够准确地理解客户的语义和意图，从而给出更加准确的回答。这意味着客户在咨询问题时，不再需要花费大量的时间和精力去解释和澄清问题，智能客服系统就能够快速地给出针对性的答复。

除了快速回答问题外，该智能客服系统还能够根据客户的购物历史和行为数据，为客户提供个性化的商品推荐。这种推荐方式不仅提高了客户的购物体验，还进一步提高了平台的销售业绩。客户在咨询问题的同时，还能获得相关的商品推荐，这无疑增加了客户的购买可能性和满意度。

除了电商领域的智能客服，大模型在金融、医疗、教育等众多行业也取得了显著的成果。在金融领域，某知名银行采用了基于大模型的智能客服系统，帮助客户解决贷款、信用卡等业务问题。这种智能客服系统能够快速地

回答客户的业务问题,提供准确的信息和建议,提高了客户的满意度和忠诚度。在教育领域,某在线教育平台则通过大模型客服为学生提供个性化的学习建议和课程推荐。通过对学生的学习情况和行为数据进行分析,智能客服系统能够给出更加精准的学习建议和课程推荐,帮助学生更好地规划学习路径和提高学习效果。

3. 企业对于智能客服的核心需求主要在于提供全服务体系的售前售后服务

传统的客户服务面临着众多挑战,其中包括客服人员的高流失率、业务培训的重复性和困难性等问题。这些问题不仅耗费了企业大量的时间和资源用于招聘和培训新的客服人员,还最终影响了客户满意度。

智能客服的出现为企业提供了一种更加高效、便捷的客户服务方式。与传统客服相比,智能客服可以快速地回答客户的问题,提高客户服务效率,降低企业成本。它不仅能够处理大量的会话,还能够提供全服务体系的售前售后服务,满足不同客户的需求。同时,智能客服还可以通过数据分析和挖掘,了解客户需求和行为,为企业提供更加精准的营销和服务策略。在一些情况下,智能客服甚至可以进行自主决策,比如,根据客户的行为和偏好进行个性化的商品推荐。这种智能化的客户服务不仅能够提高客户满意度,还可以降低客户服务成本,提高企业销售业绩。

7.2.2 智能客服综合解决方案

1. 智能客服从传统人工服务模式演变为综合解决方案

智能客服作为现代客户服务的重要组成部分,已经从单一的传统人工服务模式演变为集成了多种先进技术和功能于一体的综合解决方案。

(1)语音客服是智能客服的基础交互形式之一,借助先进的自然语言处理和语音识别技术,结合大模型对海量数据的训练和理解能力,能够提供 7×24 h 不间断的电话交互式服务,客户只需通过电话即可解决各类问题,大幅提升了响应速度和效率。同时,基于大模型优化的语音合成技术使得语音回复更为流畅自然，有效提升客户体验。

（2）在线客服则是另一种广泛使用的智能客服形态，它利用即时通信技术和网页嵌入式聊天窗口等工具，为企业网站、移动应用以及其他数字渠道用户提供实时的文字交流支持。借助深度学习和机器学习的大模型技术，在线客服可以快速准确地理解和回应用户的需求，实现全天候无间断服务，并根据用户历史记录和行为偏好提供个性化的解决方案。

（3）数字人客服作为智能客服领域的创新产品，以虚拟人物形象出现，具备高度拟人化的对话能力和视觉交互体验。通过深度融合计算机视觉、自然语言理解及生成技术以及情感计算等前沿科技，并结合大模型的强大知识库与推理能力，数字人客服不仅能提供文字交流，还能进行语音和视频交互，为客户提供全方位的沉浸式服务体验。

（4）智能质检作为智能客服系统的品质保障环节，借助大模型自动化分析技术，可以对每一次客服交互过程进行全面、深入的质量监控与评估。通过对录音、文本记录及其他多媒体数据的实时抓取和智能解析，智能质检能迅速发现并反馈服务质量问题，从而帮助企业不断优化服务流程，确保规范性和满意度。

（5）辅助机器人则扮演着赋能客服团队的角色，通过集成大模型，它可以提供包括但不限于客户画像信息提取、最佳话术推荐、业务导航流程指引等功能。不仅如此，辅助机器人还能在客服人员与客户互动的过程中进行实时指导和质检，显著提高坐席工作效率，减少人为错误，助力企业提高转化率和客户忠诚度。

2. 大模型将解决智能客服的"答非所问"现象，提高客户满意度，提升客户复购率

传统的智能客服系统普遍存在的问题，例如，交互智能化程度低，无法准确理解用户意图导致"答非所问"现象频发，问答库覆盖不全面，问题拦截精准度低，单个系统的接待容量有限，服务效率低下，维护知识库工作量巨大且成本高昂等，在大模型技术的支持下得到了有效解决。

首先，基于大模型构建的智能客服系统展现了卓越的语义理解和自然语

言处理能力。相较于传统客服系统,新系统能够更深入地解析复杂的人类语言表达,实现更高层次的对话理解,并在此基础上提供更为流畅、智能且个性化的客户交流体验。

其次,大模型赋予了智能客服更强的泛化适应能力。这种能力使得智能客服能够迅速学习并掌握新的业务场景和服务要求,大幅缩短了产品迭代周期和应用落地的时间成本。

再次,大模型所带来的丰富内容生成能力也是革命性的进步。它可以根据用户输入的任何自然语言信息,自动生成相关、新颖且高质量的内容回应,从而极大地拓宽了客户服务的广度和深度,使企业在提供信息服务方面更具竞争力。

然后,大模型对于知识构建和更新的高效性尤为突出。凭借其对海量数据的学习能力和强大的推理能力,智能客服能够在短时间内快速吸收和理解各类行业知识及企业内部知识体系,并能轻松应对复杂的口语化提问,以图文并茂、链接引用、表格展示等多种形式输出详尽而准确的回答。特别是在知识更新速度上,由原来的周级别提升到了小时甚至分钟级别,极大地提高了企业的运营响应效率。

最后,同样重要的是,智能客服可以实现高度个性化的客户服务。通过分析用户的个性化需求、消费习惯以及历史交互记录,智能客服系统能够精准定制服务内容和策略,确保每一次互动都能满足客户的独特期待,进而有效提高客户满意度和忠诚度,为企业创造持久的竞争优势和商业价值。

3.智能客服为企业开辟了营销策略实施途径

在营销领域,智能客服系统凭借其强大的大模型技术,为企业开辟了全新的客户服务和营销策略实施途径。

(1)智能客服中心升级:通过集成先进的智能客服系统与企业的 CRM 平台,企业能够实现客户服务流程的深度自动化和智能化。AI 客服可以全天候响应客户查询、问题解答、退换货处理请求等事务,不仅大幅度缩短了客户等待时间,还提升了服务准确性,确保每一次交互都能提供专业且及时的支持。智能客服能更好地理解客户意图,准确识别潜在需求,并主动提供个性化的解决方案，从而显著提高客户服务的整体效率和满意度。

（2）营销自动化的优化整合：智能客服系统无缝对接营销自动化工具，能够帮助企业将客户沟通从被动响应转变为积极引导。基于客户的购买历史、浏览行为及实时反馈，智能客服能生成针对性极强、个性化十足的内容和建议，推动销售线索的培育和转化。此外，它还能通过精准推送定制化信息、优惠活动或者产品推荐来刺激购买意愿，有效提升客户转化率和投资回报率。这种智能化的客户互动不仅加深了与客户之间的关系，还促进了业务增长。

（3）社交媒体客服一体化：在数字化时代，消费者越来越倾向于在社交媒体平台上寻求帮助或分享消费体验。智能客服系统顺应这一趋势，具备跨渠道支持能力，可实时监控并介入各大社交媒体平台上的客户互动，快速回应疑问，解决投诉以及危机公关。

4．大模型将解决智能客服的数据分析问题，甚至为企业营销策略提供数据支持

大模型的引入正深刻改变着智能客服领域，尤其是在解决复杂的数据分析挑战方面发挥了关键作用。随着 AI 技术日新月异的进步，尤其是大模型技术在自然语言处理、机器学习和深度学习方面的突破性应用，智能客服系统不仅在与客户的实时交互中表现卓越，更是在后台数据分析环节展现了强大的能力。

传统的数据分析流程往往受制于数据采集手段的局限性，例如，信息孤岛问题导致的数据难以整合，或者手动收集、整理数据效率低下且易出错。同时，复杂的分析工具对于非专业人员而言存在较高的学习门槛，使得数据分析结果的应用和策略调整难以快速落地形成业务闭环。这些痛点极大地制约了企业在客户服务和营销决策上的精准性和时效性。

而大模型的出现为企业提供了一种革命性的解决方案。首先，它能够实现对多源异构数据的高效集成与自动化治理，通过大规模训练所获得的能力，将原本零散无序的数据转化为结构化、可利用的信息资源。其次，大模型具备高度智能化的数据挖掘和洞察力，能够从海量客户交流记录、行为轨迹、交易数据等中提炼出有价值的趋势、模式和关联关系。

企业借助大模型进行数据分析时，不再需要烦琐的手动操作和复杂的技术支持，只需要基于业务逻辑提出核心问题，AI 就能迅速抓取并解析相关数据，生成易于理解的可视化报告，揭示潜在的客户需求、市场动态以及产品反馈等方面的重要意见。这不仅极大提升了企业的数据处理和分析速度，也确保了分析结果的准确性和全面性。

进一步来说，大模型为营销策略制定提供了强有力的数据支撑。基于对客户行为的深入剖析，企业可以根据模型提供的数据驱动型建议来优化产品设计、调整定价策略、精细化用户画像，并实施更为精准的个性化营销活动。这样一来，企业无论是针对存量用户的激活复购，还是针对新市场的开拓，都能做到有的放矢，从而有效提升整体营销效果及投资回报率。

5．智能客服将超越传统的答疑功能，扩展其营销能力，有望成为企业收入的推动力

智能客服的发展历程正在不断打破传统边界，从过去仅专注于解答客户疑问、处理交易过程中的问题和售后服务投诉，转变为具备强大数据分析能力和营销功能的核心业务驱动器。随着 AI 技术的飞速进步与深度应用，特别是行业大模型的融入，智能客服系统开始扮演起企业内部跨部门协作的关键纽带角色。

传统的智能客服受限于数据孤岛效应，导致其收集到的大量有价值信息难以被有效整合并传递至营销策划、产品研发乃至生产制造等关键环节，使得企业在优化产品、提升服务及满足客户需求等方面错失了许多潜在机遇。然而，当智能客服搭载了行业大模型之后，这一状况得到了显著改观。通过实现对分散数据的高效整合与利用，新一代智能客服能够跨越原有的数据壁垒，建立起无缝的数据流通通道，并促进客服团队与产品研发团队之间的深入协同合作。

同时，借助行业大模型强大的自然语言理解能力以及精准的数据挖掘分析功能，新一代智能客服还能在实时对话中精准捕捉客户需求，适时向客户提供更具体、更具针对性的产品推荐和服务建议。例如，在充分洞察客户消费意图后，智能客服能即时向客户推送相关商品链接或优惠信息，从而助力

企业创造更高的商业价值，将客户服务直接转化为销售业绩的增长点。

随着大数据技术的积累与大模型算法的持续升级，智能客服的功能逐渐向营销领域延伸，它不再局限于单纯的答疑解惑，而是逐步发展成为推动企业收入增长的重要引擎。通过对全域用户行为数据的综合分析，智能客服能够预测消费趋势，识别潜在商机，并据此制定更为精细化的个性化营销策略。目前，市场上已有部分智能客服供应商率先探索并实践了客服与营销相结合的新模式，并且取得了积极的效果。

未来，智能客服将进一步拓展其在客户体验领域的影响力，以全方位的服务和营销手段为客户提供卓越的体验之旅。客户体验将成为客服行业下一个重要爆发点，而智能客服将在其中发挥核心作用，不仅能够及时有效地解决客户的问题，更能主动出击，根据客户的实际需求提供解决方案，甚至预判并满足其未表达出的需求。在此背景下，越来越多的客服团队开始关注并加强 CEM，致力于通过提供更高品质的服务和更多元的价值来提升整体业务水平，从而在竞争激烈的市场环境中赢得先机。

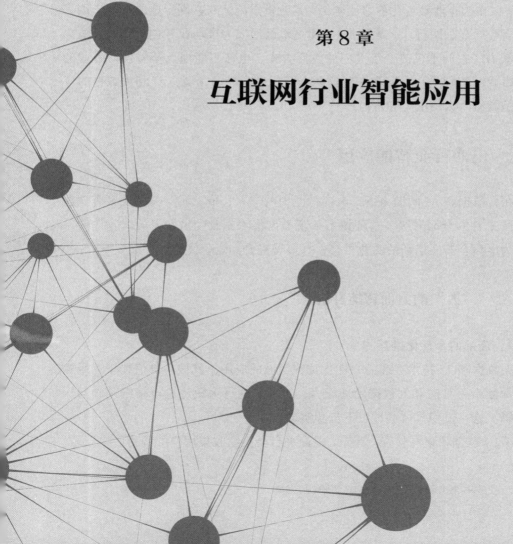

第 8 章

互联网行业智能应用

本书在第 8 ～ 15 章重点阐述数智化技术尤其是 AI 技术在行业的应用及案例，以作为企业数智化的应用参考。本章重点阐述互联网行业的智能应用。

当今的互联网行业，大数据和 AI 技术已经成为推动业务创新和发展的关键驱动力。它们不仅改变了人们的生活方式，也在不断地重塑着各行各业的运营模式。特别是在电商和游戏这两个应用最广泛的领域，AI 和大数据的应用更是具有巨大的潜力和价值。

8.1 电商行业智能应用

在大数据和 AI 的助力下，电商行业中的"人、货、场"三大要素有望迎来前所未有的全面升级。这种技术革新不仅将深刻改变消费者的购物体验，还将为电商企业开拓新的商业机会，并显著提升其竞争优势。

8.1.1 "人"的方面智能升级

1．商品的个性化推荐

大数据和 AI 技术在商品个性化推荐领域的应用，其核心价值在于运用先进的深度学习算法和大数据处理能力，对用户的行为轨迹进行精细刻画与深入理解。这一过程具体通过以下步骤实现。

（1）数据收集与整合。首先，电商平台会持续收集用户的购物历史记录，包括购买的商品类型、品牌偏好、价格接受度以及购买频次等信息。同时，用户的网页浏览行为（如页面停留时间、滚动位置、点击的子类目或商品链接）也会被系统实时捕捉。其次，用户的搜索关键词、搜索结果的点击行为、搜索后是否产生购买等搜索记录同样具有重要价值。这些多源异构的数据经过清洗、标准化后被整合成一个全面的用户行为数据库。

（2）特征工程与表示学习。AI 利用复杂的特征提取技术，将原始行为数据转换为有意义的特征向量，如用户对某一类商品的关注程度、潜在需求变化趋势等。基于深度学习的表示学习方法能够从高维、稀疏的数据中发现隐藏的语义结构，形成用户和商品的低维稠密向量表示，使得相似的用户或商品在向量空间上更接近。

（3）模型训练与优化。模型采用诸如深度神经网络、图神经网络等前沿模型架构，结合协同过滤、矩阵分解、深度学习等多种推荐算法进行联合训练。模型通过学习海量用户行为数据，建立起用户兴趣与其可能喜欢的商品之间的复杂映射关系，并不断迭代优化以提高预测精度。

（4）个性化推荐生成。当用户访问平台时，系统实时计算该用户的兴趣向量，并将其与商品库中的所有商品进行匹配。依据匹配度最高的商品排序结果，平台向用户展示高度个性化的产品列表。比如，如果一位用户频繁购买户外运动装备，并且近期搜索过冬季滑雪服装，那么系统就可能优先推荐相关品牌的最新款滑雪服或者配套保暖装备。

（5）效果评估与反馈循环。推荐系统还会跟踪用户对推荐商品的实际反应，如点击率、转化率、购买后的评价等，这些反馈信息会被纳入模型并进一步优化，从而实现动态更新和自我改进。

2．AI 与 CRM 的结合：实现客户个性化管理的新篇章

在数字化时代，CRM 系统已经成为电商企业不可或缺的一部分。然而，仅仅依赖传统的 CRM 系统已经无法满足企业对于客户个性化管理的需求。幸运的是，随着 AIGC 技术的崛起，电商企业迎来了新的机遇。通过结合 AI 和 CRM 系统，企业能够利用先进的自然语言处理、深度学习和大数据分析技术，更深入地挖掘并理解其庞大而复杂的客户数据集。AI 与 CRM 系统的深度融

合为电商企业带来了前所未有的客户个性化管理能力。

在实际应用中，通过集成了 AI 技术的 CRM 系统可以实现以下功能。

首先，精准洞察需求。AI 能够实时分析客户的购物历史、浏览行为、社交媒体互动以及客户服务记录等多维度信息，从而构建出精细且动态更新的客户画像。这有助于企业准确把握客户需求和偏好变化，为每个客户提供量身定制的服务和产品推荐。

其次，优化自动化销售流程。借助于 AIGC+CRM 的解决方案，如 Salesforce 公司推出的 Einstein GPT（见图 8-1），销售人员能够高效完成日常任务，例如，自动生成针对特定客户的个性化邮件内容，自动规划和安排会议日程，甚至基于预测模型来制定更具针对性的销售策略。这些智能工具能够减少人工重复劳动，释放团队潜能，专注于更高价值的客户沟通和服务。

图8-1　Einstein GPT

（来源：www.salesforceben.com）

再次，智能化客户服务。服务部门利用 AIGC 技术能够迅速根据历史案例库生成知识图谱，并基于此实时生成个性化的客服回复，快速解决电商客户问题。不仅如此，该系统还能自我学习和迭代，不断提升对复杂场景的应对能力，提高回答的准确性。

最后，设计定制化营销活动。在营销领域，AIGC 与 CRM 的融合使企业能够生成高度个性化的内容，如独特的产品介绍、优惠信息或市场调研报告等，并通过精准的目标客户细分和多渠道分发，有效地吸引潜在客户并提高转化率。同时，它还可以通过对用户行为数据进行深度分析，提供有关业务增长趋势的洞察，帮助企业调整营销战略、抓住市场机遇。

3．AIGC 助力电商数字人直播带货

传统的直播带货模式往往受限于主播的时间和精力，难以实现全天候的直播服务。然而，借助 AIGC 技术创建的逼真数字人主播，电商平台可以为用户提供 24 h 不间断的直播体验，从而吸引更多消费者的目光。

数字人直播带货不仅为消费者带来了全新的购物体验，更成为电商平台提升知名度和影响力的有力武器。以某知名电商平台为例，他们引入了 AIGC 技术打造的数字人主播小丽（化名）。其拥有与真实主播无异的外貌和声音，能够流利地进行产品介绍、互动问答等环节，甚至在直播过程中还能根据观众的反应实时调整策略，确保直播效果最大化。这一创新举措迅速吸引了大量用户的关注，不仅提升了平台的活跃度，还带动了销售额的显著增长。

除了实现全天候直播外，AIGC 技术还在直播内容的生成和宣发方面发挥着巨大作用。传统的直播内容制作往往需要耗费大量的人力和时间，而 AIGC 技术则可以通过智能分析用户需求，自动生成高质量的直播内容。同时，借助实时宣发功能，这些内容可以在短时间内迅速传播到目标受众中，进一步提高直播的话题度和热度。

虚拟主播的出现也为电商平台带来了降本增效的显著优势。相较于真实主播，虚拟主播不会感到疲惫，可以长时间进行直播，充分满足消费者在夜间等无人直播时间段的购物需求。此外，虚拟主播的人设与所依据的数据内容由品牌方掌控，有效避免了人设崩塌或知识错误等风险。以某大型电商平台虚拟主播为例，该主播已经广泛投入使用，使直播成本降低 95%，平均商品交易总额（gross merchandise volume，GMV）提升 30% 以上，每日带来数百万 GMV 的增加。

随着跨境电商业务的蓬勃发展，虚拟主播在解决语言差异方面的优势也日益凸显。由于不同国家和地区的语言和文化差异较大，寻找合适的当地主播并进行培训学习往往需要耗费大量的时间和金钱。而虚拟主播则可以通过

嵌入不同的语言种类,使同一主播能够以多语言进行直播,有效解决了语言差异这一难题。某科技公司开发的虚拟主播就是一个很好的例子,它以相同的形象嵌入不同的语言种类,为跨境电商直播提供了极大的便利。目前,这一技术已经成功应用于跨境直播,为电商企业开拓国际市场提供了有力支持。

4. AIGC技术重塑电商客服咨询

AIGC正成为电商客服咨询领域的得力助手。这种先进的技术使得电商企业能够为用户提供更加智能、高效的客服咨询服务。无论是简单的产品咨询,还是复杂的售后问题,AIGC都能够迅速响应并提供满意的解答,从而极大地提升了电商平台的客户服务水平。

例如,一个消费者在购买了一款新型智能手机后,突然遇到了操作问题。在传统的客服模式下,消费者可能需要等待较长时间才能与客服人员取得联系,并经过一系列的交流才能找到解决方案。然而,在AIGC的助力下,电商平台可以为用户提供即时、准确的解答。消费者只需要通过智能客服机器人,输入问题或描述困扰,AIGC技术就能够快速分析并给出相应的解决方案。这不仅提高了消费者的购物体验,也大大减轻了客服人员的工作负担。

AIGC技术在客服咨询方面的应用不仅局限于快速响应和解答问题。它还可以从客服系统功能优化和智能客服机器人两方面助力客服咨询质量的提升。例如,AI算法可以在原有客服系统的基础上,进一步拓展内容回复形式,实现多渠道消息合并收集。这意味着无论是通过网站、APP还是社交媒体平台,消费者都能够获得一致、高效的客服体验。

此外,AI技术还可以为回复任务智能排列优先级。这意味着在多个消费者同时发起咨询时,客服系统能够根据问题的紧急程度和复杂程度,智能地分配资源和人力,确保每一个消费者都能得到及时、专业的解答。这种智能化的处理方式不仅提高了客服响应效率,也保证了服务质量。

除了提升客服效率和质量外,AIGC技术还能够帮助电商企业实现更加流畅的人机交互。智能客服机器人已经能够承担部分人工客服的工作,进行简单的对话和业务处理。这不仅降低了人工客服的成本,也提高了服务效率。同时,智能客服机器人还能够根据已有信息确认客户资质,实现对潜在客户的挖掘等功能。这意味着电商平台不仅能够提供优质的售后服务，还能够通过智能分析，发现潜在的市场机会和消费者需求。

最后，AIGC 技术还可以助力电商客服质检。传统的客服质检往往依赖于人工抽样和审核，难以保证全面性和准确性。而 AIGC 技术则可以通过自然语言处理和机器学习算法，对客服对话进行全面、深入的分析和评估。这不仅能够发现客服人员的问题和不足，还能够提供针对性的改进建议和培训方案，从而帮助电商企业不断提升客服水平，提高消费者的满意度和忠诚度。

8.1.2 "货"的方面智能升级

1. 智慧选品：AI 技术引领电商行业变革

在当今数字化时代，电商企业面临着前所未有的市场挑战和竞争压力。为了在这个激烈的商业环境中脱颖而出，许多电商企业开始寻求创新的技术解决方案。其中，AI 技术凭借其强大的数据分析和处理能力，正在成为越来越多电商企业的首选。通过深入分析市场趋势、消费者需求等数据，AI 技术能够帮助电商企业实现精准选品和库存优化，进而降低库存风险、提高资金利用效率，并确保商品始终符合市场需求和消费者喜好。具体来说，AI 技术在智慧选品方面的应用主要体现在以下四个方面。

（1）AIGC 助力实现消费洞察，为品牌方提供改进方向。以某电商 AI 工具为例，这是一个专为亚马逊和 Shopify 公司设计的 ChatGPT 插件工具包，它为电商企业带来了前所未有的便利。通过简单下载并安装该工具包，电商企业可以轻松获取关于商品的消费者分析报告。这些报告基于大量的市场数据和消费者反馈，为品牌方提供了针对性的修改建议，帮助他们更加精准地把握市场需求和消费者喜好。这样，品牌方可以根据这些建议对商品进行优化，从而提高商品的吸引力和市场竞争力。

（2）AIGC 提供整合产品趋势，助力品牌商家打造全新商品。某电商平台发布的 AI 新品研发工具就是一个典型的例子。该工具利用电商平台丰富的消费数据，洞察消费者的购买决策因子，发现市场中更受欢迎的产品要素。同时，结合对细分赛道的增长情况分析，AI 新品研发工具能够为品牌商家提供智能化的销售选品建议。这些建议不仅可以帮助商家把握市场趋势,还可以引导他们根据消费者需求打造全新商品,从而满足市场的多样化需求。

(3)AIGC从趋势洞察到创意设计的全方位支持。某电商平台的智造平台通过全链路赋能商家,实现全方位的产品创新支持。该平台利用大数据分析技术,帮助品牌生成创新性的产品概念,并在原有细分产品品类下助力打造全新产品。通过结合市场趋势和消费者需求,该平台成功衍生出了众多新的爆品方向,为电商企业带来了可观的业绩增长。这种全链路的支持不仅提升了商家的产品研发能力,还增强了他们的市场竞争力。

(4)根据消费者需求及销量预测,AI技术能够帮助电商企业精准选品和优化库存。通过对历史销售数据、市场趋势以及消费者行为等多元数据的综合分析,AI技术能够准确预测未来一段时间内的商品销量和市场需求。这使得电商企业能够更加精准地选择热销商品进行库存备货,避免库存积压和资金占用的问题。同时,AI技术还能够帮助电商企业根据市场需求的变化及时调整库存结构,确保商品始终能够满足消费者的实际需求。这种精准选品和优化库存的策略不仅降低了库存风险,还提高了资金利用效率,为电商企业的可持续发展奠定了坚实基础。

2.AIGC助力商品展示:重塑电商视觉体验与提升转化率

在电商领域,商品展示是吸引消费者、提升购物体验的关键环节。借助AIGC技术,电商平台能够自动生成高质量、具有吸引力的商品图片和视频,使商品展示更加生动、直观,从而吸引更多消费者的目光。

首先,AIGC技术通过自动化生成商品图片和视频,极大地丰富了商品展示的形式和内容。这些自动生成的图片和视频不仅质量高、细节丰富,而且能够根据消费者的喜好和需求进行个性化定制。例如,当消费者浏览一件衣服时,AIGC技术可以自动生成该衣服在不同角度、不同搭配下的图片和视频,让消费者更全面地了解商品的外观和效果。这种生动、直观的展示方式不仅提升了消费者的购物体验,还有助于提高商品的点击率和转化率。

其次,AIGC技术在降低构建3D效果图的难度和成本方面发挥了重要作用。目前,虽然许多电商平台已经支持3D产品展示,但受制于制作成本和展示效果等因素，只有少数商品上传了 3D 产品展示图。然而，在 AIGC 的赋能下，构建 3D 展示效果图的难度和成本大大降低，为产品广泛应用 3D 展示提供了可能。这意味着更多的商品可以以 3D 形式呈现在消费者面前，让他们能够从各个角度、各个细节全面了解商品。这种沉浸式的购物体验无疑将进一步提升消费者的购物满意度和忠诚度。

举例来说，某电商平台引入 AIGC 技术后，其 3D 商品展示数量大幅增加。消费者可以在该平台上浏览到各种商品的 3D 展示图，如家具、电器、鞋服等。这些 3D 展示图不仅外观逼真、细节丰富，而且还可以进行旋转、放大等操作，让消费者能够更深入地了解商品的特点和优势。根据该平台的数据显示，引入 AIGC 技术后，其 3D 购物的转化率平均值约为 70%，较行业平均水平提升了 9 倍左右；同时，同比正常引导成交客单价也提升了 2 倍多。更重要的是，商品退换货率明显降低，这进一步证明了 AIGC 技术在提升商品展示效果和购物体验方面的巨大潜力。

8.1.3 "场"的方面智能升级

1. 虚拟货场：AIGC 与 VR 结合，领航未来购物时代

AIGC 技术在零售领域的革新应用为搭建低成本、高沉浸感的虚拟商店提供了强大的技术支持，从而有效扩展了购物场景的边界。这一新型购物模式不仅重新定义了消费者的购物体验，还在很大程度上降低了实体店面建设和运营的成本压力。

以国内某大型电商 2022 年"双十一"推出的虚拟街区为例，这一功能充分利用先进的数字化手段，让顾客在家中通过手机就能轻松步入一个全然不同的数字世界。在虚拟街区中，消费者不仅能像在真实商业街那样逛街购物，还能够参与各类线上展览、户外旅游等多元化活动。值得一提的是，这些虚拟街区中的商品均采用 3D 模型展示，极大地提升了视觉效果的真实度和立体感；同时，结合 AR 试戴技术，消费者可以直接预览服饰、饰品等产品在自己身上的搭配效果，极大增强了购买决策过程中的互动性和趣味性。这种沉浸式虚拟货场的存在，不但开辟了品牌销售的新渠道，也明显提高了用户的消费转化率，展示了其作为未来主流销售渠道的巨大潜力。

AIGC在此过程中扮演着关键角色，它能够快速、高效地生成大量高质量的内容和交互设计，极大简化了虚拟货场的构建流程。国内一家云设计软件平台在2023年的产品发布会上进一步明确了对空间AIGC技术的重视，宣布成立专门的AIGC实验室，聚焦于空间AIGC的实践与研究，并致力于推动"算法模型即服务"的发展模式。按照模型即服务的逻辑框架，空间AIGC产业可大致划分为三个层面：基础层主要负责提供数据处理、模型训练等底层支持；能力层则着重于开发交互设计、场景渲染等核心技术；而应用层则是将这些技术应用于实际场景，如家居家装、商业空间设计等领域，借助AI设计实现个性化定制和用户体验优化。

海外服务商Obsess就是一个成功运用VR技术打造深度沉浸式虚拟购物平台的典型案例。该服务商已经为包括NARS、COACH、Charlotte Tilbury在内的多个国际知名品牌量身定制了极具吸引力的虚拟商店，消费者能够在这些商店环境中深入探索品牌故事，亲身体验产品，甚至参加独家的品牌活动，实现了前所未有的高度参与和互动。

此外，在消费电子领域，苹果公司于2023年6月6日在WWDC2023大会上发布的首款头戴式设备Apple Vision Pro（见图8-2），则为虚拟购物体验的提升带来了新的可能性。Apple Vision Pro基于"空间计算"概念，将人机交互从传统的2D界面跃升至全方位的3D空间内，这标志着消费者在虚拟世界中的感知和操作进入了一个全新的维度。随着Apple Vision Pro及类似设备的应用生态逐渐丰富和完善，消费者使用虚拟购物平台的需求和习惯将进一步被激发，届时虚拟货场有望成为更多品牌抢占市场高地的核心阵地，不仅改变消费者的购物行为，也将引领整个零售行业走向更加智能化、个性化的未来。

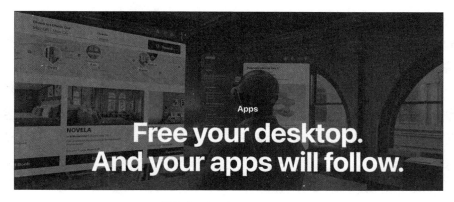

图8-2 Apple Vision Pro

(来源：https://www.apple.com/apple-vision-pro/)

2. AI助力物流管理，实现仓储配送降本增效

随着电商的飞速发展，物流行业面临着前所未有的挑战与机遇。传统的仓储与配送方式已经难以满足现代商业的需求，而AI技术的崛起为物流行业带来了革命性的变革。AI不仅助力提升智慧仓储能力，实现智能分拣，打造智慧仓库，还在物流配送方面发挥着巨大作用，实现配送路线优化，订单智能分配，为物流行业降本增效提供了有力支持。

在仓储方面，AI技术的应用使得仓库管理更加智能化和高效化。传统的仓储方式主要依赖人工进行货物的存储和分拣，效率低下且易出错。而AI技术的引入，让仓库管理实现了智能化。通过对仓库空间的智能分析，AI能够合理规划货物存储位置，最大化仓库存储能力。同时，借助智能分拣系统，AI能够实现货物的快速、准确分拣，大大提高分拣效率，降低人力成本。

以国内某AI科技公司为例，该公司基于AI算法，成功打造出了机器人仓储物流软件平台。该平台通过智能调度系统，实现了仓库内货物的自动化运输和分拣，大大提高了仓储效率。此外，该公司还提出了智慧仓解决方案，帮助企业实现仓库管理的全面智能化，提升仓储能力。

在配送方面，AI技术的应用也为物流配送带来了革命性的变革。传统的配送方式主要依赖人工规划路线和分配订单，效率低下且难以保证时效性。而AI技术的引入，让配送路线规划和订单分配更加智能化和精准化。通过对订单数据的分析，AI 能够精准规划出最优配送路线，提高配送效率。同时，通过对骑手位置的实时追踪和智能调度，AI 能够实现订单的快速分配和响应，提高骑手的工作效率。

以国内某知名快递公司为例，该公司作为以即时业务为主的企业，在 AI 算法的助力下实现了订单的智能化分发。通过 AI 和大数据的结合，快送能够精准定位楼栋位置，提高骑手的响应效率。这不仅提高了配送效率，也提升了用户体验。

在国际市场上，Satalia Delivery 等公司也积极利用 AI 技术助力超市配送场景。通过 AI 技术进行路径规划和车辆调度，Satalia Delivery 帮助 Tesco 等超市实现了降本增效，提高了配送效率和服务质量。

8.2 游戏行业智能应用

AI 成为游戏产业的多维度助力器，其在游戏行业的赋能如图 8-3 所示。AIGC 技术以其独特的优势，正在为游戏产业带来前所未有的变革。无论是在游戏开发的前期阶段，还是在游戏的运营和周边生态中，AIGC 都展现出了巨大的潜力和应用价值。

AI 在游戏行业的赋能							
美术设计	内容设计	研发测试	体验优化	运营优化	直播	训练
场景生成 动作生成 美术素材 美术建模	玩法设计 地图设计 关卡设计	智能化编程 平衡性测试 地图测试	智能NPC 智能机器人	游戏客服 违规审批 平衡匹配 对局陪伴	集锦生成 赛事解说 语音互动	AI team 模拟对手

图8-3　AI在游戏行业的赋能

在游戏开发阶段，美术设计、内容设计、研发和测试是四个至关重要的环节。而 AIGC 技术能够为这四个环节提供强大的支持。

首先，在美术设计方面，AIGC 可以通过深度学习和大数据分析，快速生成高质量的游戏场景、角色和道具模型。这不仅可以大幅缩短美术资源的制作周期，还能提高游戏的视觉效果和整体质感。

其次，在内容设计方面，AIGC 可以根据玩家的喜好和游戏类型，自动生成丰富多样的游戏剧情、任务系统和关卡设计。这不仅可以为游戏增添更多的趣味性和可玩性，还能让玩家在游戏中体验到更多的惊喜和乐趣。

再次，在研发方面，AIGC 可以通过自动化编程和智能算法，协助开发者快速搭建游戏框架、实现游戏逻辑和优化游戏性能。这不仅可以提高开发效率，还能降低开发难度和成本。

最后，在测试方面，AIGC 可以通过模拟真实玩家的行为和场景，对游戏进行全面的测试和调优。这可以帮助开发者及时发现和修复游戏中的漏洞和bug，确保游戏的稳定性和流畅性。

在游戏上线运营后，AIGC 同样能够发挥巨大的作用。

首先，在体验优化方面，AIGC 可以通过实时分析玩家的游戏数据和反馈意见，智能调整游戏的难度、奖励和交互方式等参数，以提供更加个性化的游戏体验。其次，在运营优化方面，AIGC 可以通过精准的用户画像和营销策略，帮助游戏运营商更好地吸引和留住玩家，提高游戏的用户活跃度和付费率。

除此之外，AIGC 在游戏周边生态中也有着广泛应用。例如，在直播领域，AIGC 可以生成虚拟主播和互动场景，为游戏直播带来更多的趣味性和互动性。在训练方面，AIGC 则可以模拟真实对战环境，帮助玩家提升游戏技能和竞技水平。这些应用不仅丰富了游戏的周边生态，也为玩家提供了更多的娱乐和学习选择。

8.2.1 美术设计

AIGC 全面助力游戏美术设计，实现高效生成与丰富性提升。美术设计在游戏中的重要性日益凸显，为了满足玩家对游戏视觉效果的追求，AIGC 技术在游戏美术设计中发挥着越来越重要的作用。

首先，在场景生成方面，AIGC 技术通过深度学习算法和大规模数据训练，能够自动生成具有真实感和多样性的游戏场景。这些场景不仅包括自然风光、城市建筑等宏观环境，还包括角色活动的具体场所和道具布置等细节元素。通过 AIGC 技术生成的场景，不仅节省了美术师的大量时间和精力，还能为游戏带来更加丰富和逼真的视觉体验。

其次，在动作生成方面，AIGC 技术同样展现出强大的实力。传统的游戏动作设计需要美术师手动绘制和调整每一帧的动作，而 AIGC 技术则可以通过学习已有的动作数据，自动生成流畅自然的角色动作。这些动作不仅可以应用于游戏中的角色战斗、行走等常规场景，还可以用于特殊的技能释放、交互动作等创新设计，为游戏增添更多的趣味性和视觉冲击力。

再次，在美术素材方面，AIGC 技术更是为游戏美术设计带来了革命性的变革。如图 8-4 所示，通过 AIGC 的辅助，美术师可以快速生成大量的美术资产，如装备、皮肤、道具、药剂等物品。这些物品不仅数量庞大，而且每一件都有独特的外观设计和细节处理。通过 AIGC 技术，游戏内的资产生成效率得到了显著提升，同时素材的丰富性也得到了极大的增强。

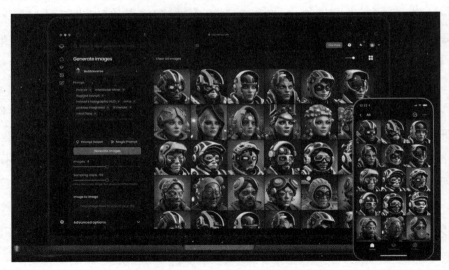

图8-4　AIGC助力美术素材设计

（来源：https://www.scenario.com）

然后，在美术建模领域，传统的 3D 建模过程一直受限于时间和人力资源的密集投入，成为制约游戏开发效率与创意实现的关键因素。然而，随着

AIGC 在 3D 模型生成技术上取得重要突破，这一状况已迎来显著的转变。开发人员通过简单输入文本描述或点云数据，便能利用 AIGC 工具快速生成高质量的贴图和 3D 模型。这种技术进步不仅大幅提升了美术资源的生成效率，更在实质上减少了手动建模的繁重工作，为美术团队释放了宝贵的创意潜能。

最后，AIGC 工具的广泛应用还为游戏内容制作带来了前所未有的灵活性和创新空间。美术人员不再受限于传统的建模流程，得以更自由地探索创意边界，实现游戏设计的多元化和个性化。可以预见，随着 AIGC 技术的进一步成熟与应用拓展，游戏美术建模领域将迎来更加广阔的发展前景。

值得一提的是，AIGC 技术在细节层面的调整能力也非常出色。它可以根据游戏的需求和美术师的要求，对生成的素材进行精细化的调整和优化，包括色彩、光影、纹理等各个方面的处理。这使得游戏内的美术素材更加贴近玩家的期望和审美标准，为游戏带来了更加出色的视觉效果和沉浸感。

8.2.2 内容设计

AIGC 在内容设计领域的应用越来越广泛，为游戏的玩法设计、地图设计和关卡设计带来了革命性的变化。

在玩法设计方面，AIGC 通过深度学习和大数据分析，能够自动生成多样化和创新性的游戏玩法。例如，在一款角色扮演游戏中，AIGC 可以根据玩家的喜好和游戏类型，自动生成丰富的任务系统和剧情发展，为玩家提供更具挑战性和吸引力的游戏体验。通过 AIGC 生成的玩法设计，游戏能够更好地满足玩家的期望，提升游戏的可玩性和吸引力。

在地图设计方面，AIGC 的强大生成能力使得游戏地图的创建更加高效和多样化。以一款开放世界游戏为例，AIGC 可以自动生成庞大的游戏世界，包括山脉、河流、森林等自然景观，以及城市、村庄等人文环境。这些地图不仅具有高度的真实感和细节表现力，还能为玩家提供丰富的探索空间和游戏体验。同时，AIGC 还可以根据游戏的需求和玩家的反馈，对地图进行实时的优化和调整，确保游戏的平衡性和流畅性。

在关卡设计方面，AIGC 同样展现出了巨大的潜力。传统的关卡设计需要开发者手动设计和调整每一个关卡的布局、难度和奖励等要素，而 AIGC 则可以通过学习已有的关卡数据，自动生成具有挑战性和趣味性的关卡设计。例如，在一款平台跳跃游戏中，AIGC 可以自动生成不同难度级别的关卡，包括简单的入门关卡、中等难度的挑战关卡以及高难度的专家关卡。这些关卡不仅具有丰富的游戏内容和挑战性，还能根据玩家的表现进行动态调整，为玩家提供更具个性化的游戏体验。

8.2.3 研发与测试

AIGC 助力游戏编程开发和测试，带来效率提升与全面检测的革新。在游戏开发过程中，编程和测试是两个至关重要的环节。随着 AIGC 技术的不断发展，其在游戏编程开发和测试方面的应用，为游戏开发带来了前所未有的效率提升。

首先，AIGC 技术通过自动化和智能化的编程工具，显著提高了游戏编程开发的效率。传统的游戏编程需要开发者手动编写大量的代码，而 AIGC 则可以通过学习已有的代码库和游戏逻辑，自动生成高质量的游戏代码。例如，在一款射击游戏的开发中，AIGC 可以自动生成玩家控制、敌人、武器系统等核心模块的代码，大大减少了开发者的工作量。这不仅缩短了游戏开发的周期，还降低了开发成本，使开发者能够更专注于游戏创意和玩法的实现。

其次，AIGC 技术在游戏平衡性测试方面发挥着重要作用。平衡性对于游戏的可玩性和公平性至关重要。AIGC 可以通过模拟真实玩家的行为和决策过程，对游戏的平衡性进行全面的测试。以一款策略游戏为例，AIGC 可以模拟不同玩家之间的对战，通过大量的对战数据来分析各个策略、兵种或技能的强弱关系，从而帮助开发者发现潜在的不平衡问题，并及时进行调整。这确保了游戏在发布时具有更高的平衡性和可玩性。

最后，在游戏地图测试方面，AIGC 技术同样展现出了巨大的潜力。地图是游戏的重要组成部分，对于玩家的游戏体验具有重要影响。AIGC 可以通过自动化的测试工具，对游戏地图进行全面的测试，包括地图的布局、路径规划、障碍物设置等各个方面。例如，在一款开放世界游戏中，AIGC 可以自动生成测试用例，模拟玩家在游戏地图中的各种行为和移动路径，以检测地图中是否存在死路、无法到达的区域或不合理的障碍物设置等问题。这确保了游戏地图的质量和可玩性，为玩家提供更好的游戏体验。

8.2.4 游戏体验优化

1. AIGC助力游戏体验优化：智能NPC引领游戏交互新篇章

非玩家角色（non-player character，NPC），在游戏中一直扮演着举足轻重的角色。它们是游戏世界的原住民，为玩家提供任务、信息和资源，同时也是玩家探索世界、体验故事的重要伙伴。然而，传统的NPC往往受限于固定的行为模式和预设的对话内容，缺乏真实感和智能性，难以与玩家形成深入的互动和联系。

随着AIGC技术与NPC的深度融合，智能NPC正逐步在游戏交互领域中崭露头角，成为备受瞩目的新宠。这些智能NPC不再局限于传统角色的任务发布或信息传递功能，而是展现出更加真实、生动的智能表现和行为，极大地丰富了玩家的游戏体验。通过机器学习和深度学习算法，智能NPC能够不断学习和适应玩家的行为模式和偏好。它们可以分析玩家的语言、动作和选择，理解玩家的意图和需求，从而做出更加自然、真实的回应。例如，在一款角色扮演游戏中，智能NPC可以根据玩家的性格和选择，调整自己的对话内容和行为方式，与玩家建立更加紧密的情感联系。当玩家表现出善良和勇敢时，NPC可能会更加信任和依赖玩家，提供更多的帮助和支持；而当玩家表现出邪恶和狡诈时，NPC则可能会保持警惕和距离，甚至与玩家产生冲突和对抗。

此外，智能NPC还可以具备更加复杂和多样的行为模式。它们可以在游戏世界中自由行动，与其他NPC和玩家进行交互，甚至还能根据自己的目标和意愿做出决策和行动。这使得智能NPC不再是简单的游戏元素，而是成为游戏世界中真正活生生的角色。以一款开放世界游戏为例，智能NPC可以在城市中自由行走、购物、交谈，甚至还能参与玩家的战斗和冒险。当玩家需要帮助时，它们可能会主动加入玩家的队伍，提供战斗支持和策略建议；而当玩家行为不当时，它们也可能会选择报警或逃跑，对游戏世界产生真实的影响。

2. AIGC助力游戏体验优化：AI机器人的拟人化与风格化引领游戏新体验

在游戏世界中，AI机器人已经成为一种不可或缺的存在，它们既是玩家的挑战者，也是玩家的合作伙伴。这些通过AI技术赋予自主行动和决策能力的虚拟角色，为游戏带来了前所未有的体验。

AI机器人的拟人化，使得它们在游戏中的行为更加接近真实的人类玩家。这不仅表现在动作、语言上，更体现在策略选择、情感反应等多个方面。例如，在一款策略游戏中，AI机器人能够像人类玩家一样分析局势，制订计划，并在关键时刻做出出人意料的决策，让对战充满变数和挑战。而在一款角色扮演游戏中，AI机器人则可以模拟人类的情感反应，与玩家建立深厚的情感联系，共同经历游戏中的喜怒哀乐。

除了拟人化，AI机器人的风格化也是游戏体验优化的重要方向。风格化是指AI机器人在游戏中展现出独特的行为和决策模式，使得每一个AI机器人都具有鲜明的个性特征。这不仅增加了游戏的多样性和趣味性，也让玩家在与AI机器人的互动中感受到更加丰富的体验。以一款格斗游戏为例，不同的AI机器人可以拥有独特的战斗风格和技能组合，有的擅长快速攻击，有的注重防御反击，玩家需要根据对手的风格来制定相应的策略，这使得每一场战斗都充满新鲜感和挑战性。

拟人化和风格化的AI机器人对于提升游戏体验有着显著的作用。首先，它们能够让玩家在游戏中感受到更加真实和自然的互动。与人类玩家相似的行为和情感反应，让AI机器人成为玩家在游戏中的知心朋友或值得信赖的伙伴。其次，它们增加了游戏的挑战性和趣味性。具有独特风格和策略的AI机器人，让玩家在每一次对战中都能感受到新的挑战和乐趣。最后，它们促进了玩家心流体验的提升。心流是指玩家在游戏过程中的心理起伏变化过程，一个优秀的AI机器人能够通过拟人化和风格化的表现，引导玩家的心流曲线呈现上升趋势，让玩家在游戏中获得更加愉悦和满足的体验。

8.2.5 运营优化

AIGC技术作为新时代的产物，为游戏运营带来了革命性的变革。以下是

AIGC 技术在游戏运营中的几个主要应用和优化点，包括 AI 游戏客服、违规审批、平衡匹配与对局陪伴。

1．AI 游戏客服

AI 游戏客服在游戏运营中扮演着至关重要的角色。它们不仅负责辅助玩家进行游戏的冷启动，即在玩家初次接触游戏时提供必要的指导和帮助，还负责沟通解决玩家之间的矛盾，促进用户付费。通过 AIGC 技术，AI 游戏客服能够更快地触达用户需求，更准确地理解玩家的问题和痛点，从而提供及时、有效的解决方案。

具体来说，AI 游戏客服具备"AI 辅助回复客诉"功能，能够识别并理解玩家的投诉内容，然后从预设的回答库中选择最合适的回复进行反馈。同时，"AI 辅助编辑话术库"功能使得 AI 游戏客服能够不断学习和优化回答库，提高回复的准确性和效率。而"用户情绪识别"功能则让 AI 游戏客服能够感知玩家的情绪状态，从而在沟通中采取更加恰当和个性化的回答方式。

例如，当一位玩家因为游戏卡顿而投诉时，AI 游戏客服可以迅速识别其情绪状态为"愤怒"，并从话术库中选择一条既礼貌又能解决问题的回复进行反馈，如："非常抱歉给您带来不便，我们已经注意到游戏卡顿的问题，并正在全力修复中。感谢您的理解和耐心等待。"这样的回复不仅能够缓解玩家的愤怒情绪，还能够提升玩家对游戏的满意度和忠诚度。

2．违规审批

AIGC 技术在违规审批方面也发挥着重要作用。游戏运营中难免会出现一些玩家违规行为，如使用外挂、恶意刷分等。通过 AIGC 技术，游戏运营商可以构建智能化的违规检测系统，实时监测玩家的游戏行为并进行数据分析。一旦发现异常行为或违规行为，系统可以自动进行记录并触发相应的处理机制，如封号、禁言等。这样不仅可以及时制止违规行为对游戏环境的破坏，还可以提高违规处理的效率和准确性。

AIGC 技术在内容审查方面同样展现出强大的潜力。通过对大量文本、语音甚至图像数据的学习，AI 模型能够自动识别游戏中可能存在的恶意言行、广告刷屏或其他违反游戏规则的行为,并对其进行高效准确的筛查与处理。这样一来,游戏运营商不仅能减轻人工审核团队的工作负担,还能确保游戏环境更加健康有序,提升玩家满意度。

3. 平衡匹配

平衡匹配是游戏运营中的另一个关键环节。一个优秀的平衡匹配系统能够确保玩家在游戏中遇到实力相近的对手,从而提高游戏的公平性和竞技性。AIGC技术可以通过对玩家历史数据、技能水平等多维度信息的分析,构建出精准的玩家画像和匹配模型。当玩家进入游戏时,系统可以根据其画像和模型为其匹配到最合适的对手或队友,确保每场比赛的公平性和竞技性。

特别是在多人在线竞技或合作类游戏中,运用AIGC技术可以实现更精细、动态的平衡匹配算法。AI可根据玩家的游戏水平、历史战绩、习惯偏好等因素实时计算最优的队伍分配方案,确保对战双方实力均衡,从而增强游戏的公平性和挑战性。

此外,AIGC技术还可用于持续监测游戏内的经济体系、角色能力等关键参数,适时提出平衡性调整建议,维护游戏生态的长期稳定。

4. 对局陪伴

对局陪伴作为AIGC技术在游戏运营领域的重要应用之一,正逐渐改变玩家的游戏体验。通过深度学习和大数据分析等智能化算法和模型的运用,游戏运营商如今能够为玩家提供更加个性化和贴心的对局陪伴服务。

当玩家沉浸于紧张刺激的游戏对局中时,系统不仅是一个简单的裁判或记录者,更是一个智能的助手和伙伴。它可以根据玩家过去的游戏记录、胜率、偏好以及当前对局中的实时表现,为玩家推荐最合适的战术选择、装备搭配或队友组合。当玩家在对局中遇到难以逾越的障碍或陷入困境时,系统还能够及时伸出援手。它可以提供针对性的建议和指导,帮助玩家找到突破困境的方法,甚至在某些情况下直接为玩家提供必要的支援。而当玩家经过艰苦的努力终于取得优异成绩时,系统也不会吝啬自己的赞美和奖励。它会根据玩家的表现给予相应的鼓励和奖励,无论是虚拟物品、游戏币还是荣誉称号,都能够让玩家感受到自己的付出得到了应有的回报。这种正向的反馈机制不仅能够增强玩家的成就感和归属感，还能够激发他们继续探索游戏世界、挑战更高难度任务的热情。

8.2.6 游戏直播

AIGC 助力游戏直播，能够实现自动化、智能化的内容生成与互动。随着游戏行业的蓬勃发展，游戏直播已成为一种流行的娱乐方式。AIGC 技术的引入，为游戏直播带来了前所未有的变革，实现了自动化、智能化的内容生成与互动，极大地提升了直播的观赏体验和互动性。

1．集锦生成

传统的游戏直播集锦生成需要人工进行剪辑、配乐和配文案，过程烦琐且耗时。而 AIGC 技术的应用，使得这一过程实现了自动化。通过深度学习算法，系统能够自动识别比赛视频中的精彩瞬间，如关键击杀、绝妙配合等，并自动进行剪辑。同时，系统还能根据视频内容自动选择适合的背景音乐和文案，生成一段完整、精彩的集锦视频。

例如，在一场电竞比赛中，当选手完成一次精彩的五杀操作时，AIGC 系统可以迅速识别这一瞬间，并自动剪辑出这段视频。同时，系统还会根据视频内容选择激昂的背景音乐和炫酷的文案，如："五杀！震撼全场！"从而生成一段极具观赏性的集锦视频。这样的集锦生成不仅速度快，而且规模大，能够满足大量观众的需求。

2．赛事解说

传统的游戏直播解说需要人工进行，不仅成本高昂，而且难以实现 24 h 不间断解说。而 AIGC 技术的引入，使得赛事解说实现了自动化。通过自然语言处理和语音识别技术，系统能够实时解析比赛情况，并自动生成解说词。这些解说词不仅准确、流畅，而且能够根据比赛进程实时更新，为观众提供及时、专业的解说服务。

例如，在一场足球比赛中，当球员射门得分时，AIGC系统可以迅速识别这一事件，并自动生成解说词："球进了！精彩的射门得分！"这样的解说不仅能够及时反映比赛情况，还能为观众提供详细的比赛分析和战术解读。同时，由于实现了自动化解说，游戏直播可以实现24h不间断的解说服务，满足不同时区、不同时间段观众的需求。

3．语音互动

语音互动是游戏直播中重要的一环，能够增强观众的参与感和黏性。AIGC技术为语音互动带来了更多的可能性和创新性。通过语音识别和自然语言处理技术，系统能够实时识别观众的语音指令和问题，并给出相应的回应和解答。这样的语音互动不仅提高了观众的互动体验，还增加了直播的趣味性和互动性。

例如，在直播过程中，观众可以通过语音提问："下一场比赛是什么时间？"AIGC系统可以迅速识别这一问题并给出准确的回答。同时，系统还可以根据观众的语音指令进行相应的操作，如切换视角、展示数据等。这样的语音互动不仅方便了观众的操作，还提高了直播的互动性和趣味性。

8.2.7 游戏训练

AIGC助力游戏训练，实现针对性强化与对手模拟。随着游戏竞技的日益激烈，玩家对于训练的需求也日益增长。AIGC技术的出现，使得训练更加高效、更具有针对性。以下是AIGC技术在游戏训练中的两大助力点。

1．针对性地和AI team进行训练

传统的游戏训练方式，往往局限于玩家与玩家之间的实战对局。然而，这种方式在实际操作中却存在诸多不便与限制。例如，玩家可能难以寻找到与自己实力相匹配的对手，导致训练效果不佳；又或者因为双方的时间安排不一致，使得训练计划无法顺利进行。

为了解决这些问题，AIGC技术应运而生，为游戏训练带来了全新的可能

性。通过利用先进的算法和模型，AIGC技术能够构建出智能化的AI team，这些AI team不仅具备与人类玩家相媲美的游戏技能和策略，更能根据玩家的实际水平和个性化需求进行量身定制的训练计划。

与AI team进行训练，玩家可以获得更为精准和高效的反馈。AI team能够根据玩家的表现实时调整难度和策略，确保训练过程既具有挑战性又不失趣味性。同时，AI team还能够为玩家提供详细的数据分析和建议，帮助他们更好地了解自己的游戏风格和潜在的提升空间。

此外，与AI team进行训练还具有极高的灵活性和便利性。玩家可以根据自己的时间安排随时开启训练模式，无须等待其他玩家的响应。同时，AI team还能够模拟出各种不同的游戏场景和对手风格，让玩家在多样化的训练环境中不断提升自己的游戏水平。总之，通过与AI team进行针对性的训练，玩家可以克服传统训练方式的种种限制，实现更高效、更个性化的游戏技能提升。

例如，在多人在线战术竞技（multiplayer online battle arena，MOBA）游戏中，玩家希望提高自己的中路对线能力。通过AIGC技术构建的AI team，可以专门模拟出中路对线的场景，并具备各种对线技巧和策略。玩家可以与这个AI team进行反复的对局，从而针对性地提升自己的中路对线能力。这样的训练方式不仅高效，而且能够根据玩家的实际情况进行个性化调整，从而达到更好的训练效果。

2．模拟对手打法、风格

AIGC技术的另一大亮点在于其能够精准地模拟出各种对手的打法和风格。在传统的游戏训练中，玩家往往只能通过与真实玩家对战来接触和适应不同的打法风格，但这种方式既耗时又存在很大的不确定性。而现在，借助AIGC技术，玩家可以在一个更加可控、更加高效的环境中完成这一任务。

具体来说，AIGC技术通过分析大量真实玩家的游戏数据，提取出他们的行为特征、战术偏好，以及在不同情况下的反应模式等信息。然后，利用这些信息构建出虚拟的AI对手，这些AI对手能够准确地模拟出真实玩家的打法和风格，包括他们的进攻节奏、防守策略，以及在对局中的心态变化等。

例如，在 MOBA 类游戏中，有些玩家擅长快速推进、以攻为守的打法，而有些玩家则更偏向于稳健防守、寻找机会反击的打法。通过 AIGC 技术，游戏可以模拟出这两种截然不同的打法风格供玩家进行训练。玩家可以在与这些 AI 对手的对战中逐渐熟悉他们的行为模式和战术思路，学习如何有效地应对和克制这些打法风格。

这样的训练方式不仅能够帮助玩家更加全面地提升自己的游戏水平，还能够增强他们在实际比赛中的适应能力和应变能力。毕竟，在真实的游戏环境中，玩家可能会遇到各种不同类型的对手和打法风格，而只有通过充分的训练和准备，才能够在这些挑战面前保持冷静和自信。

总的来说，AIGC 技术通过模拟对手打法和风格的功能，为玩家提供了一个更加高效、更加全面的游戏训练平台。玩家可以在这个平台上不断提升自己的游戏技能和战术素养，为未来的比赛做好充分的准备。

例如，在第一人称射击游戏中，有些玩家擅长快节奏的冲锋打法，而有些玩家则更喜欢稳扎稳打的战术。通过 AIGC 技术，可以模拟出两种不同类型的对手供玩家进行训练。玩家可以在训练中逐渐熟悉并适应这两种不同的打法风格，从而在实际比赛中更加灵活地应对各种情况。这样的训练方式不仅能够帮助玩家提升自己的游戏水平，还能够增强他们的适应能力和心理素质。

第 9 章

金融行业智能应用

本章将帮助读者了解智能技术在金融行业的广泛应用，以及它如何推动金融企业内部效率的提升和决策过程的优化。

9.1 金融业务智能应用

我国互联网企业、传统金融机构及金融科技公司纷纷投身于金融大模型的研发与推出，竞争态势异常激烈。2023年5月中旬，A科技公司凭借其卓越的研发能力，成功发布了金融行业通用大模型——A科技公司GPT，引起了业界的广泛关注。这一重要成果不仅彰显了A科技公司在金融科技领域的强大实力，也标志着我国金融大模型的发展迈入了关键阶段。

随后，B科技公司在2023年5月下旬推出了千亿级中文金融大模型。该模型专注于金融术语理解、金融市场分析、金融数据分析和金融新闻解析等核心任务，通过精准的语义理解和深度的数据分析，为金融机构提供更强大的业务支持。这一举措进一步展现了B科技公司在金融科技创新方面的决心和实力，推动了我国金融大模型的进步。

C公司于2023年6月发布了金融大模型，并在10月份进行了重大升级。通过持续优化与迭代，为金融机构提供了更为全面且高效的解决方案。这一模型的推出无疑提升了C公司在金融科技领域的竞争力，为我国金融大模型的发展注入了新的活力。

至2023年9月，D公司和E公司相继发布了各自的金融大模型，将国内金融大模型的竞争推向了新高度。这两款模型的发布推动了我国金融大模型的研发应用向纵深发展。

2023年11月，F公司推出了具备强大推理、数学与编程能力的金融模型。这一举措再次凸显了F公司在金融科技创新方面的实力，为我国金融大模型的发展开辟了新方向。2024年年初，G公司和H公司分别推出了金融大模型，并开始内部测试，获得了热烈反响。这两大新晋模型的诞生必将为我国金融大模型的发展带来新的动力。

总的来看，在这场激烈的"百模大战"中，国内各路参与者积极比拼，不断推陈出新，共同驱动我国金融大模型的研发与应用向前迈进。随着各大企业持续创新推出新的金融大模型，我国金融大模型的发展未来可期，前景一片光明。

随着技术的飞速进步，AI已逐渐成为金融行业的核心驱动力，深刻改变着传统金融服务的模式和效率。AI在金融行业的赋能（见图9-1）不仅局限于单一的业务领域，而是贯穿金融行业的多个方面，包括营销、服务、运营、风控和催收等。特别是在AIGC的推动下，金融行业正迎来前所未有的变革。

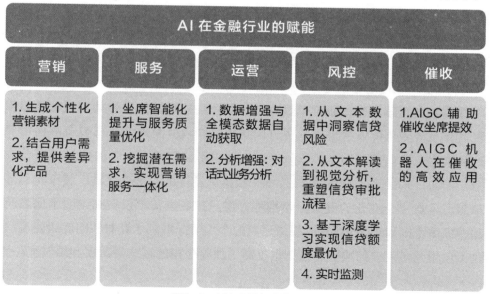

图9-1 AI在金融行业的赋能

第9章 金融行业智能应用

9.1.1 金融营销获客

1. AI 根据用户画像生成个性化营销素材

AI 技术在金融营销获客方面正发挥着日益重要的作用。金融产品和服务往往具有高度的专业性和复杂性,不同的用户群体有着不同的需求和偏好。因此,传统的"一刀切"式营销方式往往效果不佳。而 AI 技术则能够通过深度学习和大数据分析,精准地描绘出每个用户的画像,包括他们的年龄、性别、职业、收入、投资偏好等多维度信息。基于这些用户特征,AI 可以生成高度个性化的营销素材,从而大大提高营销转化率。

以某大型银行为例,他们利用 AI 技术,针对不同用户群体推出了个性化的理财产品推荐。通过对用户的投资经验、风险承受能力、收益期望等进行分析,AI 生成了定制化的产品介绍、风险提示和营销文案。这不仅提升了用户的阅读体验,也有效提高了产品的购买率。该银行信用卡业务在 AI 技术支持下,银行可以利用用户的交易记录、消费习惯、信用等级、职业信息以及社交网络行为等多维度数据来刻画详尽的用户画像。基于这些画像信息,AI 系统能够智能生成高度定制化的营销内容,如个性化的信用卡优惠方案、专属理财产品推荐,甚至是符合用户生活场景的广告创意和故事脚本。例如,对于一位经常进行跨境旅行且信用良好的高端客户,AI 系统可能会生成包含"全球机场贵宾室无限次畅享""五星级酒店预订专享折扣"等内容的营销邮件或社交媒体广告;而对于热衷于环保公益并频繁使用公共交通工具的年轻人,系统则可能设计出一款主打碳排放抵扣及公交地铁优惠权益的信用卡产品推广文案。

再如,某保险公司利用 AI 技术,根据其用户的年龄、性别、健康状况等信息,生成了个性化的健康保险推荐方案。这些方案不仅详细说明了保险产品的保障范围和理赔流程,还根据用户的个人情况提供了针对性的健康建议。这不仅增强了用户的购买意愿,也提高了保险公司的客户满意度和忠诚度。

2. 结合用户需求,利用 AI 提供差异化产品

结合用户需求提供差异化产品,无疑是 AI 助力金融营销获客的关键环节。

通过 AI 技术，企业能够更好地理解用户的个性化需求，进而为他们提供符合其需求的产品和服务。

在金融领域，用户的需求是多种多样的。有些人可能更注重投资的安全性和稳定性，而有些人则更追求高收益和快速回报。同时，不同的用户群体对于金融产品的风险承受能力、投资期限、流动性需求等方面也存在差异。因此，为了满足这些多样化的需求，金融机构需要能够提供差异化的产品。而 AI 技术正是实现这一目标的有力工具。通过深度学习和大数据分析，AI 能够精准地分析用户的投资偏好、风险承受能力、财务目标等关键信息，并据此为用户推荐适合他们的金融产品。这不仅提高了用户的满意度和忠诚度，也为金融机构带来了更多的销售机会。

以一家知名银行为例，他们利用 AI 技术，结合用户的财务状况、投资目标和风险承受能力，为用户提供定制化的贷款产品。这些产品不仅满足了用户的不同需求，还通过个性化的利率和还款方式，为用户提供了更加灵活和便捷的服务。这不仅提高了银行的客户满意度，也有效增加了其贷款业务的销售额。此外，AI 还可以结合用户的日常消费习惯、资产状况等信息，为他们提供个性化的理财建议和投资组合。这不仅能够帮助用户实现资产增值，也能够为金融机构带来更多的投资机会和市场份额。

以保险行业为例，传统的人工分析手段难以迅速捕捉到市场上不断涌现的多元化、细分化保险需求。然而，在 AI 技术支持下，保险公司可以实时收集和分析用户的年龄、职业、健康状况、生活方式等多元信息，并结合宏观经济环境、行业趋势以及客户的历史投保记录，生成具有针对性的产品设计方案。例如，针对年轻家庭群体，AI 推荐系统可能基于他们的育儿阶段、购房购车情况等因素，智能推荐定制化的综合家庭保障计划，其整合了儿童教育金储备、房贷寿险保障以及家庭成员意外医疗等多种风险覆盖。

9.1.2 金融客户服务

1. 大模型驱动金融服务升级：坐席智能化提升与服务质量优化

在金融领域，服务的质量和效率对于赢得客户信任、维护良好客户关系至关重要。大模型以其强大的语言理解和生成能力为坐席人员提供了有力支持，不仅提升了他们的服务水平，还增强了整个服务团队的承载能力和平均服务质量。大模型能够精准理解客户的问题和需求，为坐席人员提供及时、准确的解答和建议。这种技术辅助不仅加快了服务响应速度，还提高了解决问题的准确性和效率。

以一家国际知名银行的客户服务部门为例，他们引入了先进的大模型技术来辅助坐席人员处理客户咨询。通过大模型的智能分析，坐席人员能够迅速了解客户的意图和需求，从而提供更加个性化和专业的服务。这种技术应用不仅提升了坐席人员的整体服务水平，还显著提高了客户满意度和忠诚度。

除了直接辅助坐席人员，大模型还可以通过数据分析来优化服务流程和提升服务质量。通过对大量客户数据的挖掘和分析，大模型能够帮助金融机构发现服务中的痛点和不足，进而提出改进建议和优化方案。这种数据驱动的优化方式不仅提高了服务效率，还使得金融服务更加贴合客户需求和市场变化。

大模型还能有效提升坐席的服务水平一致性。面对客户服务中可能遇到的各种个性化问题，大模型可以根据历史对话数据进行学习并提供标准化建议，确保每个坐席在处理同类问题时都能提供一致且高质量的答案。比如，针对贷款利率计算、投资风险评估等常见问题，大模型能为坐席提供模板化的解答流程和方案，从而减少人为错误，提高服务质量的均一性。

此外，大模型还可以结合金融知识和业务规则，为客服坐席人员提供智能决策支持。在金融领域，坐席人员需要具备一定的金融知识和业务规则才能为客户提供准确的服务。大模型通过深度学习和知识图谱等技术，能够整合金融领域的专业知识和最新动态，为坐席人员提供实时的智能决策支持。这种支持不仅提高了坐席人员的专业素养和服务能力，还使得金融服务更加精准和高效。

最后，大模型具备强大的自我学习和迭代能力，可助力客服坐席团队持续优化服务水平。它能够根据客户的反馈和互动情况不断调整自身的推荐策略和服务策略，实现服务内容和方式的智能化升级。比如，通过对大量客户服务交互数据的学习分析，大模型可以帮助识别出服务瓶颈和高频问题，并针对性地提供培训材料或解决方案，帮助坐席团队更好地应对挑战，整体提升服务能力。

2. 大模型助力金融服务：挖掘潜在需求，实现营销服务一体化

借助深度学习、自然语言处理以及大规模数据挖掘等先进技术，大模型能够在服务过程中实时洞察并精准捕捉客户的潜在需求，这一过程远超传统人力所能达到的效率与准确性。更重要的是，生成式 AI 技术能够将这些原本分散的业务环节串联起来，实现营销服务的一体化。以下是大模型在助力客户服务一体化中的应用。

（1）挖掘潜在需求。大模型通过对客户历史数据、交易行为、咨询记录等进行分析，能够深入挖掘客户的潜在需求。例如，当一位客户频繁咨询关于退休规划的问题时，大模型可以识别出该客户对于长期稳健投资的需求，并为其推荐相应的金融产品；当一位客户表达出对长期稳健投资的兴趣时，大模型可以立即关联到公司的各类低风险金融产品，并依据用户的信用状况、资产配置及偏好倾向进行快速匹配，进而适时推荐最适合的理财产品。这种基于潜在需求的个性化推荐，不仅提高了客户满意度，也为金融机构带来了更多的销售机会。

（2）AI 串联业务环节。传统的金融服务往往涉及多个分散的业务环节，如客户咨询、产品推荐、风险评估等。这些环节往往由不同的团队或系统负责，导致客户体验不连贯。而生成式 AI 技术则能够将这些原本分散的业务环节串联起来，实现营销服务的一体化。通过自然语言处理和对话管理技术，AI 可以模拟人类专家的服务流程，为客户提供一站式、连贯的服务体验。这种一体化的服务模式不仅提高了客户满意度和忠诚度，也降低了金融机构的运营成本。

以一家全球领先的保险公司为例，他们利用大模型技术为客户提供了智能化的保险咨询服务。当客户通过在线平台咨询关于家庭财产保险的问题时，大模型能够自动分析客户的家庭状况、风险承受能力和保险需求，并为其推荐相应的保险产品。同时，生成式 AI 还能够模拟人类专家的服务流程，为客户提供详细的保险知识解答和个性化的投保建议。这种智能化的服务模式不仅提高了客户的满意度和信任度，也为保险公司带来了更多的销售机会和市场份额。

9.1.3 业务运营

1. 数据智能驱动的金融业务运营：数据增强与全模态数据自动获取

在金融服务领域，数据是驱动业务运营和决策的核心要素。随着大模型技术的快速发展和应用，数据智能正在成为金融业务运营的重要支撑。其中，数据增强和全模态数据自动获取是两项关键技术，它们共同为金融机构提供了更为全面、精准的数据支持。

（1）数据增强。数据增强技术利用大模型对数据的强大分析和生成能力，主动按需收集业务数据。传统的数据收集往往依赖于人工操作或固定规则，而数据增强技术则能够根据业务需求和模型分析，自动、精准地收集所需数据。这种主动的数据收集方式不仅提高了数据的质量和时效性，还降低了数据收集的成本和人力投入。以一家在线贷款平台为例，他们利用大模型技术对数据增强进行了创新应用。通过对用户行为、信用记录、社交网络等多维度数据的分析，大模型能够精准识别用户的信用状况和贷款需求。在此基础上，数据增强技术自动收集用户授权范围内的金融数据，如银行账户交易记录、征信报告等。这些数据为贷款平台提供了全面、准确的用户画像，有效提高了贷款审批的效率和准确性。

（2）全模态数据自动获取。全模态数据自动获取技术是指利用大模型对各种类型的数据进行自动抓取、解析和整合。在传统的数据收集过程中，不同来源、不同格式的数据往往需要人工进行逐一处理，这不仅效率低下，而且容易出错。而全模态数据自动获取技术则能够实现对各种类型数据的自动识别和解析，大大提高了数据处理的效率和准确性。以一家综合性金融机构为例，他们面临着来自不同业务条线、不同系统的海量数据。为了实现对这些数据的全面整合和分析，他们引入了全模态数据自动获取技术。该技术能够自动抓取来自各个系统、各种格式的数据，并进行自动解析和整合。这使得金融机构能够全面、准确地了解各业务条线的运营状况和风险状况，为业务决策提供了有力支持。

2. 分析增强：对话式业务分析

数据智能正逐渐改变着金融业务运营的传统模式。其中，分析增强技术尤为引人注目，它利用大模型的强大能力，实现了无须编写 SQL 代码即可进行无代码数据分析，通过自然语言对话的方式，即可轻松进行金融业务运营分析。这一创新不仅极大地降低了数据分析的门槛，使得人人都能成为数据分析师，还极大地提高了分析效率和便捷性，为金融机构在发现问题和把握业务机会方面提供了强大的支持，具体包括以下方面。

（1）对话式业务分析。传统的金融业务分析往往需要专业人员编写复杂的 SQL 代码，才能从海量数据中提取有用的信息。这不仅需要专业人员具备深厚的数据库知识和编程技能，还面临着代码编写、调试、优化等一系列烦琐过程。而分析增强技术则通过大模型的自然语言处理能力，实现了对话式业务分析。用户只需通过自然语言描述他们的分析需求或问题，系统就能够自动生成相应的分析代码，并返回直观的分析结果。以一家大型商业银行为例，他们引入了基于大模型技术的对话式业务分析系统。该系统允许业务人员通过自然语言描述他们的分析需求，如"请分析最近三个月内，信用卡业务中逾期超过 30 天的客户数量及其变化趋势"。系统接收到请求后，自动从海量数据中提取相关信息，生成分析报告，并以图表和文字的形式展示出来。这样，业务人员无须具备专业的数据库知识和编程技能，就能够轻松地进行业务分析，发现潜在的问题或机会。

（2）人人都是数据分析师。对话式业务分析系统的引入，极大地降低了数据分析的门槛，使得人人都能成为数据分析师。无论是业务部门的普通员工，还是高层管理人员，都可以通过该系统快速获取所需的数据分析结果，从而更好地理解业务状况，发现问题，把握机会。这种全民参与数据分析的模式，不仅增强了整个组织的数据意识和分析能力，还有助于形成更加开放、包容的数据文化。

（3）发现金融业务问题或业务机会。对话式业务分析系统不仅提高了数据分析的便捷性和效率，更重要的是，它能够帮助金融机构快速发现金融业务中的问题或机会。通过自然语言描述的分析需求，系统能够自动筛选出与业务目标紧密相关的数据，并通过智能算法进行深度分析，发现潜在的问题或机会。这种智能化的数据分析方式，使得金融机构能够更加敏锐地捕捉市场变化，及时调整业务策略，从而在激烈的市场竞争中保持领先地位。

9.1.4 金融风控

1. 大模型重塑金融风控：从文本数据中洞察信贷风险

在金融领域，信贷风控是确保金融机构稳健运营的关键环节。然而，传统的风控方法往往依赖于简单的规则和关键词库，从文本中提取信息，这种方式难以充分挖掘用户相关文本数据中蕴含的风险信息，导致风控效果不尽如人意。随着大模型技术的发展和应用，智能金融风控迎来了新的突破。

大模型通过深度学习和自然语言处理技术，能够实现对海量文本数据的精准解读和分析。在信贷风控领域，大模型可以自动识别和提取客户征信、合同、社交媒体信息等文本数据中的关键风险信息，如借款人的还款记录、财务状况、社会关系等。通过对这些信息的深入分析和挖掘，大模型能够更准确地评估借款人的信用状况和还款能力，从而为金融机构提供更可靠的风控决策依据。

以一家国内知名银行为例，他们引入了先进的大模型技术来优化信贷风控流程。通过大模型的智能分析，银行能够自动提取和解析客户的征信报告、贷款合同等文本数据，准确识别其中的风险点。同时，大模型还能够实时监测客户在社交媒体上的言论和行为，及时发现可能存在的违约风险。这些风险信息的及时获取和分析，使得银行能够更精准地进行信贷决策，有效降低了不良贷款率和风险损失。

此外，大模型还能够结合历史数据和专家经验，自动优化风控模型和策略。通过不断学习和调整，大模型能够逐渐提升对风险信息的识别和分析能力，使得风控效果不断提升。这种自我学习和优化的能力，使得大模型在智能金融风控领域具有巨大的应用潜力。

2. 从文本解读到视觉分析，重塑信贷审批流程以实现提效降本

在信贷风险管理过程中，金融机构面临的挑战之一是大量且多样化的用户信息收集与处理工作。这一过程不仅流程烦琐冗长，涉及多个环节，而且传统方法中需要投入大量的人力资源进行审核分析。尤其对于企业客户而言，其数据类型复杂多元，涵盖了交易流水记录、历年企业财务报表、日常运营产生的各类报销票据和合同文件等。

传统的信贷审批往往依赖人工对这些海量数据进行逐项审查，不仅耗时费力，还可能由于人为因素导致效率低下及判断失误。然而，在 AI 技术尤其是视觉大模型的应用下，这一痛点得到了显著改善。

以视觉大模型为核心的技术方案能够高效地处理多种格式的文档和图像数据。例如，运用图像大模型技术可以快速识别并提取纸质或电子形式的报销票据、财报表格中的关键数字和文本信息，并将其进行结构化存储，便于进一步的数据分析和风险评估。更先进的视觉大模型甚至能够理解复杂图表，识别企业标志，解读财务比率图，辅助分析人员快速定位潜在的风险点。

同时，通过集成自然语言处理的大模型，还能深度挖掘企业年报、新闻报道等非结构化文本信息，揭示企业的经营状况、市场地位、行业动态以及潜在法律纠纷等多维度风险因素。

例如，一家银行在采用视觉大模型后，能够自动从上传的企业财务报告图片中抓取和解析关键财务指标，如流动比率、速动比率、负债率等，并结合历史交易流水、供应链关系网络等大数据资源，构建精准的企业信用评分模型。这种自动化处理方式极大地缩短了信贷审批周期，降低了人力成本，提高了整体风险管理水平。

3．基于深度学习实现信贷额度最优

在金融风控领域，人们正在见证一场深度学习技术带来的革命性变革。在信贷额度决策这一关键环节中，传统的做法往往依赖于对用户画像的细致分析，这包括但不限于评估用户的偿债能力（如收入水平、负债状况）、资产评级（如房产、投资组合价值）以及风险评级（基于历史信用记录和行为模式）。这些因素共同构成了金融机构对用户可承担信贷额度的基本判断依据。然而，这种方法往往难以确保信贷额度的最优性，因为它缺乏对因果关系的深入分析和目标优化的能力。

随着AI技术和因果学习算法的快速发展，未来的信贷额度计算将更为精准且科学化。通过构建复杂的因果关系模型，金融机构可以深入探究每个影响信贷额度的因素如何直接作用于最终的信贷表现，以及它们之间相互作用的内在机理。因果学习算法能够构建原因与结果之间的稳定关系，从而更准确地预测不同信贷额度对用户行为的影响。通过这种方法，金融机构可以结合目标需求，搜索客户个体维度决策最优的信贷额度。例如，某个特定的职业背景可能与稳定的收入来源相关，进而影响偿债能力；而频繁的交易行为则可能反映客户的现金流管理能力及潜在的信用风险。

采用因果学习框架后，金融机构不再仅停留在描述性统计分析层面，而是能够模拟并优化不同假设条件下的信贷额度分配策略，实现目标最优化。具体来说，系统可以在遵守监管规定、控制整体风险的前提下，针对每个客户个体进行维度丰富的决策分析。比如，对于一位具有高成长潜力但当前财务指标略显紧张的初创企业家，AI系统可能会根据其未来预期收益、行业发展趋势等因素，经过深度神经网络模型的运算，搜索出既能满足客户需求又符合风险管理原则的最优信贷额度。

这种以深度学习为支撑，结合因果推理的方法不仅提升了信贷审批的效率和精度，也极大地降低了金融机构在过度保守或过于激进授信上的潜在损失。在未来，每一笔信贷额度的确定都将是一个数据驱动、精细化的过程，从而促进整个信贷市场的健康发展，并确保个人与企业获得与其实际情况最为匹配的资金支持。

4．AI赋能反欺诈：实时监测，精准打击金融犯罪

对于银行而言，提高欺诈预测的准确性和速度至关重要。这不仅能够有效减少年度欺诈损失，从而更好地保护银行和客户的资产安全，还能够改善客户体验。通过及时发现并处理欺诈行为，银行能够迅速解决客户遇到的问题，提升客户满意度。

此外，提高欺诈预测和发现的能力还有助于增强客户和合作伙伴对银行的信任度。在金融业，信任是维系银行与客户、合作伙伴关系的重要基石。一个能够有效防范欺诈的银行，无疑会赢得更多的信任和支持。

随着技术的进步，AI 已经成为银行业反欺诈的得力助手。在银行的价值链中，从客户开户、交易到收购，每一个环节都可能隐藏着欺诈的风险。而 AI 技术，正是通过其强大的数据处理和分析能力，帮助某大型银行在这些环节中迅速、准确地识别和预防欺诈行为。

（1）实时监测欺诈行为。某大型银行已经成功部署了先进的机器学习模型，这些模型能够持续地监测每一笔实时交易的数据。一旦模型检测到异常或可疑的交易行为，如大额转账、频繁的小额交易或与历史交易模式不符的活动，系统会立即触发警报。这种实时的监测机制确保了银行能够在第一时间发现并应对潜在的欺诈行为，从而保护客户和银行的资金安全。

（2）发现人工容易忽视的可疑活动。在面对海量的交易数据时，人工审查往往难以全面、准确地识别出所有的可疑活动。而某大型银行的 AI 模型则能够在这些数据中迅速、精确地挖掘出那些容易被人工忽视的可疑活动。例如，某些账户在短时间内进行了大量的转账或交易，或者某些交易与账户的历史活动模式存在显著差异，这些都可能是欺诈行为的迹象。通过 AI 的帮助，银行不仅可以深入分析这些可疑的交易和转账，还能够及时发现那些可能被用于隐藏或合法化犯罪所得资金的账户。更为重要的是，AI 技术还能够有效地减少误报的数量，从而降低银行的合规成本和提高运营效率。

（3）标记消费者交易欺诈。机器学习模型具有强大的学习和预测能力。通过深入研究和分析传统数据以及非传统数据（如社交媒体信息、客户行为模式等）中的历史交易模式，模型能够准确地识别出正常的交易行为与异常的交易行为。当模型检测到与历史模式不符的异常账户活动时，如突然的大额消费、异地交易或频繁更换交易对象等，它会立即进行标记并发出预警。这使得银行能够在第一时间发现并处理那些可能被传统的欺诈分析引擎所忽略的问题，从而进一步提高反欺诈的效率和准确性。

9.1.5　金融催收

1．AIGC 辅助催收坐席：提效降本的金融科技新实践

AI 技术在催收领域的应用逐渐成为行业关注的焦点。AIGC 辅助催收坐席的技术，在提升催收效率和降低成本方面发挥着重要作用。这种创新应用不仅优化了催收流程，还增强了催收坐席的应对能力，为金融机构带来了显著的效益。

首先，AIGC通过知识库话术推荐，极大地提升了催收坐席的工作效率。传统的催收工作中，坐席人员需要耗费大量时间和精力去翻阅案例、总结经验，以应对各种复杂的客户情况。而AIGC则利用先进的AI技术，对海量的催收记录和成功案例进行深度分析和挖掘，构建了一个全面且高效的知识图谱与话术体系。当催收坐席面对客户时，AIGC能够根据客户的提问和需求，迅速检索并推荐最合适的话术，使坐席人员能够迅速找到应对方案，从而加速回款速度和提升成功率。这种高效的方式无疑比传统的人工催收更加迅捷和准确。

其次，AIGC通过自动化的催收流程引导，确保了催收工作的规范性和准确性。催收工作涉及多个环节和流程，每个步骤都需要严格按照规定进行。AIGC通过智能化的流程管理，帮助催收坐席清晰地了解每个步骤，确保不会遗漏任何重要环节。这不仅可以提高催收工作的准确性，还能提升坐席人员的工作效率，从而实现成本的有效控制。

最后，AIGC还具备情绪监测与提醒功能，为催收坐席提供了宝贵的情绪管理支持。在催收过程中，客户可能会产生各种情绪反应，如愤怒、讽刺或辱骂等。这些情绪变化可能对催收工作产生负面影响，甚至引发客户投诉。AIGC通过先进的语音分析技术和情绪识别算法，能够实时捕捉客户通话中的情绪信号。当检测到异常情绪时，系统会及时弹窗提醒催收坐席调整沟通策略，以更好地应对客户的情绪变化。这种智能化的情绪管理支持不仅有助于提升客户的配合意愿和回款成功率，还能有效降低投诉风险，提升催收坐席的工作体验。

2．AIGC机器人在催收的高效应用

在金融催收领域，如何高效、合规地与用户进行沟通，确保资金回笼，同时维护良好的客户关系，一直是金融机构面临的重要挑战。近年来，随着AI技术的快速发展，AIGC机器人在金融催收场景中展现出了巨大的潜力。

以某消费金融公司为例，他们面临着每天大量的信贷逾期催收任务。传统的催收方式主要依赖于人工电话沟通或发送短信提醒，但这种方式效率低

下，且难以保证沟通的一致性和合规性。为了提升催收效率和服务质量，他们引入了 AIGC 机器人进行辅助催收。

AIGC 机器人通过深度学习和自然语言处理技术，能够理解并模拟人类的沟通方式。当企业将入催数据导入系统后，AIGC 机器人会根据用户的现有画像（如逾期天数、历史还款记录、信用评分等）匹配最优的触达策略。这意味着，机器人会根据用户的性格、偏好和当前状态，选择最合适的沟通方式（如交互式语音应答、AI 语音通话、人工坐席转接或短信提醒）和语气（如严肃、温柔等）。

在沟通过程中，AIGC 机器人会实时记录对话的关键词，以便后续的数据分析和策略调整。如果机器人未能完成催收任务，它会根据之前的沟通记录和结果数据，持续调整触达策略，如优化话术逻辑、调整沟通时段、增加沟通次数或频率等。这种动态的调整确保了催收策略始终与用户的实际情况相匹配。

以统计窗口期为 T+1 为例，该消费金融公司在使用 AIGC 机器人后，相较于传统的短信和纯人工方式，不仅大大提高了催收效率，还降低了运营成本。更重要的是，由于 AIGC 机器人的沟通方式更加标准化和合规，有效避免了因人为因素导致的沟通失误和纠纷。

除了提升催收效率和服务质量外，AIGC 机器人在金融催收场景中还具有广泛应用前景。例如，机器人可以通过分析用户的还款历史和信用评分，预测逾期风险，从而提前进行干预和提醒。此外，机器人还可以结合大数据分析和机器学习技术，为金融机构提供个性化的催收策略和优化建议。

9.1.6 智能投顾

1．智能投顾携手大模型：虽处发展初期，但未来可期

目前，大模型在智能投顾领域的应用仍面临着监管要求和标准的不确定性。由于该领域尚处于探索阶段，相关的法规和政策尚未完善，市场上成熟落地的案例相对较少。尽管如此，智能投顾结合大模型的技术优势，在金融机构（如银行和基金公司）的应用仍然具有巨大的潜力。

大模型具备出色的数据处理和分析能力，能够精准地评估市场趋势，为智能投顾提供科学的决策依据。这使得智能投顾能够在优化投资组合、提高投资效益和风险控制水平方面发挥重要作用。通过大数据分析和机器学习算法，智能投顾能够实时跟踪市场动态，为投资者提供更加精准的投资建议。

对于银行和基金公司而言，智能投顾结合大模型的应用不仅能够提升投资业绩，还能够拓展市场份额。随着金融科技的不断发展，客户对于智能化、个性化的投资服务需求日益增长。智能投顾通过提供定制化的投资方案，能够满足客户的多样化需求，增强了客户黏性。同时，通过提高投资效益和风险控制水平，智能投顾还为金融机构赢得了更多的市场机会。

2. 智能投顾在基金行业的应用

"基金赚钱，基民不赚钱"这句流传已久的俗语，深刻地揭示了传统理财模式下投资者所面临的困境。这种情况的出现，往往是因为投资者在选品、配置和持有等关键环节中缺乏专业的指导和有效的工具支持。为了破解这一难题，智能投顾应运而生。

智能投顾利用 AI 和大数据技术的先进手段，对海量的金融数据进行深度分析和挖掘。它不仅可以根据投资人的目标收益、风险承受度等个性化需求，提供有针对性的财富管理建议，还能够实时优化投资组合，确保资产配置的合理性和高效性。

与传统理财顾问服务相比，智能投顾具有显著的优势。它打破了传统理财服务在时间和空间上的限制，使得投资者无论身处何地，随时能享受到专业的理财服务。同时，智能投顾通过算法和模型的优化，能够提高投资效益，为投资者创造更多的价值。

以买方的视角来看，智能投顾的出现无疑降低了投资门槛。它使得更多的普通投资者能够享受到专业化的理财服务，提升了投资者的满意度。同时，智能投顾的资产配置能力直接关系到投资者的最终收益效果。这也意味着在激烈的市场竞争下，智能投顾服务需要不断提升自身的专业能力和服务水平。

从当前的市场情况来看，许多试点机构在智能投顾业务中积极引入了自然语言处理、智能聊天机器人、生成式 AI 等先进技术，以加速业务模型的升级和创新。例如，某科技公司在智能投顾业务方面为用户提供了全方位的服务，包括智能选基、智能舆情推理、智能组合优化以及智能交易风控等。这些服务的引入不仅丰富了智能投顾的功能和内涵，也提升了其服务质量和用户体验。

9.1.7 智能投保和理赔

1．大模型助力智能投保

随着 AI 技术的不断发展和普及，大模型在保险行业的应用也日益广泛。智能投保助手，作为一种基于大模型的创新应用，正逐渐改变着传统保险行业的服务模式和客户体验。

智能投保助手在通用大模型的基础上，融入了丰富的保险领域知识。通过深度学习和机器学习技术，它能够快速分析和处理海量的保险数据，提供准确的保险信息和建议。同时，结合优秀保险顾问或保险代理人的专家经验，智能投保助手能够深度应用保险领域知识，为客户提供更加个性化、专业化的服务。

在实际应用中，智能投保助手能够根据客户的实际需求情况，结合市场预判及过往服务实践经验，为客户提供个性化的保险选择建议。它不仅能够分析客户的年龄、性别、职业等基本信息，还能够考虑客户的健康状况、家庭状况、财务状况等因素，为客户提供最适合的保险方案。

此外，智能投保助手还能够提供保险方案设计和自助投保、自助出险等一系列服务。客户可以通过智能投保助手自主设计保险方案，选择适合自己的保险产品，并完成自助投保。在出险时，智能投保助手也能够提供及时的自助出险服务，帮助客户快速处理保险事故，提高理赔效率。

以某大型保险公司为例，该公司引入了智能投保助手后，不仅提升了客户服务的效率和质量，还显著提高了客户的满意度和忠诚度。智能投保助手能够为客户提供更加精准、个性化的保险服务，满足客户的多样化需求。同时，自助投保和自助出险等服务，也为客户提供了更加便捷、高效的保险体验。

大模型在智能投保领域的应用，为保险行业带来了创新和变革。智能投保助手通过融入保险领域知识、结合专家经验、深度应用大模型技术，为客户提供了个性化、专业化的保险服务新体验。

2．大模型助力智能理赔

大模型技术为保险理赔领域带来革命性变革。理赔服务对于互联网保险而言，其重要性不言而喻。无论是购险前的咨询还是售后体验，保险理赔的便捷性和到账速度都是消费者最为关注的关键因素。因此，提升理赔流程的效率，将极大地增强互联网保险的竞争优势和消费者满意度。

理赔环节堪称用户实际感受保险服务温度的"触点"，它充分体现了"科技驱动"战略与"以客户为中心"服务理念的深度融合。在传统的理赔流程中，用户需要提交大量的纸质材料，经过烦琐的审核流程，往往耗时较长且效率低下。然而，大模型技术的应用，极大地提升了保险理赔的效率。

大模型技术能够更方便地进行各类材料的结构化抽取，将纸质文档迅速转化为电子数据，大大提高了处理速度。同时，结合理赔案例库进行参考，大模型能够提供给业务人员更为准确和全面的判断依据。这意味着在理赔决策过程中，业务人员可以更加快速、准确地做出判断，从而提高理赔效率。

以某家保险企业为例，他们在引入了大模型智能理赔系统后，单张医疗单据信息采集时间降低至 0.2 s，这一速度的提升是前所未有的。此外，线上一次性审核通过率高达 98%，这意味着用户在提交理赔申请后，大部分情况下都能够一次性通过审核，大大减少了用户等待的时间和烦琐的重复提交流程。在大模型的辅助下，理赔决策速度也提升了 60%，这意味着用户能够更快地获得理赔结果，提高了整体的用户体验。

9.2 金融企业内部智能应用

9.2.1 智能合约

传统的合约起草和审查过程往往涉及大量的法律知识和经验，而且耗时较长。然而，大模型技术可以利用自然语言处理和深度学习算法，对合同条款进行自动化分析和审查。这不仅大大提高了工作效率，还能有效规避潜在风险。

大模型技术能够自动识别和提取合同中的关键信息，如双方的权利义务、违约责任、争议解决方式等。通过规则信息的引入，大模型技术可以快速甄别出潜在的利益冲突条款，为合同双方提供风险提示和建议。同时，基于利益导向的分析，大模型技术还能帮助合同双方更好地理解彼此的利益诉求，促进合同的公平性和合理性。

以金融服务合同为例，大模型技术可以自动生成标准化的合同模板，并根据具体的业务需求进行个性化调整。这不仅简化了合同起草过程，还确保了合同条款的准确性和合规性。此外，大模型技术还能对交易合同进行自动审查，快速识别出合同中的风险点，为合同双方提供及时的法律意见和风险提示。

在智能合约的执行过程中，大模型技术同样发挥着重要作用。通过实时监控合约履行情况，大模型技术能够及时发现违约行为并采取相应的措施，确保合约的顺利执行。同时，大模型技术还能对合约数据进行自动化分析和处理，为合同双方提供有价值的商业洞察和决策支持。

9.2.2 合规筛查

在产品营销、催收等难以进行有效监督的业务环节中，潜在的合规风险一直是企业悬而未决的难题。然而，依托大模型的强大能力，这些难题正逐步得到解决。

在产品营销环节，企业面临着众多法规和规定的限制，任何不当的宣传或误导都可能引发严重的合规问题。传统的合规筛查方式往往依赖于人工审核，但这种方式效率低下，且容易出错。而大模型则能够通过深度学习和自然语言处理技术，快速准确地识别营销材料中的潜在合规风险。例如，金融企业在推广其理财产品时，大模型可以实时监测宣传材料中的收益率、风险提示等关键信息，确保其符合相关法规的要求，从而避免因误导性宣传而引发的合规风险。

在催收环节，银行和其他金融机构同样面临着巨大的合规压力。不当的催收手段不仅可能损害客户的权益，还可能使金融机构面临法律诉讼和声誉损失。大模型的应用为催收合规监管提供了新的解决方案。通过深度学习和大数据分析,大模型可以实时监测催收人员的沟通方式和行为模式,及时发现并纠正不当的催收行为。例如,当催收人员在与客户沟通中使用不当语言或威胁时,大模型可以立即识别并提醒管理人员进行干预,从而确保催收活动的合规性。

9.2.3 智能投研

传统的投研流程已逐渐暴露出其固有的局限性。搜索途径的不完善、数据获取的不完整与不及时、人工分析研究的稳定性差以及报告呈现的时间长等问题,都严重制约了投研工作的效率与准确性。而智能投研,正是借助大模型技术的力量,为投研工作带来了变革。

智能投研通过大模型技术,实现了对多源数据的智能采集、理解与分析。这种技术不仅能够自动从海量的公开数据源中提炼出有价值的信息,还能通过深度学习的方法,对知识进行沉淀和分析,进而形成强大的投研功能。前端问答、策略建议以及报告生成,这三大功能共同构成了智能投研的核心框架。

具体来说,前端问答功能通过任务式对话的方式,使投研人员能够轻松获取所需的数据信息,从而大大减轻了信息检索的工作量。策略建议功能则利用 AI 对宏观经济模型等金融知识进行建模,为投研人员提供科学、准确的决策建议。而报告生成功能,更是能够在大模型的精准调校下,结合企业私有研报数据进行训练,自动生成符合要求的研报,大大提高了研报的生成效率和质量。

智能投研的业务价值不言而喻。首先,通过大模型的替代作用,传统投研工作中容易产生疏漏的环节得到了根本性地改善。更多维度的金融信息得以被充分利用,同时自动生成报告辅以人工修正的方式,也使得产出内容更加高效、稳定。其次,投研环节作为金融业价值链的前端,与后续风控管理、投后管理等业务领域的耦合度较高。因此,大模型投研能力的建设不仅有助于提升投研工作的效率和质量,更能为整个金融业务链的价值共享奠定坚实的基础。

以某金融机构为例，他们引入了智能投研系统后，投研人员的工作负担大大减轻。系统能够自动从各种公开数据源中抓取相关信息，并通过大模型进行深度分析和挖掘。投研人员只需通过简单的操作，即可获取到全面、准确的数据支持和策略建议。同时，系统还能根据用户的需求自动生成研报草稿，大幅缩短了研报的生成周期。这些变革不仅提升了投研工作的效率和质量，也为该金融机构在激烈的市场竞争中赢得了宝贵的先机。

9.2.4 金融培训

传统的培训方式已难以满足金融企业对于高效、精准培训的需求。而基于大模型的智能培训系统，正是解决这一难题的关键。大模型能够深度挖掘现有的培训素材与员工画像数据，通过强大的自然语言处理与模式识别能力，将海量的文本、图片、视频等多媒体内容转化为结构化的知识库。这一过程中，大模型不仅能够理解素材的表层信息，更能捕捉其深层次的语义与逻辑关系，从而确保所生成的企业内部培训课程库既全面又精准。

在因材施教方面，大模型能够根据每位员工的学习历史、能力水平、兴趣偏好等多维度信息，为其量身打造个性化的学习路径。例如，对于投研部门的员工，大模型可以推荐更多与市场分析、投资策略相关的课程；而对于资管部门的员工，则可能更侧重于资产配置、风险管理等方面的培训。这种个性化的学习体验，不仅提高了员工的学习效率，也大幅提升了他们的学习兴趣与积极性。

此外，基于大模型的智能培训系统还能以更加生动的方式呈现培训内容。通过自然语言生成技术，系统可以将枯燥的文字教材转化为富有感染力的语音讲解；借助 VR 与 AR 技术，员工还可以在模拟的真实场景中进行实战演练，从而更加深刻地掌握所学知识。

以面向投研、资管等专业金融技能的人力资源培训平台为例，该平台可以利用大模型对海量的金融数据进行分析与挖掘，实时更新课程内容以反映市场的最新动态与趋势。同时，平台还能根据每位员工的学习进度与反馈，不断调整与优化课程结构与教学方法，以确保培训效果的最大化。通过这种方式，金融企业不仅能够快速提升员工的专业技能与综合素质，还能在激烈的市场竞争中保持领先地位。

9.2.5 科技研发

大模型助力金融企业科技研发效率飞跃。随着大模型的引入，AI代码助手为金融企业带来了革命性的变革，不仅显著减轻了人工编写代码的负担，更在代码质量和开发效率上实现了质的飞跃。

1．代码补全：极大加速编码过程

AI代码助手具备强大的代码补全功能，能够根据开发者的注释自动生成相应的代码片段，或是在编写过程中实时补全行内代码。此外，它还能根据已编写的上文智能推荐下文代码，甚至在函数块内部也能精准补全所需代码。这种智能补全功能极大地减少了开发者的输入量，提高了编码速度。

2．代码诊断：全方位保障代码质量

除了补全功能外，AI代码助手还能进行深入的代码诊断。它能够快速识别代码中的错误，并提供修改建议，帮助开发者迅速定位并解决问题。同时，它还能发现潜在的代码隐患，提出优化建议，从而增强代码的稳定性和可读性。在代码提交前，AI代码助手还能进行最后的检查，确保代码质量达到最佳状态。

3．自动化测试：全面提升测试效率

在开发过程中，测试环节同样至关重要。AI代码助手通过自动化测试功能，能够生成全面的测试用例、冒烟测试和接口测试，确保新开发的代码在各种场景下都能正常运行。此外，它还能根据测试结果生成优化方案，帮助开发者进一步提升代码性能。

第 10 章

医疗健康智能应用

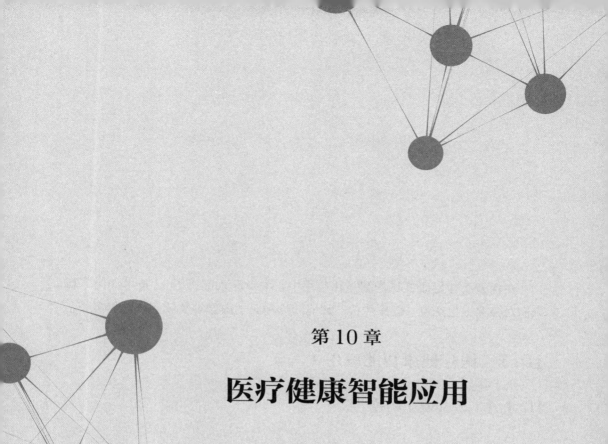
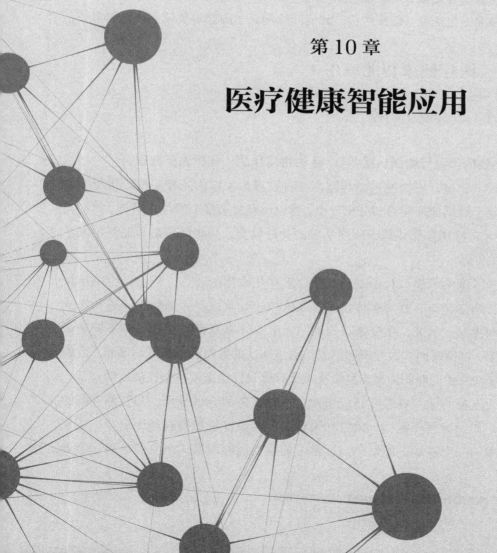

在探索医疗健康领域的智能化应用中，本章深入剖析了 AI 技术如何革新人们对公共卫生防疫、健康体检、智能问诊和医学影像等领域的认知与实践。

10.1 医疗健康智能应用（一）

10.1.1 公共卫生防疫

1．疫情预测与监测：医学与 AI 的协同作战，守护人类健康

在医学领域，疫情的预测与监测一直被视为关键的防控手段。传统方法往往受限于数据处理能力和分析效率，难以应对复杂多变的疫情形势。然而，AI 的崛起，特别是那些基于深度学习的先进模型，为疫情预测与监测带来了革命性的变革。

这些深度学习模型具备处理海量、多样化数据的能力，能够综合疫情报告、流行病学调查、社交媒体动态以及人口流动信息等多源数据，进行深入的分析和挖掘。例如，在疫情防控期间，AI 技术被广泛应用于预测不同地区的感染率、峰值时间和医疗资源需求。通过精准的数据分析和模型预测，政府部门得以在宝贵的时间内做出科学决策，有针对性地采取措施控制疫情蔓延。

更为重要的是，AI 技术还能够助力医疗资源的合理分配。在资源有限的情况下，如何确保呼吸机、床位和医护人员等关键资源得到最优配置，是疫情防控中的一大挑战。而基于深度学习的模型能够根据疫情发展趋势和患者需求，智能地预测不同地区的资源需求变化，从而为资源调配提供科学依据。这不仅有助于缓解医疗资源的紧张状况，还能提高救治效率，挽救更多生命。

2．公共卫生政策制定：医学与 AI 的深度结合，助力决策的科学性与前瞻性

在公共卫生领域，政策的制定直接关乎广大民众的健康福祉和社会稳定。面对复杂多变的社会经济环境、多样化的人群特征以及不均衡的医疗资源分布，政策制定者需要全面、深入地分析各种因素，以确保政策的科学性和有效性。在这一过程中，AI 凭借其强大的数据处理和分析能力，正成为政策制定者不可或缺的得力助手。

AI 可以对海量的历史数据和当前情境进行综合分析，通过深度学习和模式识别等技术手段，挖掘出数据背后的深层规律和趋势。这使得政策制定者能够更加全面地了解各种因素之间的相互作用和影响机制，为制定更加精准、有针对性的政策提供有力支持。

以新型病毒的暴发为例，AI 可以模拟不同封锁策略对经济和社会的影响。通过构建复杂的数学模型和仿真系统，AI 能够预测不同策略下疫情的传播速度、感染人数以及医疗资源的需求变化等关键指标。同时，它还能够评估这些策略对经济活动、社会秩序和民众生活等方面的影响程度和范围。这使得政府能够在众多可能的策略中找到一个既能有效控制疫情又能最小化社会经济损失的平衡点。

此外，AI 还可以帮助政策制定者预测不同策略下可能出现的问题和挑战，从而提前制定应对措施和预案。这种前瞻性的决策方式有助于降低政策实施过程中的不确定性和风险，提高政策的稳定性和可持续性。

3．疫苗接种策略优化：医学与 AI 的协同，为控制疫情提供智能解决方案

疫苗接种作为控制疫情、保护人群健康的重要手段，其实施策略的制定至关重要。然而，如何确保接种策略的高效性、科学性和公平性，一直是医学和公共卫生领域面临的难题。幸运的是，随着 AI 技术的快速发展，人们得以从全新的视角来审视和解决这一问题。

AI 能够综合人口统计学数据、疾病传播动力学模型以及疫苗供应情况等多元信息，通过复杂的算法和模型，模拟不同接种策略下的疫情发展态势。这种模拟不仅考虑了疫苗的保护效果和持续时间，还充分考虑了人群的年龄结构、健康状况、社交行为等因素，使得预测结果更加接近真实情况。

基于这些精准的模拟结果，AI 可以帮助找到最优的接种顺序、速度和覆盖范围。例如，在疫苗供应有限的情况下，通过优化接种顺序，可以优先保护高风险人群和关键岗位人员，从而降低疫情的传播风险和社会的整体负担。同时，通过合理调整接种速度和覆盖范围，可以确保疫苗资源在不同地区和时间段的均衡利用，提高疫苗的使用效率。

此外，AI 还可以实时监测疫苗接种后的疫情变化，及时评估接种策略的效果，并为后续的策略调整提供数据支持。这种动态优化的方式有助于更快地达到群体免疫的效果，从而有效控制疫情的蔓延。

4．公众教育与信息传播：医学与 AI 的跨界融合，提升公共卫生防疫的公众参与度和效果

在公共卫生防疫工作中，公众的参与度和配合度是决定防控效果的关键因素。然而，传统的公众教育方式往往受限于信息传播渠道和教育内容的单一性，难以引起公众的广泛关注和深度参与。为了打破这一瓶颈，医学与 AI 的跨界融合提供了新的解决方案。

大模型与 VR、AR 等高科技手段相结合，便能够生成丰富多样的互动式教育内容。这些内容不仅形式新颖、引人入胜，更重要的是能够以直观、深入的方式展现疾病的传播方式、防控措施和自我保护方法。通过 VR 技术，公众可以身临其境地进入虚拟的疫情场景，亲身体验疾病的传播过程和实施防控措施的必要性。这种沉浸式的教育方式不仅能够增强公众对疫情的认知和理解，还能够激发他们的同理心和责任感，从而更加积极地参与到防疫工作中来。

而 AR 技术则可以将虚拟信息叠加到真实世界中，使公众在日常生活中随时随地获取防疫知识和信息。比如，在公共场所设置 AR 标识，公众只需通过手机扫描即可获取该场所的防疫指南和自我保护建议。这种方式不仅便捷高效，还能够提高防疫知识的普及率和公众的参与度。

此外，大模型还可以根据公众的需求和反馈，实时调整和优化教育内容。

通过收集和分析公众的学习数据、互动行为等信息，大模型能够精准地了解公众的学习需求和兴趣点，从而为他们提供更加个性化、有针对性的教育内容。这种以公众为中心的教育理念不仅能够提高教育的效果和质量，还能够促进公众与防疫工作的良性互动和共赢发展。

10.1.2 健康体检

AI 在健康体检行业的应用已经呈现出日益广泛且深入的趋势，其对于提升体检服务的效率、精确度和个性化水平的作用日益凸显。

1．AI 革新健康体检行业：医学影像诊断辅助实现高效、精准与个性化服务

AI 在体检的医学影像领域的作用日益显著。在传统的体检流程中，医学影像的解读往往依赖于专业医生的经验和知识。然而，由于体检机构可能无法聘请到最专业的专科主任医生来读片，这一环节往往成为体检服务的瓶颈。而 AI 的出现，为解决这一问题提供了新的可能。通过深度学习技术，AI 可以学习专业医生对医学影像的判断，从而辅助体检机构进行读片。在 X 射线、CT、MRI 以及超声等影像资料的分析中，AI 算法可以对大量的影像数据进行训练和学习，进而提供快速且准确的初步诊断意见。这种辅助诊断的方式不仅大大提高了诊断效率，还在一定程度上减少了漏诊和误诊的可能性。

以早期肺癌、冠心病、乳腺癌等疾病的检测为例，这些疾病的微小病变往往难以通过传统手段进行准确识别。然而，借助 AI 的辅助，医生能够更加精准地检测出这些微小病变，从而实现疾病的早期发现和治疗。这不仅提高了患者的治愈率，还有助于提升整体医疗水平。

特别是在超声诊断领域，AI 的辅助作用更为显著。超声诊断作为一种常见的医学检查手段，其诊断结果往往受到医生个人技术差异的影响。然而，通过引入 AI 技术，体检机构可以实现超声诊断过程的标准化和量化，从而降低医生个人技术差异对诊断结果的影响。这不仅提高了超声诊断的准确性和一致性，还为患者提供了更加可靠的诊断结果。

此外，AI 在医学影像诊断辅助方面的应用还有助于实现医疗资源的优化配置。通过将 AI 算法与医学影像数据相结合，医疗机构可以实现远程医疗、在线问诊等新型医疗服务模式，使得优质医疗资源能够惠及更多患者。这不仅缓解了医疗资源紧张的问题，还提高了医疗服务的可及性和便捷性。

2．风险预测：AI 技术赋能体检健康数据深度分析，实现患病风险精准评估与慢性病预警

在医学与 AI 的跨界融合中，风险预测已成为健康管理领域的重要分支。利用 AI 和大数据技术，体检机构可以对个体及群体的体检健康数据进行全面、深入的挖掘和分析，进而准确评估患病风险，为慢性病的早期预警和干预提供科学依据。

具体来说，基于个体的遗传信息、生活习惯、环境因素等多维度数据，AI 算法能够构建出高度个性化的精准医疗模型。这些模型不仅能够反映个体的生理特征和健康状况，还能够预测其未来患病的风险趋势。通过对这些数据的深度分析，AI 可以为体检客户提供有针对性的健康管理方案，涵盖饮食调整、运动计划、用药指导等多个方面。

这种精准化的健康管理方案，不仅能够帮助个体降低患病风险，提高生活质量，还能够为医疗机构提供更为精准的疾病预防和控制策略。同时，通过对群体数据的分析，医疗机构还能够发现潜在的健康问题和流行趋势，为公共卫生政策的制定提供有力支持。

3．智能客服与虚拟健康顾问：AIGC 等前沿技术助力体检服务智能化升级

在健康体检行业中，智能客服与虚拟健康顾问的应用正逐渐成为提升服务效率和质量的重要手段。借助 AIGC 等前沿技术，体检机构能够开发出高度智能化的客服系统，为体检客户提供全天候、快速响应的服务体验。

具体来说，智能客服系统能够实时解答体检相关的各类问题，无论是关于预约流程、检查项目还是报告解读等方面的疑问，都能够得到迅速而准确的回复。这种智能化的服务方式不仅大大提高了客户服务的效率，还能够在一定程度上减轻人工客服的工作负担，实现资源的优化配置。

与此同时，虚拟健康顾问的应用也为个性化健康管理提供了有力支持。

结合个人的体检结果和健康状况,虚拟健康顾问能够实时给出有针对性的健康建议和干预措施。这些建议可能涉及饮食调整、运动计划、生活习惯改变等多个方面,旨在帮助个体更好地管理自己的健康状态,预防潜在的健康风险。

值得一提的是,智能客服与虚拟健康顾问的应用还促进了健康体检行业的数智化转型。通过这些智能化的服务手段,体检机构能够更加便捷地收集和分析客户反馈,及时发现并改进服务中的不足之处。这不仅有助于提升客户的满意度和忠诚度,还为行业的持续发展注入了新的动力。

4. 智能化流程优化:AI 技术助力体检中心实现高效、优质的自动化服务

在医学领域,体检流程的顺畅与否直接关系到患者的体验以及医疗机构的服务质量。随着 AI 技术的不断发展,其在体检流程优化中的应用日益凸显,为体检中心带来了革命性的改变。

智能化流程优化主要体现在以下方面。

首先,智能排队叫号系统通过算法合理分配检查设备和医生资源,确保每位客户都能在最短时间内得到服务。这种系统能够根据实时的设备使用情况和医生的工作状态,动态调整排队顺序,从而显著减少客户的等待时间,提升整体的服务效率。

其次,智能总检系统的应用进一步提升了体检流程的自动化水平。在传统的体检流程中,医生需要花费大量时间整理和分析各项检查结果,然后手动编写体检报告。然而,智能总检系统能够自动整合各项检查结果,通过算法分析生成全面、准确的体检报告。同时,系统还能根据客户的健康状况提供综合性的健康评价和建议,帮助客户更好地了解自己的身体状况,并制订相应的健康管理计划。

10.2 医疗健康智能应用(二)

10.2.1 导诊和分诊

借助先进的机器人技术,基于 AI 技术的智能机器人可以替代传统的导诊护士，完成大量的重复性工作，如患者咨询、科室引导、挂号服务等。更重要的是，这些智能机器人能够提供 7×24 h 的全天候服务，不受时间和人力的限制，极大地提高了医院的服务效率和患者满意度。

另外，老年患者在就医过程中常常面临"数字鸿沟"的问题。由于不熟悉现代科技，他们在使用自助服务设备时往往感到困惑和无助。为了解决这一问题，医院引入了智能语音技术，使 AI 智能导诊机器人能够识别并理解多种方言。这样，老年患者就可以用自己熟悉的方言与机器人进行交互，获取所需的医疗信息和服务。这种多轮交互的方式不仅有效改善了老年患者的就医体验，还进一步推动了医院智慧服务建设的步伐。

1. 智能导诊：精准分诊，让患者就医无忧

随着现代医学的飞速发展，医院的科室划分日趋精细，这无疑提高了诊疗的专业性和准确性。然而，对于广大患者而言，面对众多的科室门类，很容易出现挂错号、走错科的情况。这种现象不仅会造成患者宝贵时间和金钱的浪费，更关键的是可能因此错过治疗的最佳时机，甚至对病情产生不利影响。

在这一背景下，全流程 AI 智能导诊机器人的出现，为迷茫中的患者指明了方向。智能导诊机器人融合了先进的医学知识和 AI 算法，能够通过语音交互或触屏操作，与患者进行智能对话。患者只需简单描述自己的不适症状，机器人便能迅速作出反应。机器人的内置医学 AI 能力使其能够基于患者的初始症状，进行一系列伴随症状的问询。这种问询并非机械式的，而是根据医学逻辑和临床经验，有针对性地引导患者提供更多信息。通过多轮交互，机器人能够收集到足够的症状数据，进而进行初步的病情分析。

分析完成后，机器人会利用医院的分诊体系，查询与疾病关联的科室对应关系。这一过程完全基于大数据分析和算法决策，能够确保分诊的准确性和合理性。最终，机器人会为患者推荐最适合的科室及医师，避免患者挂错号或走错科。举例来说，一位患者因持续咳嗽前来就诊。在传统的挂号模式下，他可能会因为不了解具体病因而挂了呼吸科以外科室的号。然而，通过智能导诊机器人的引导，机器人会询问他咳嗽的持续时间，是否伴有其他症状（如发热、胸痛等）。基于这些信息，机器人可能会初步判断为呼吸道感染，并推

荐患者挂呼吸科的号。这样一来，患者就能够在最短的时间内得到专业的治疗。

2. 导诊机器人与人脸识别结合，提升就医效率

在医学与 AI 深度整合的现代医疗服务场景中，人脸识别技术的应用不仅简化了患者的就医流程，更有效解决了传统医疗环境中患者在支付环节所面临的操作烦琐、耗时较长的问题。AI 智能导诊机器人与人脸识别技术相结合，这一创新解决方案帮助患者实现了从挂号到缴费的一体化无缝对接。

首先，在患者首次接触医院系统时，就诊者只需在具有人脸识别功能的智能机器人上进行一次面部信息注册，即可将自身的人脸生物特征与就诊卡账号进行安全绑定。这一过程确保了个人身份认证的高度准确性和便捷性，从而避免了因手动输入或实体卡遗失导致的操作困扰。

当患者再次就医时，AI 导诊机器人能够实时捕捉并识别其面部特征，快速匹配已存储的面部信息数据库，进而自动关联对应的就诊卡账号。一旦识别成功，患者无须任何手动操作，即可直接进入诊疗流程的下一步骤，如预约挂号、账户充值及费用结算等业务办理环节，大大减少了排队等待的时间成本和操作复杂度。

其次，对于初次就诊的患者，智能机器人也具备引导式服务功能，能按照医院设定的标准流程指导用户完成就诊卡的申请与制作，并同步采集和记录其面部特征数据，为后续就诊提供便利的身份识别服务。这样，无论新老患者都能享受到高效、精准且人性化的"刷脸就医"体验，显著提升了医疗服务质量和患者的满意度。

3. 数字人 + 智能导诊机器人：构建全新就医导航体验，为患者提供无缝衔接服务

在现代医院中，随着科室的细分和建筑规模的扩大，患者就医时经常面临找不到科室的困扰。面对这一问题，数字人与智能导诊机器人的结合为患者提供了一个全新的解决方案。

数字人，作为虚拟世界的代表，拥有逼真的外观和声音，可以与患者进行自然、流畅的交互。当患者进入医院时，他们可以通过手机、平板或其他

智能设备访问数字人。数字人不仅能回答患者的基本问题，还能根据患者的需求和症状，为其推荐合适的科室和医生。

而智能导诊机器人，则以其精准的院内导航功能，为数字人提供有力的支持。当数字人为患者推荐了科室后，机器人可以接管导航任务，为患者提供详细的路线指引，确保他们能够准确无误地到达科室。机器人的高精度地图和科室位置信息，使得导航过程更加准确和高效。

例如，一位患者通过数字人了解到自己需要去放射科进行 CT 检查。数字人不仅为他提供了放射科的基本信息，还为他推荐了最适合的检查时间和医生。随后，智能导诊机器人接管了导航任务，为患者提供了从当前位置到放射科的详细路线。在机器人的指引下，患者顺利地找到了放射科，并完成了检查。

数字人与智能导诊机器人的结合，不仅提高了患者的就医效率，还为他们提供了更加人性化、便捷的服务。这种无缝衔接的导航体验，使得患者在就医过程中感受到了前所未有的便捷和舒适。

10.2.2　智能问诊

1. 大模型提升问诊类产品的准确性与智能化水平，对话式"数字医生"迅速崛起

在医学与 AI 的交汇领域，大模型的应用正在重塑人们对问诊类产品的认知和期望。这些模型通过深度学习海量数据，逐渐具备了模拟医生进行疾病特征判断与模式识别的能力，从而显著提升了问诊的准确性。

智能问诊系统首先构建于大规模医学知识库之上，该知识库涵盖了疾病症状、病因、病理生理机制、诊断标准以及治疗方案等内容。以某款基于大模型开发的智能问诊平台为例，它能够通过深度学习算法理解并解析患者的主诉，采用对话式交互方式引导患者逐步详述病情，如同一位经验丰富的临床医师进行"望闻问切"。

多家企业已敏锐地捕捉到这一技术趋势，纷纷将大模型技术融入其问诊类产品中。这些产品允许用户以自然语言，甚至是非医学术语和口语表达，详细描述自身症状。通过与用户的互动问答，系统能够生成简洁明了的病情

摘要和可能的疾病诊断建议，为医生后续的诊疗工作提供参考。这不仅大大节省了医生的沟通成本，还使医生能够从烦琐的重复性流程中解脱出来，将更多精力投入解决患者的健康问题中。

例如，在皮肤科门诊场景中，用户可通过 APP 上传皮肤病灶照片，并通过文字描述病史及当前症状。大模型会依据输入信息，快速匹配相似病例资料，分析可能的疾病谱，并生成初步诊断建议。同时，模型还能根据患者个人信息（如年龄、性别、过敏史等）进一步细化判断，确保诊疗推荐的个性化与精准化。

不仅如此，智能问诊系统还能够实时更新全球最新的医学研究成果和诊疗指南，确保其给出的建议始终处于医学前沿。在某些情况下，当遇到复杂或高风险病症时，系统会及时提醒患者尽快前往医疗机构就诊，并可预先将整理好的病历摘要发送给接诊医生，辅助医生更快地进入深度诊断阶段。

另外，在基层医疗和远程医疗场景下，大模型助力智能问诊尤其凸显其价值。在资源相对匮乏地区，智能问诊系统可以作为医生的重要辅助工具，帮助提高初级诊疗水平，减轻医生工作负担，降低误诊漏诊的风险。

目前市场上已经出现了多款基于大模型的对话式数字医生、智能全科医生以及智能问诊类产品。这些产品在提供便捷服务的同时，也在不断推动着医疗行业的数智化转型。然而，需要注意的是，尽管这些产品在某些方面已经展现出了令人印象深刻的性能，但它们生成的内容仍然需要人工监督或审核。在可预见的未来，这些产品仍将是人类医生的辅助工具，而非完全替代人类医生。

2．AI 数字家庭医生时代将会来临

医疗资源的紧缺已然超越了国界，成为全人类共同面临的挑战。世界卫生组织的前瞻性报告预测，在 2035 年全球范围内的医疗保健领域将面临高达 1 290 万名医务工作者的严重缺口。这一数字不仅令人震惊，更凸显了现行医疗体系所承受的巨大压力与未来发展的严峻考验。

在这一背景下，AI 技术的崛起为医疗健康领域带来了新的希望。以国内某互联网企业推出的智能问诊大模型为例，这一通用智能模型在医疗健康领

域的应用前景非常广阔，且潜力巨大。它不仅能够模拟医生的问诊过程，提供初步的医疗咨询，还能通过深度学习和自然语言处理技术，理解并分析患者的症状描述，给出个性化的诊疗建议。

这一智能问诊大模型对大模型在未来医疗健康领域的规划远不止于此。他们设想，从 AI 智能问诊这一基础功能出发，逐步将这一技术融入医疗服务的每一个环节：从远程医疗服务到智能药品分发，从个性化健康管理到智能保险理赔。这样一来，大模型将不仅是一个简单的医疗咨询工具，而是一个能够全方位、全周期服务人类的 AI 数字家庭医生。

这样的规划不仅具有前瞻性，更有着深厚的现实意义。在医疗资源分布不均、医疗成本持续攀升、医疗服务可及性有限的当下，智能问诊大模型的全面应用有望成为破解医疗健康领域"质量、成本、可及性"这一"不可能三角"问题的关键。通过智能化、数字化的手段，其不仅能够提高医疗服务的质量和效率，还能够降低医疗成本，使得更多人能够享受到高质量、可负担的医疗服务。

举例来说，智能问诊大模型可以通过分析大数据，预测某种疾病在某一地区的发病率，从而提前调配医疗资源，减少因资源不足而导致的医疗延误。在药品供给方面，它可以根据患者的用药历史和效果，智能推荐最适合的药品和用药方案，减少浪费和副作用。在健康管理方面，它能够持续监测患者的健康状况，提供个性化的健康建议，帮助人们更好地管理自己的健康。在保险支付环节，它可以自动化处理理赔申请，减少人工错误和等待时间，提高理赔效率。

3．医疗智能问答领航医疗教育时代

生成式 AI 平台 Hippocratic AI 在医疗教育领域掀起了一场革命性的变革。这家备受瞩目的初创公司在 2023 年 5 月宣布，已成功获得了高达 5000 万美元的种子轮融资，这一数字无疑为其未来的发展注入了强大的动力。融资由风投机构 General Catalyst 和 Andreessen Horowitz 共同领投，这两大巨头的加入不仅为 Hippocratic AI 带来了资金的支持，更象征着对其技术实力和市场前景的坚定信心。

Hippocratic AI 的核心技术在于其能够模拟出具有不同疾病、性格、情绪和疾病史的患者，与医学生进行高度逼真的对话。这种模拟对话的能力，为医学生提供了一个近乎真实的临床环境，让他们在实践中学习如何与患者沟通，如何理解患者的需求和情绪，以及如何根据患者的症状和疾病史做出准确的诊断。

为了验证 Hippocratic AI 的有效性和可靠性，该公司对其进行了全面的测试。在涉及 114 项证书和考试的严格评估中，Hippocratic AI 在其中 105 项中的表现均超越了同为 AI 领域佼佼者的 GPT-4。这一成绩不仅证明了 Hippocratic AI 在医疗教育领域的领先地位，更凸显了其在 AI 技术上的卓越实力。

从产品角度来看，Hippocratic AI 的四大性能特点使其成为医学生不可或缺的学习伙伴。首先，它能够模拟出各种类型的患者与医学生进行对话，让医学生在与患者的互动中锻炼问诊技巧。其次，医学生可以通过模拟检查来形成临床诊断，这一过程有助于他们培养独立思考和解决问题的能力。再次，Hippocratic AI 还能为医学生的临床技能提供及时反馈，帮助他们及时纠正错误并不断提升自己的专业水平。最后，医学生还可以上传自己的医学笔记，Hippocratic AI 会根据上传内容将笔记划分为不同部分并形成问答，便于他们进行后续的学习和复习。

10.2.3 医学影像

随着老龄化趋势的加剧和医疗资源的分配不均，医学影像领域正面临巨大的挑战。医学影像医生，作为这一领域的核心力量，承担着繁重的阅片任务和诊断责任。然而，与日益增长的医学影像数据量相比，影像科医生的数量增长却显得捉襟见肘。据统计，我国医学影像数据的年增速高达 30%，而影像科医生的年增速仅为 4%，这一巨大的差距使得每位医生每天需要处理的阅片量激增，常常达到 80~100 份之多。

以 CT 报告为例，虽然简单的 CT 影像阅片可能只需要几分钟的时间，但对于那些复杂的病例，医生们往往需要花费更多的时间和精力进行细致的分析和诊断。在某些情况下，一个复杂的病例可能需要花费 30 min 甚至更长的时间来仔细研究。这样的工作压力不仅影响了医生的工作效率，更可能对他们的身心健康造成潜在的威胁。

为了解决这一问题，政策层面已经开始大力支持国产医学影像设备的发展和 AI 在医学影像领域的应用。2023 年 4 月，网信办发布了《生成式人工智能服务管理办法（征求意见稿）》，旨在为 AI、算法等相关产业的发展提供更为明确的监管指导。这一政策的出台，不仅为国产医学影像设备的研发和应用提供了有力的支持，更为 AI 技术在医学影像领域的广泛应用开辟了道路。

AI 技术的应用，可以在很大程度上减轻医学影像医生的工作负担。通过深度学习和模式识别等技术，AI 可以快速、准确地识别和分析医学影像数据，为医生提供有价值的诊断参考。这样，医生们可以将更多的时间和精力投入到那些真正需要他们专业判断的复杂病例上，从而提高整体的工作效率和诊断质量。

例如，一家医院引入了先进的医学影像 AI 系统。该系统能够在几分钟内完成对一份 CT 影像的初步分析和诊断建议。医生们只需要对系统提供的建议进行审查和确认，就可以快速完成大量的阅片任务。这不仅大大提高了医生的工作效率，还使得他们有更多的时间和精力去处理那些更为复杂的病例。同时，该系统还能够持续学习和优化自己的诊断能力，为医生提供更加准确和有价值的参考信息。

具体来说，冠脉影像辅助诊断设备能够帮助医生更加直观地了解患者冠脉的情况，为冠心病等心血管疾病的早期发现和治疗提供有力支持。肺结节影像辅助诊断设备则有助于医生在肺部 CT 扫描中快速识别并定位结节，提高肺癌的筛查率。而骨折/骨龄影像辅助诊断设备以及眼底影像辅助诊断设备，则分别在骨科和眼科领域发挥着重要作用。

1. 医学影像数据标准化：AI 应用转化的关键挑战与破解之道

数据库的构建是 AI 医学影像技术的基石。然而，建立一个庞大、全面且高质量的医学影像数据库并非一蹴而就的事情。这需要长时间的数据积累、整理、标注和验证。更为复杂的是，医学影像数据本身具有极高的多样性和复杂性，不同设备、不同参数、不同扫描方式都会产生截然不同的影像结果。这种多样性使得医学影像数据的标准化变得异常困难。

以 CT 影像为例，不同的 CT 机型、扫描协议和重建算法都会产生不同的图像质量和特征。当这些图像被用于训练 AI 模型时，如果缺乏统一的标准和预处理流程，模型就很难学习到具有泛化能力的特征，从而导致在实际应用中的性能下降。

此外，医学影像数据的标注也是一项耗时耗力的工作。由于医学影像的解读需要专业的医学知识，因此标注过程往往需要由经验丰富的医生来完成。这不仅增加了数据标注的成本和难度，还可能导致标注结果的不一致性和主观性。

行业和 AI 技术需求对医学影像数据的标准化提出了更高的要求。缺乏高质量的训练数据、多样的数据集标准、系统偏差大、缺乏对疾病的统一认识以及数据和标注的统一清晰描述等问题都加剧了机器学习与数据之间的交互障碍。这些问题不仅影响了模型的训练效果，还可能导致机器对数据真实含义的错误理解，从而降低 AI 医学影像技术的实用性和可靠性。

因此，为了推动 AI 医学影像技术的发展和应用，医疗行业需要加强医学影像数据的标准化工作。这包括建立统一的数据采集、存储、处理和标注流程，制定标准化的数据格式和交换协议，以及推动跨机构、跨平台的数据共享和合作。通过这些努力，医疗行业可以逐步克服医学影像数据标准化的挑战，为 AI 医学影像技术的发展奠定坚实的基础。

2．多模态大模型医疗影像阅片助手：全方位革新医学影像分析与诊疗流程

在医学与 AI 的交汇领域，多模态大模型医疗影像阅片助手以其强大的功能，正在全方位地革新医学影像分析与诊疗流程。这一系统集成了数据采集、预处理、深度分析、可视化交互以及管理评估等多个模块，为医生和患者提供了更加智能化、高效化的医疗服务。

数据采集和预处理模块是医疗影像阅片助手的"眼睛"和"耳朵"。它能够从各种来源和设备中采集多模态医疗影像数据，包括 X 射线、CT、MRI、PET、超声等多种类型，覆盖肺、心脏、肝脏、骨科、病理等多个临床方向。同时，该模块还能对数据进行格式转换、质量检测、去噪、增强等预处理操作，确保输入多模态大模型中的数据是高质量、标准化的。

多模态大模型模块则是医疗影像阅片助手的"大脑"。它负责对预处理后的多模态医疗影像数据进行深度分析和推理,生成智能阅片报告。这些报告包括诊断结果、异常区域标注、病灶分割、病理分析等内容,为医生提供了全面、准确的诊断依据。同时,该模块还支持多种形式的多模态输入和输出,如图像—文本对、图像—语音对、视频—文本对等,以及文本—图像对、文本—语音对、文本—视频对等,满足了不同场景下的多模态任务需求。

可视化和交互模块是医疗影像阅片助手的"嘴巴"和"手"。它将智能阅片报告以图形化和自然语言的形式展示给医生,使得医生能够更加直观地理解报告内容。同时,该模块还提供了与多模态大模型的交互接口,支持医生进行提出问题、反馈意见、调整参数等操作,实现了人与机器之间的有效沟通。

管理和评估模块则是医疗影像阅片的"心脏"和"监护仪"。它负责对自动阅片系统的运行状态、性能指标、用户满意度等进行全面监控和评估,确保系统始终保持在最佳状态。同时,该模块还提供数据统计、模型更新、故障排除等管理功能,为系统的持续优化和升级提供了有力保障。

在实际应用中,多模态大模型阅片助手可以被广泛应用于门诊导诊、初筛筛查、辅助诊断、远程会诊以及科研教学等多种医疗场景。它不仅能够提高医生的阅片效率和诊断精度,还能降低误诊风险,为患者的健康提供更为坚实的保障。同时,通过与其他医疗信息系统的无缝对接,阅片助手还能实现医疗数据的共享和协同工作,推动医疗服务的智能化和高效化进程。

3. 手术机器人与 AI 医学影像的联姻:精准、安全、高效与人性化的医疗新纪元

手术机器人与 AI 医学影像的结合,为手术操作带来了前所未有的精确性、安全性、高效性和人性化体验。从医学角度看,AI 医学影像为手术机器人提供了丰富的病情信息和精细的解剖结构数据。这些详尽的医学影像资料,如同一张高清的地图,为手术机器人指明了前进的方向。借助这些数据,手术机器人可以进行精确的三维重建和模拟,帮助医生在术前进行深入的分析和评估,从而确定最佳的手术路径和操作步骤。这种基于医学影像的术前规划,大大提高了手术的针对性和预见性。

而实时影像引导和定位系统则如同手术机器人的"眼睛"和"大脑"。

它们可以将医生的手术操作意图精确地转化为机器人的动作，确保每一个操作都精准无误。这不仅提高了手术的准确性，更保障了患者的安全。在实时的影像引导下，手术机器人可以灵活地应对各种复杂的手术情况，确保手术过程的顺利进行。

此外，手术机器人与 AI 医学影像的结合还实现了高效的术前规划和术中引导。通过收集和分析大量的实时数据和影像信息，手术机器人可以在短时间内完成复杂的计算和决策过程，从而减少手术时间和误差。这不仅提高了手术效率，更为患者带来了更好的术后恢复体验。

值得一提的是，手术机器人在这一过程中还在不断学习和进化。通过机器学习和深度学习算法的训练，手术机器人可以从每一次手术中汲取经验，不断提高自身的智能化水平和操作技巧。这种持续的学习和进步，为未来的手术机器人发展提供了无限的可能性和新的方向。

在中国，多家医疗影像科技企业已经走在了这一技术的前沿。以某医疗影像科技公司为例，他们推出的手术机器人设备不仅可以实时完成 360° 人体全动态捕捉，还能准确反馈医生所需的患者目标位置信息。在短短 10 min 内，机械臂便能精确地到达患者目标位置。同时，该系统还能自动定位 3D 扫描旋转中心，规划旋转路径，并验证虚拟测试旋转的可行性。一键操作下，锥形束 CT 便能在 0.5 min 内完成运动轨迹的碰撞预测，并支持实时高清成像。这一系列的技术创新，无疑为手术机器人与 AI 医学影像的结合树立了新的标杆。

4．AI 医学影像领航诊疗一体化

诊疗一体化与 AI 医学影像的深度融合已成为推动精准医疗时代前进的强大动力。这一生态路线的构建不仅提升了医疗服务的效率和质量，更为患者带来了更为个性化、更精准的治疗体验。

在一体化诊疗流程中，AI 的辅助作用贯穿于始终。从早期筛查和诊断开始，AI 便以其强大的自动化分析能力，对医学影像进行快速、准确的解读，帮助医生及时发现并定位病变。这种高效的筛查方式不仅大幅缩短了诊断时间，更提高了诊断的准确性，为患者赢得了宝贵的治疗时机。例如，通过对医学影像的自动化分析，AI 可以迅速识别出潜在的病变区域，甚至在某些情

况下，其识别准确率可以超越普通医生。这不仅有助于及早发现疾病，更为后续的治疗赢得了宝贵的时间。

进入病情评估和定量分析阶段，AI则能够结合医学影像特征和大数据生成分析报告。这些报告不仅包含了病变的大小、位置等基本信息，还能对疾病的恶性程度、发展趋势等进行科学预测，从而为医生制定治疗方案提供有力的数据支持。这些精准的数据支持，使得医生能够更加准确地评估病情，为后续的治疗规划提供坚实基础。

在治疗规划环节，AI的个性化治疗辅助能力更是得到了充分体现。通过分析患者的医学影像数据和临床数据，AI能够预测疾病进展趋势和治疗效果，从而帮助医生制定出更为精准、有效的治疗策略。这种个性化的治疗方式，不仅提高了治疗效果，更减少了不必要的医疗资源浪费。

在疗效评估和随访监测阶段，AI则以其连续监测和随访能力，确保治疗过程的可控性和安全性。通过与一体化诊疗系统的紧密结合，AI能够实时分析患者的医学影像数据，为医生提供及时的疗效反馈和治疗调整建议。这种动态的管理方式，使得医生能够更加灵活地调整治疗方案，确保患者获得最佳的治疗效果。通过AI的辅助，医生可以为患者制定更为精准、副作用更小的治疗方案，从而提升治疗效果和患者的生活质量。

在科学和教研领域，AI的应用同样具有深远意义。通过分析大量的医学影像和临床数据，AI为医学生和医生提供了宝贵的学习资源和实践平台。这种基于真实数据的学习方式，不仅提高了医学生的诊断能力和专业水平，也为医生的继续教育和专业发展注入了新的活力。

以某医疗科技企业为例，该企业推出的智能化放疗整体解决方案和智能化外科手术整体解决方案，便是诊疗一体化与AI医学影像结合的案例。这些解决方案不仅结合了最前沿的AI和影像学分析技术，更对放疗和手术流程进行了全面的数字化管理。通过这种方式，肿瘤患者能够接收到最为精准的放射治疗方案，外科医生也能够获得全面的辅助诊断和治疗支持，从而大幅提升治疗效果和手术成功率。这些实际应用案例充分展示了诊疗一体化+AI医学影像生态路线的巨大潜力和广阔前景，也为人们描绘出了一个更加美好的未来精准医疗时代。

第 11 章

服装行业智能应用

服装行业正经历着前所未有的变革，AI技术的融入，不仅重塑了服装设计、生产、销售的每一个环节，更为消费者带来了前所未有的购物体验。本章将深入探索服装行业在数据智能应用方面的最新进展，从时尚预测到个性化定制，从智能数字人到一键试衣，将为读者揭示这些创新技术如何引领服装行业迈向一个更加智能、高效和个性化的未来。

11.1 服装行业智能应用（一）

1. 服装变革：时尚快速更迭与个性化定制的崭新时代

作为人们日常生活中不可或缺的元素，服装这一行业正面临着由传统模式向全新消费趋势的转型。时尚，这一词汇在今日的中国已不再是遥不可及的奢侈品代名词，而是日益成为普罗大众追求的生活态度。时尚的快速更迭，使得服装产品的生命周期大幅缩短。过去，一款服装可能能够在市场上畅销数月甚至数年；如今，随着潮流的更替速度加快，服装品牌必须保持极高的市场敏感度，以几乎每周甚至每日的频率推出新品，才能满足消费者对新鲜感的持续追求。

与此同时，消费者的品味也在发生翻天覆地的变化。标准化的产品，如同流水线上生产出来的千篇一律的复制品，已经难以打动现在消费者的心，取而代之的是对个性化的极度渴望。消费者希望穿在身上的不仅是一件衣服，而是能够体现自己独特审美和个性的标签。这种变化要求服装品牌不仅要提供多样化的产品选择，更要能够精准捕捉到每一个细分市场的需求，甚至为每一位消费者提供独一无二的定制体验。

值得注意的是，在这场消费升级浪潮中，消费者的声音正在被前所未有地放大。在社交媒体和互联网的助力下，流行不再只由少数几个大品牌或时尚杂志来定义。任何一个消费者都有可能成为新的潮流引领者。这种去中心化的趋势，使得服装品牌必须更加重视与消费者的互动和反馈，及时调整产品设计和市场策略。

定制化设计，作为满足个性化需求的重要手段，正在成为越来越多消费者的首选。从颜色、材质到款式和配饰，消费者希望能够在每一个环节都拥有发言权。这对服装供应链的柔性化和敏捷性提出了前所未有的挑战。传统的刚性生产线和长周期供货模式已经难以适应这种变化，取而代之的是基于 AI 和大数据技术的智能制造和快速响应系统。

例如，通过利用 AI 算法对海量消费数据进行分析，服装企业可以实时掌握市场动态和消费者偏好，从而快速调整产品设计和生产计划。同时，借助柔性生产线，服装企业可以在极短的时间内完成从设计到成品的全过程，确保每一件产品都能够精准满足消费者的需求。

2．数字化与 AI 领航，服装行业迎接个性化消费时代新篇章

随着数智化转型的浪潮席卷各行各业，服装行业也迎来了与数字化和 AI 深度融合的历史性机遇。为了更好地迎接上述转型，服装行业必须积极探索数字化和 AI 的应用，以实现产业升级和可持续发展。

数字化技术的广泛应用，为服装行业带来了全新的商业模式和服务体验。通过建立数字化的消费者档案，企业可以精准地掌握消费者的购买记录、喜好、身材数据等信息，从而为消费者提供更加个性化的购物体验。比如，利用 VR 技术，消费者可以在线上试穿各种款式的服装，实时查看试穿效果，并根据个人喜好进行调整，实现真正的量身定制。

未来十年，无疑是服装行业与 AI 深度融合、高速发展的关键时期。服装行业正在发生变革，而 AI 作为这场变革的重要推手，正逐渐渗透到产业链的各个环节。从设计到生产，从销售到服务，AI 的应用正在助力服装行业实现

前所未有的效率和创新。

在设计环节，AI已经能够通过分析海量的时尚图像、消费者喜好数据以及流行趋势，为设计师提供灵感和创意支持。例如，某知名服装品牌就利用AI算法，成功预测了未来一季的流行色彩和图案，从而在设计阶段就占据了市场先机。这种基于数据的预测和设计，不仅大幅缩短了产品从设计到上市的周期，还提高了产品与市场需求的契合度。

在生产环节，AI同样发挥着重要作用。通过引入智能制造和柔性生产线，服装企业能够根据市场需求的变化，快速调整生产计划和工艺流程。例如，一家领先的服装制造商利用AI优化了生产流程和物料管理，实现了生产过程的自动化和智能化。这不仅提高了生产效率，还降低了库存成本，减少了浪费。

在销售和服务环节，AI的应用更是无处不在。借助智能推荐系统，服装品牌能够为消费者提供更加精准和个性化的购物体验。通过分析消费者的购买历史、浏览行为以及社交媒体互动等信息，AI可以预测消费者的需求和偏好，并为其推荐最合适的商品。此外，智能客服和虚拟试衣等技术的应用，也进一步提升了消费者的购物体验和满意度。

服装行业所积累的数字化能力和产业链大数据资产，为AI的应用提供了丰富的土壤。通过深度学习和机器学习等算法，AI可以对这些数据进行挖掘和分析，发现隐藏在数据中的价值和规律。这些发现不仅可以指导服装企业的决策和运营，还可以为消费者提供更加个性化和更加精准的服务。

AI应用将深入渗透至服装设计、生产、物流、销售和服务等核心环节（见图11-1），引领服装行业迈向全面智能化时代，更好更快地满足消费者个性化的需求。

快时尚智能设计	服装时尚风向标 根据沉淀的时尚大数据，发布时尚指数和时装秀AI Fashion Week	AIGC设计系统 根据趋势数据，利用AIGC实时生成不同款式设计	时尚情报及预测 时尚数据、电商网站数据，包括颜色、面料、定价、版型等
一键智能打版	AI打版 根据不同服装品类，基于深度学习建立款式设计与结构设计的关联模型，构建一键打版能力	结构数据采集 通过大数据采集人体高度、围度；不同品类款式图高度、围度；不同品类结构图高度、围度等数据，沉淀服装结构大数据	

图11-1　服装行业AI应用

千人千面精准营销	AIGC 广告 利用 AIGC 产生广告创意，最大限度激发购买欲望	销售数字人 直播数字人＋大模型实现智能数字人 7×24 h 直播	个性化推荐 利用个性化推荐算法，实现千人千面的服装推荐	客户画像及生命周期 构建客户大数据画像及基于大数据的客户实时生命周期标签
一键试衣裂变分享	AI 一键试衣 利用 diffusion 模型，实现一键试衣，并产生准三维效果	服装合体性评估 构建人体数据、款式数据、结构数据的关联及合体评估模型		KOL 智能发现 利用社交大数据、用户画像大数据挖掘意见领袖，激发裂变
分布式敏捷生产	智能生产大数据 利用数字化和大数据技术，提升工厂交付敏捷度、生产效率和良品率		供应链诚信体系 构建工厂、原材料提供商的诚信数据体系，包括交付质量、效率等维度，并构建风控数据体系	
智能配送	物流调度大数据 利用智能物流调度算法，在保障客户满意、保证运输质量的情况下使物流成本最小		库存大数据 实时采集库存大数据，预测销量，提前安排最优库存，采集品质大数据	
数字人智能售后	智能客服 利用大模型能力＋数字人实现在线智能客服、交互式语音应答		CEM 实时采集客户电商评价数据、直播评价数据、论坛数据、满意度数据、客服系统投诉数据，贴近当地消费者反馈，持续优化	

图 11-1　服装行业AI应用（续）

11.1.1　服装流行趋势预测

1．AI 与时装周结合

纽约时装周作为全球时尚界的风向标，始终引领着潮流的前沿。2023 年，当它与 AI 相遇，便催生出了 AI Fashion Week 这一划时代的盛会。在 Spring Studio 这一传统时装周的固定场地上，来自世界各地的设计师、技术专家和时尚行业领袖齐聚一堂，共同探寻 AI 与时尚设计的交融之道。

AI Fashion Week 不仅是一个展示平台，更是一个创新实验室。在这里，最前沿的技术与设计理念相互碰撞，激发出无数令人惊艳的火花。设计师们运用 AI 算法，对海量数据进行深度挖掘和分析，从而提炼出独特的时尚元素和设计灵感。他们将这些元素和灵感融入时装设计中，打造出一件件充满科技感和未来感的作品。

例如，设计师们利用 AI 技术，实现了全数字化的时装设计。他们通过算法对布料纹理、色彩搭配、款式剪裁等进行模拟和优化，最终呈现出极具创意和实用性的时装作品，图 11-2 所示为 AI Fashion Week 作品。在面料选择上，AI 技术通过对大量数据的分析，精准匹配适合不同设计的面料材质，使得每一件服装都呈现出最完美的状态。在色彩搭配上，AI 算法根据流行趋势和消费者喜好，为设计师提供既符合时尚规律又具有创新性的色彩组合。这些作品不仅在设计上独树一帜，更在制造过程中体现了 AI 的高效和精准。

图11-2　AI Fashion Week作品

同时，3D 打印技术也在 AI Fashion Week 上大放异彩。设计师们运用这一技术，制造出了形态各异、充满想象力的鞋子和配件。这些作品不仅外观独特，而且具有极高的舒适度和实用性，充分展示了 AI 在时尚制造领域的巨大潜力。

此外，以人脸识别技术为基础的智能时装更是吸引了众多关注。这些时装通过内置传感器和算法，能够识别穿着者的面部表情和动作，从而作出相应的反应和调整。例如，当穿着者微笑时，时装上的图案或颜色可能会发生变化，为穿着者带来更加愉悦和个性化的体验。

这场时装周无疑打破了传统时装展示的界限，将科技与时尚完美融合。令人惊叹的是，从舞台布景到观众后台，再到模特身上所穿的服装，所有内容均由设计师巧妙运用 AI 技术制作而成。这不仅是对 AI 技术高超应用水平的展示，更是对时尚设计无限可能性的探索。

与此同时，这场时装周也可谓是一场关于"AI 主导时装设计过程的作品展览"。参赛者们运用 AI 技术，构思出极具难度和挑战性的时尚作品。这些作品不仅在虚拟世界中熠熠生辉，更将通过观众投票以及由行业专家组成的小组进行评判，最终获奖作品将在 REVOLVE 或 REVOLVE 的奢侈品网站 FWRD 上在线销售，让更多人领略到 AI 时装的魅力。

这场时装周充分展示了 AI 技术在时尚设计领域的巨大潜力。相较于传统的设计方法，利用 AI 技术来构思时尚作品不仅效率更高，而且能够挖掘出更多创新性的设计元素。这为那些渴望成为大型时装设计师的人们提供了宝贵的机会，让他们能够借助 AI 技术的力量，实现自己的梦想。

基于当前 AI 技术在时装设计、制造和展示等方面的广泛应用，以及其为时尚产业带来的创新和变革，未来可能会有更多的基于 AI 的时装周出现，尤其是在中国。中国作为全球最大的服装生产和消费国之一，对时尚产业和科技创新的投入和关注都在不断提升。在 AI 技术方面，中国已经拥有了一定的研发实力和应用基础，这为基于 AI 的时装周的出现提供了有力的技术支撑。

2．服装时尚情报与预测

服装时尚情报及预测是行业发展的核心驱动力之一。在数字化时代，大数据与线下店的深度融合揭示了消费者的真实需求与市场的潜在趋势。通过抓取国内主流电商和社交媒体平台的数据，AI 技术能够洞察消费者的购买偏好、搜索热点以及时尚话题的演变。这些信息对于设计师而言，如同打开了一扇窥探市场脉动的窗户。不仅如此，国外热门时尚网站、亚马逊、SHEIN 等国际平台的数据也为 AI 技术提供了全球视野。通过分析这些平台上的时尚数据，包括颜色、面料、定价、板型等关键维度数据，AI 技术能够更全面地了解国际市场的流行趋势和消费者喜好。这些情报对于希望走向国际舞台的服装品牌来说，是不可或缺的决策依据。此外，批发、零售市场等线下鞋服渠道的信息同样重要。它们是市场反馈的直接来源，反映了消费者的实际购买行为和需求变化。通过结合线上数据与线下情报，AI 技术能够构建起一个全面、立体的服装数据库，为设计师提供一站式的流行趋势分析服务。

服装时尚情报及预测的实现离不开先进的 AI 技术。AI 技术可以对这些海量的服装数据进行深度挖掘和处理。通过解构色彩、面料、款式、图案等关键元素，AI 技术可以发现其中的规律和趋势，进而预测未来的流行方向。例如，根据数据挖掘，AI 技术可以发现某一时期消费者对某种颜色或图案的偏好明显增加，这就可以作为设计师创作新品的灵感来源。此外，通过对比不同时间段、不同地域的数据变化，AI 技术可以洞察市场需求的微妙变化，从而及时调整产品设计和生产策略。这种基于数据的决策方式不仅提高了效率，还能有效降低市场风险。

例如，通过对近期社交媒体上关于"复古风"的讨论热度进行监测和分析，AI 技术可以发现这一风格正在逐渐升温。同时，数据库中的历史销售数据也显示，类似款式的服装在过去几年中呈现出稳定的增长趋势。这就可以作为一个强烈的信号，提示设计师们在接下来的新品开发中注重复古元素的运用。通过这样的方式，AI 技术能够将市场需求转化为具体的产品设计语言，从而满足消费者的时尚追求。

服装流行预测的核心实质是对服装设计元素的前瞻洞察与科学分析。具体预测内容涉及以下几个关键领域。

（1）服装廓形预测。廓形作为服装设计的基本语言，敏锐捕捉并生动诠释了时代的流行特性，它是构建服装风貌的基石，更是传达流行趋势动态的重要标志。例如，20 世纪 80 年代宽肩窄裙的廓形鲜明反映了当时的权力女性形象，而近年来宽松休闲的 Oversize 风潮则体现了现代社会追求舒适自由的生活态度。

（2）结构造型预测。服装结构的微妙调整和创新，直接关系到其是否符合流行趋势的要求。例如，随着环保理念的普及，可拆卸重组的结构设计逐渐走红；同时，不同文化背景下的审美变迁也会体现在服装的合体程度、分割线形态、开身方式以及袖肩造型等方面，这些结构元素都会随社会风尚的演变而不断创新。

（3）材料预测。材料作为服装设计的基础载体，往往率先揭示了流行信息。如今，在廓形和款式创新愈发受限的情况下，面料色彩、肌理及纹样的流行趋势成为服装设计创新的主要突破口。例如，高科技环保面料因其独特的质感和可持续性的优势，日益受到追捧，从而引领了一种全新的流行潮流。

（4）色彩预测。色彩在时装界的地位不可动摇，它不仅影响着整体视觉效果，更深度表达了设计师的情感和对时尚的理解。尽管每个季度都有固定色系存在，但每季色彩的主旋律和情感基调却各有千秋，可能是低调内敛的灰色调,也可能是活力四射的明亮色系,或是朦胧梦幻的渐变色彩等。准确把握并应用当季色彩趋势,是设计师成功引领潮流的关键。

(5)细节与工艺预测。在每一季的流行周期中,服装细节的设计往往是区分品牌特色和提升商品附加值的重要手段。比如,领型的大小、形状,腰线的高低位置,口袋的独特设计等,都能凸显流行特点,成为消费者购买时关注的重点。例如,刺绣、珠饰等精致工艺的运用,或者解构主义设计理念下的纽扣、拉链等细节设计,都能在某一时期内形成特定的流行热点。

(6)整体风格预测。以上所有要素融合后呈现出的整体风格,构成了一个季节乃至一段时期的流行大势,这是服装设计师必须精准把控的方向。例如,未来主义、复古风潮、极简主义等各种风格的轮番上演,均要求设计师具备前瞻性眼光,结合 AI 技术,准确预判并塑造符合时代精神的服装流行风格。

服装预测模型分为定性和定量预测模型,分别说明如下。

(1)定性预测模型主要依赖于个人或专家的经验和判断,如个人判断法、德尔菲法等。个人判断法即销售管理人员基于个人经验对销售量进行预测,德尔菲法则是一种专家预测方法。这些方法往往以销售、管理人员对销售数据的主观判断为基础,受较多人为因素的影响,缺乏客观性和可靠性。

(2)定量预测模型主要基于现有数理模型进行预测,常见的有时间序列法、因果分析法、数据挖掘法等。其中,时间序列法是按照时间的连续性对相同事物进行统计形成的数列,包括算术平均方法、自回归法、趋势推测法、移动加权方法、剔除季节变动法等。因果分析法则是通过为产品需求与变量因素之间建立因果关系,并计算各因素对应的参数,最后根据模型来对产品需求进行预测。数据挖掘法则是从大量随机的数据中提取隐藏的信息来进行需求预测。在服装销售预测中,时间序列法中的加权移动平均模型和差分自回归移动平均模型等常被应用。

随着研究的深入,研究者们开始采用不同的基于机器学习的定量方法实现需求的预测,以提高预测的精度和可靠性。例如,机器学习致力于探索计算机在执行重复或相似任务时,如何模拟人类的学习行为,从而获取新的知识与技能,并重新组织其已有的知识结构,实现性能的持续优化。其核心研究目标在于通过庞大且异构的数据集中揭示潜藏的规律与模式。在预测领域,众多机器学习算法备受青睐，例如，人工神经网络（artificial neural network，ANN）、朴素贝叶斯、决策树、支持向量机（support vector machine，SVM）以及随机森林等。为了进一步提升计算精度，机器学习组合算法应运而生，它将不同的机器学习算法或同一算法的不同变体进行巧妙组合，以达到更优的性能表现以及预测准确度。总的来说，服装预测的模型多种多样，应根据实际情况选择适合的模型进行预测。同时，随着技术的发展和数据的积累，未来可能会有更多更先进的预测模型出现。

11.1.2 服装设计

AIGC 设计系统革新服装行业，有助于设计出让消费者更喜欢的服装。AIGC 设计系统无疑为服装行业带来了革命性的变革，该系统集成了先进的 AI 技术和深厚的服装设计知识，打通了服装产业链数据，从而设计出让消费者更喜欢的高性价比服装（见图 11-3）。

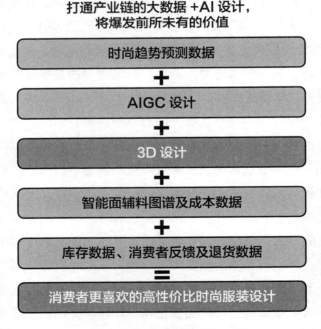

图11-3　打通服装产业链数据的服装设计

首先，AIGC 设计系统能够根据时尚预测数据，并结合品牌自身的风格素材库，构建出独具特色的时尚服装 AIGC 能力。这意味着，系统不仅能够紧跟时尚潮流，还能确保所生成的款式设计与品牌风格高度契合。例如，当流行趋势指向复古风格时，AIGC 设计系统可以迅速从品牌素材库中提取相关元素，如经典格纹、复古色彩等，并结合最新时尚预测数据，实时生成多款复古风格的服装设计。

其次，该系统基于 AIGC 生成的设计款式，能够快速生成逼真的 3D 设计。这一功能极大地方便了设计师和消费者，使他们能够在短时间内看到服装的实际效果。比如，设计师可以通过 3D 设计预览服装在不同体型上的展示效果，从而进行有针对性的调整；而消费者则可以更直观地了解服装的板型和穿着效果，提升购物体验。

此外，AIGC 设计系统还能整合面辅料图谱数据和成本数据，确保设计在追求美观的同时，也能够达到成本最优。系统可以根据设计师选定的款式和面料要求，智能匹配最合适的面辅料组合，并计算出最低成本的生产方案。这不仅有助于企业控制生产成本，还能保证产品的品质和性价比。

最后，该系统注重消费者真实反馈数据的整合。通过收集和分析消费者的购买记录、评价信息以及在线行为数据等，AIGC 设计系统能够深入了解消费者的喜好和需求。基于这些数据，系统可以不断优化生成的设计款式，以设计出更符合消费者口味的时尚服装。例如，如果消费者普遍偏爱简约风格的服装，那么系统就会在后续的设计中加大简约元素的比重，从而满足市场需求。

11.1.3 智能打版

在服装制造领域，打版是一个至关重要的环节，它决定了服装从设计到成品的最终形态。传统打版过程烦琐且耗时，但随着 AI 技术的融入，服装一键打版的概念应运而生，为行业带来了革命性的变革。服装一键打板，即利用 AI 技术，将服装设计的二维图案自动转化为可用于生产的三维版型。这一过程不仅大大提高了生产效率，还降低了人为错误，使服装制造更加精准和高效。

要实现服装的一键打版，需要采集大量的数据，并进行深入的分析。以牛仔裤品类为例，企业可以从以下几个方面入手。

首先，数据采集与分析。企业要分品类（如针对牛仔裤品类）收集大量的款式图、结构图以及与之相关的人体测量数据。这些数据包括人体的身高、围度、比例等，以及牛仔裤的各种设计元素，如口袋位置、裤腿形状等。通过对这些数据进行详细分析，企业可以了解到不同款式和结构的牛仔裤与人体之间的对应关系，以及它们在高度、围度等方向上的变化规律。

其次，建立数学关系模型。在数据采集的基础上，企业需要进一步建立款式图、服装结构图与人体之间的数学关系模型。这个模型可以描述各种设计元素与人体尺寸之间的定量关系，为后续的自动打版提供数学依据。例如，企业可以利用回归分析、神经网络等算法，来建立牛仔裤裤腿宽度与人体大腿围度之间的数学模型。这样，当给定一个人体的大腿围度时，模型就可以自动计算出合适的裤腿宽度。

最后，深度学习构建关联设计模型。通过 AI 算法中的深度学习技术，企业可以构建一个品类款式与结构关联的设计模型。这个模型能够学习到大量数据中的潜在规律和模式，从而能够根据输入的款式图或设计要求，自动输出相应的服装结构图和板型。在实际应用中，这个 AI 打版系统可以接收设计师输入的款式图或设计要求，然后自动进行板型计算和生成。同时，该系统还可以根据输入的人体测量数据，对板型进行自动调整和优化，确保服装的合身性和舒适性。

11.2 服装行业智能应用（二）

11.2.1 服装销售智能数字人

智能数字人领航服装直播新时代，助力实现 $7 \times 24\,h$ 不间断销售与服务。在数字化浪潮中，AI 与服装行业的结合愈发紧密。服装销售直播智能数字人便是这一趋势下的杰出代表，它集成了先进的 AI 技术和深厚的服装行业知识，为线上销售带来了革命性的变革。

服装销售直播智能数字人的应用场景广泛，不仅限于线上直播销售服装。在直播过程中，智能数字人能够实时展示服装款式、面料细节，并根据消费者的提问提供个性化的购买建议。此外，它还可以在线上解答服装客户的售后问题，如尺码咨询、退换货流程等，为消费者提供便捷、高效的服务体验。

服装销售直播智能数字人的核心由五个模块组成：人物形象生成、动画生成、语言生成、音视频合成显示以及感知交互模块，如图11-4所示。这些模块共同协作，使数字人在直播中呈现出逼真、自然的形象与动作。人物形象生成模块可以根据服装品牌的定位和目标受众，定制出符合品牌调性的数字人形象。动画生成模块则负责为数字人赋予生动的表情和动作，使其更具亲和力和吸引力。语言生成模块是智能数字人的"大脑"，它能够根据直播内容和消费者提问，实时生成流畅、自然的语音回应。音视频合成显示模块则将生成的语音与数字人的形象、动作相结合，形成完整的直播画面。感知交互模块涵盖了两大核心功能模块：识别感知与分析决策。

在识别感知方面，它集成了语音语义识别、人脸识别、动作识别等通用能力，这些能力无需企业自行开发，通过采购即可便捷获得。对于服装企业而言，构建感知交互模块中的分析决策能力显得尤为重要。这一能力不仅包含了构建最佳服装销售话术知识库和服装商品知识库，还涉及如何利用先进的向量数据库技术来存储这些知识，并将其与大语言模型无缝结合，从而实现高效、精准的对话生成。这一系列举措将为服装企业带来更加智能化、个性化的交互体验，助力提升销售业绩。

在分析决策方面，构建知识库和对话管理对于实现更加精准化的决策支持与服务提供至关重要。这具体涉及最佳服装销售话术知识库的构建、服装商品知识库的建立，以及如何利用向量数据库有效地存储这些知识，并将其与大语言模型结合，从而进行高效的对话生成。

以某知名服装品牌为例，他们通过深度学习和自然语言处理技术，构建了包含丰富销售话术和商品知识的感知交互模块。在直播过程中，智能数字人能够根据不同的服装款式和特点，运用最佳话术进行销售推荐，同时实时回答消费者关于商品详情、搭配建议等方面的问题。这不仅提升了直播销售的效果，还增强了消费者对品牌的认同感和忠诚度。

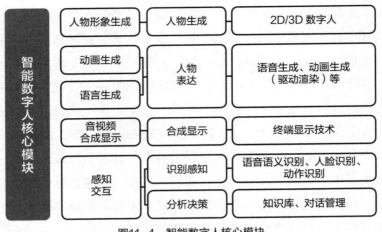

图11-4 智能数字人核心模块

11.2.2 大数据客户画像

1. 服装客户大数据画像的三层构建：从原始数据到深度洞察

为了更好地理解和服务消费者，大数据画像成为服装行业的关键工具。服装客户大数据画像主要包括三个层次：原始大数据层、事实标签层和模型标签层，如图11-5所示。

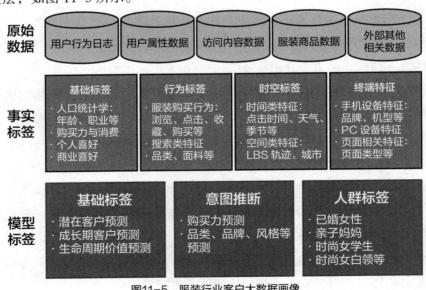

图11-5 服装行业客户大数据画像

（1）原始大数据层：数据的源泉。这是大数据画像的基石，包括用户行为日志、用户属性数据、访问内容数据、服装商品数据以及外部其他相关数据。这些数据来源广泛，形式多样，为后续的标签化和模型构建提供了丰富的素材。

①用户行为日志记录了消费者的浏览、点击、收藏、购买等行为，是理解消费者偏好的重要依据。

②用户属性数据则涵盖了消费者的基础信息，如年龄、性别、职业等，有助于刻画消费者的基础画像。

③访问内容数据和服装商品数据则反映了消费者对特定商品或内容的兴趣，是精准营销的关键。

④外部其他相关数据，如市场趋势、竞争对手情况等，为服装企业提供了更广阔的视角。

（2）事实标签层：从数据到洞察。在这一层，原始数据被加工成一系列具有实际意义的标签，包括基础标签、行为标签、时空标签和终端特征。

①基础标签主要围绕人口统计学特征、购买力与消费、个人喜好和商业喜好进行构建。例如，通过用户的购买记录和浏览行为，企业可以为其打上"高购买力""偏爱休闲风格"等标签。

②行为标签则更侧重于消费者在服装购买过程中的具体行为，如浏览、点击、收藏、购买等。这些标签有助于企业理解消费者的购买决策过程。

③时空标签结合了时间和空间因素，如点击时间、天气、季节以及消费者的地理位置等。这些信息对于理解消费者的购买时机和购买场景至关重要。

④终端特征则反映了消费者使用的设备信息，如手机品牌、机型、PC设备特征等。这些信息有助于企业优化消费者的购物体验。

（3）模型标签层：预测与决策。在模型标签层，企业利用机器学习等先进技术对数据进行深度挖掘，以预测消费者的未来行为和价值。

①生命周期模型能够预测消费者处于哪个阶段，如潜在客户、成长期客户等。这有助于企业制定针对不同阶段客户的精准营销策略。

②意图推断模型则能够预测消费者的购买力、品类偏好、品牌偏好等。这些信息对于企业调整商品结构、优化库存管理等方面具有重要指导意义。

2. 服装行业大数据画像价值：解锁消费者心智，引领服装企业精准决策与销售额持续增长

在服装企业中，客户大数据画像的应用已经渗透到各个业务环节，为企业带来了前所未有的机会和价值。以下将详细探讨这些画像在服装企业的应用场景和作用。

（1）精准营销与个性化推荐。基于大数据画像，服装企业可以更加精准地定位目标消费者群体，实现个性化推荐和营销。例如，某快时尚品牌通过分析消费者的购买历史和浏览行为，发现一部分消费者对复古风格有着浓厚的兴趣。于是，该品牌针对这部分消费者推出了一系列复古风格的服装，并通过个性化推荐系统将这些新品推送给他们。结果显示，这次营销活动的转化率和销售额均显著提升。

（2）库存管理与供应链优化。大数据画像还可以帮助企业更准确地预测市场需求，从而优化库存管理和供应链。例如，一家运动品牌通过分析消费者的购买行为和时空标签，发现某款运动鞋在南方城市的销量一直表现不佳。经过进一步调查，他们发现这款鞋的设计更适合北方寒冷的气候。于是，该品牌调整了生产和库存策略，减少了南方城市的库存量，增加了北方城市的供应量。这一调整不仅降低了库存成本，还提高了销售额和客户满意度。

（3）新品开发与市场定位。通过大数据画像，企业可以更加清晰地了解消费者的需求和偏好，为新品开发提供有力支持。例如，某高端女装品牌在分析消费者的基础标签和行为标签后发现，其目标客户群体对环保和可持续性有着高度的关注。于是，该品牌决定推出一系列采用环保材料制作的高端女装，并在市场宣传中强调其环保理念。这一举措不仅吸引了大量环保意识强烈的消费者，还提升了品牌形象和市场地位。

（4）CRM 与忠诚度提升。大数据画像还可以帮助企业更好地管理客户关系，提升客户忠诚度。例如，一家童装品牌通过分析消费者的购买行为和生命周期模型，发现一部分消费者已经成为品牌的忠实拥趸。为了进一步提升这部分消费者的忠诚度，该品牌推出了一项会员计划，为会员提供专享优惠和个性化服务。通过这一计划，该品牌不仅增强了与忠实消费者的情感联系，还成功吸引了更多新消费者加入会员行列。

11.2.3 一键试衣

AI一键试衣成为前所未有的在线购物体验。在线购物时消费者面临的一大挑战：如何准确预测衣物在自己身上的效果。在传统的在线购物环境中，消费者往往只能依靠平面的产品图片和模特展示来做出购买决策，这种方式对于很多人来说缺乏直观性和个性化。毕竟，每个人的身材、肤色和气质都是独一无二的，而模特往往无法完全代表普通消费者的形象。

然而，AI的崛起为这一难题提供了全新的解决方案。谷歌公司在2023年6月推出的一键试衣功能，正是基于这一前沿技术打造的购物体验革新之作，如图11-6所示。通过先进的生成式AI技术，为消费者提供了一个更加真实、个性化的试衣体验。用户可以选择与自己体型相似的模特，并实时查看衣物在模特身上的效果。这不仅消除了消费者对于衣物尺寸和穿着效果的疑虑，还大大提高了购物的乐趣和满意度。

图11-6　谷歌公司一键试衣效果

（来源：https://arxiv.org/abs/2306.08276）

例如，一位身材较丰满的消费者在网上看中了一款时尚连衣裙，但在没有试穿的情况下，她很难判断这款连衣裙是否适合自己的身材。而通过一键试衣功能，AI可以生成与自己体型相似的模特，并实时查看连衣裙在模特身上的效果。如果她发现连衣裙在模特身上显得过于紧身或不合适,她就可以选择放弃购买,从而避免了一次不愉快的购物经历。

一键试衣功能的实现离不开强大的算法和庞大的数据集支持。谷歌公司的购物图谱数据集包含了大量关于产品、卖家、品牌和评论的信息,为 AI 模型提供了丰富的训练素材。而 TryOnDiffusion 生成式 AI 则是这一功能的核心技术,它能够分析服装的图像,并预测其在不同体型模特身上的效果。

为了实现这一目标,TryOnDiffusion 模型需要克服多个技术挑战。首先,它需要准确识别并分割出服装和模特的身体部分。其次,它需要根据模特的体型和姿势对服装进行变形和调整,以确保服装在模特身上的贴合度和自然度。最后,它还需要生成高质量的图像输出,以展示服装在模特身上的最终效果。

与其他公司的虚拟试穿功能相比,谷歌公司的一键试衣在逼真细节的可视化方面表现尤为出色。这得益于谷歌公司在深度学习和计算机视觉领域的长期投入和积累。未来,随着技术的不断进步和数据集的日益丰富,一键试衣功能将会越来越完善,为消费者提供更加便捷、个性化的购物体验。同时,这也将推动服装行业向数字化、智能化的方向发展。

11.2.4 服装合体性评估

服装合体性评估是指对服装与人体之间的匹配程度进行量化分析和评价的过程。它涉及服装的形状、尺寸、板型、结构等方面与人体各部位尺寸、形态、运动等特征的匹配程度。服装的合体性不仅影响穿着者的舒适度、美观度和活动自由度,也是衡量服装设计和制作水平的重要指标之一。评估服装是否合体的标准可以从多个方面进行考虑,主要包括以下几个方面。

(1)尺寸合适性。服装各部位的尺寸应与人体相应部位的尺寸相匹配,如领围、肩宽、胸围、腰围、臀围等。尺寸过大或过小都会影响服装的合体性和穿着效果。

(2)板型适应性。服装的板型设计应能够适应不同身形的消费者。合体的板型应该能够贴合人体曲线,使服装与身体保持一致,既不会过紧也不会过松。

(3)活动自由度。服装应使穿着者在各种活动中都能保持自如,不会因服装的限制而感到不适。因此，服装的合体性评估还需要考虑服装的松紧度、弹性和伸缩性等因素，以确保穿着者在活动时能够自由舒适。

（4）整体协调性。服装的整体设计应与穿着者的身形、气质和穿着场合相协调。这包括服装的款式、色彩、面料、图案等方面，要与穿着者的个人喜好和时尚观念相符合，营造出和谐统一的视觉效果。

随着 AI 技术的不断发展，其在服装行业的应用也日益广泛。其中，服装合体性评估是 AI 在服装领域的重要应用之一。通过收集人体数据、款式数据和服装结构数据，并利用深度学习技术构建模型，企业可以实现对未来购物中服装合体性的准确预测，从而提升消费者的购物体验。服装合体性评估的实现方法如下。

（1）数据收集与处理，重点是收集以下数据。

①人体数据：通过 3D 扫描、测量等手段收集大量的人体数据，包括身高、体重、三围、肩宽、臀围等关键数据。这些数据可以反映人体的形态特征和比例关系。

②款式与服装结构数据：收集不同款式服装的设计图以及相关的服装结构明细数据，如领子部位、袖子部位、肩宽、腰围部位、衣长等数据。

（2）模型构建与训练。利用深度学习技术，企业可以构建一个人体数据、款式与服装结构数据与服装合体度的模型。该模型可以学习并理解人体与服装之间的关系，以及不同款式、结构对服装合体性的影响。在模型训练过程中，企业需要输入大量的人体数据、服装款式和服装结构数据，以及对应的服装合体度标签。通过不断地迭代和优化，模型能够准确地预测给定人体数据、款式数据和服装结构数据下的服装合体度。

（3）在线购物应用。当消费者在线购物时，他们可以输入自己的人体数据（身高、体重、三围、肩宽、臀围等），并选择喜欢的款式。然后，系统利用训练好的模型，对所选服装的合体度进行预测。如果预测结果显示服装可能不合适，系统可以给出相应的提示和建议，如推荐更合适的尺码或款式。这样，消费者在购买前就能对服装的合体性有一个大致的了解，从而减少退货和换货的可能性，提高购物满意度。同时，对于商家来说，也可以减少库存积压和退货成本，提高销售效率。

11.2.5 服装客户体验优化

(1) AI：服装行业提升客户体验的重要工具。AI逐渐成为服装行业优化客户体验的现实利器。其通过实时采集多维度的消费者数据，并运用先进的大数据分析和自然语言处理技术，可以深刻洞察消费者的需求与反馈，从而持续提升客户体验。

(2) 实时数据采集：全方位聆听消费者的声音。在服装行业，消费者的声音是品牌发展的风向标。为了更全面地捕捉这些声音，企业需要实时采集来自电商平台的评价数据、直播间的互动评论、社区论坛的讨论内容、调查问卷的满意度数据以及客服系统的投诉记录。这些数据构成了消费者反馈的完整图谱，为企业提供了宝贵的市场洞察。以某快时尚品牌为例，该品牌通过实时采集电商平台的评价数据，发现消费者对某款新推出的牛仔裤的板型存在普遍不满。这一发现促使品牌迅速调整生产策略，优化板型设计，最终成功提升了客户满意度和销量。

(3) 大数据分析与自然语言处理技术：挖掘消费者反馈的深层价值。采集到的消费者数据如同金矿，只有通过大数据分析和自然语言处理技术的挖掘，才能提炼出其中的深层价值。这些技术能够帮助企业识别消费者的情感倾向、购买偏好、使用痛点以及潜在需求，从而为产品改进、服务优化和市场策略调整提供有力支持。例如，某高端女装品牌利用自然语言处理技术对社交媒体上的用户评论进行情感分析，发现消费者对某款连衣裙的材质和舒适度评价较高，但对价格表示犹豫。基于这一洞察，品牌推出了一系列价格更为亲民，但材质和舒适度不减的连衣裙款式，成功吸引了更多消费者。

(4) 持续优化与及时改进：构建卓越的客户体验。通过大数据分析和AI技术的运用，企业可以实时洞察市场动态和消费者需求的变化，从而及时发现潜在问题并进行优化改进。这不仅包括产品设计的调整、生产流程的优化、销售策略的变革，更涉及整个客户服务体系的完善。以某国际运动品牌为例，该品牌通过实时分析客服系统的投诉数据，发现消费者对退换货流程的烦琐表示不满。针对这一问题，品牌迅速优化了退换货流程，提供了更加便捷高效的在线服务，显著提升了客户满意度和忠诚度。

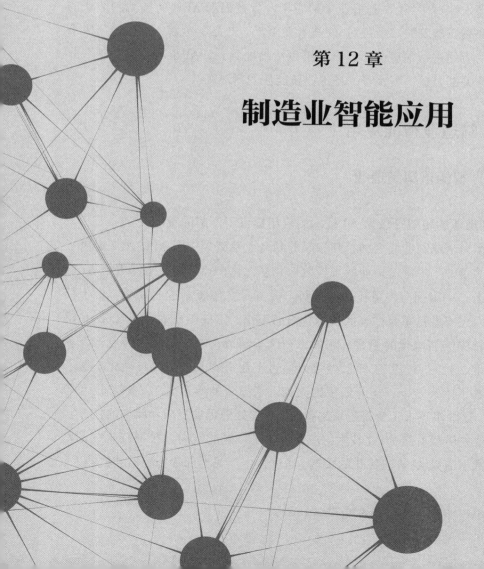

第 12 章

制造业智能应用

本章深入探讨了 AI 在制造业中的应用，旨在揭示 AI 如何推动制造业的转型升级和高质量发展。通过对 AI 技术在生产、产品、运营、供应链与决策五大领域的应用进行深度分析，人们可以清晰地看到，AI 正成为推动制造业未来发展的关键力量，引领着一场工业智能化的新浪潮。

12.1 制造业智能应用（一）

12.1.1 智能重塑制造业

1．制造业的转型升级为 AI 技术的应用提供了广阔的空间

中国作为全球制造业大国，其深厚的制造业基础为中国 AI 的发展提供了得天独厚的条件。中国制造业的规模效应和多元化产业结构，意味着在 AI 的应用场景上，中国拥有无可比拟的优势。尤其是在传统制造业领域，由于长期依赖人力完成大量重复性、低技术含量的工作，这些工作内容正是 AI 和机器人技术首先能够取代的领域。例如，在汽车制造、电子装配等行业，许多简单的装配、检测和包装工序已经可以通过工业机器人来实现自动化。这不仅大大提高了生产效率，还降低了因人为因素导致的质量波动。随着技术的不断进步，这些机器人正变得越来越智能，能够处理更加复杂和精细的任务。

制造业的转型升级为 AI 技术的应用提供了广阔的空间。在制造业中，大量产生的数据流是 AI 算法优化的关键。通过在生产线上部署传感器和机器人，企业可以实时收集到设备运行、产品质量、生产进度等各方面的数据。这些数据经过清洗和分析后，可以用于训练机器学习模型，提高其预测和决策的准确性。以智能制造为例，通过对生产数据的深度挖掘和分析，企业可以实现更加精准的需求预测、生产计划优化和故障预警。这不仅有助于提升企业的竞争力，还能够推动整个制造业向更加绿色、高效、智能的方向发展。

2. 大数据与 AI：制造业数智化转型的双翼引擎

中国制造业的细分领域非常广泛，从传统的纺织、机械制造，到现代的高铁、航空航天，再到新兴的电子信息等，这些行业在数字化基础上存在着较大的差距。一些传统行业由于历史原因和技术积累，其数字化进程相对缓慢；而一些新兴行业则凭借先进的技术和市场需求，迅速实现了数字化升级。制造业作为国民经济的主体，是立国之本、兴国之器、强国之基。在中国加快建设现代化产业体系的征程中，制造业扮演着举足轻重的角色。为了在全球产业链和价值链中占据更有利的位置，提升中国制造业的整体水平与实力已迫在眉睫。其中，增强制造业全价值链条的数智化能力，不仅是提升制造业竞争力的关键，也是实现产业转型升级的必由之路。AI 作为新一轮科技革命和产业变革的重要驱动力量，正在与制造业深度融合，催生出智能制造这一全新业态。智能制造通过运用大数据、云计算、物联网等先进技术，能够实现生产过程的自动化、智能化和柔性化，从而大幅提升生产效率和产品质量。

随着科技的不断突破和市场竞争的日益激烈，制造业正站在一个转型的十字路口。而在这个转折点上，大数据和 AI 的应用已经崭露头角，成为引领制造业转型升级的两大核心力量。这两大技术将为制造业数智化转型带来巨大的价值。

首先，自动化是制造业转型升级的必由之路。在大数据和 AI 的驱动下，制造业常规流程和任务的自动化已经成为可能。例如，在汽车生产线上，通过引入智能机器人和自动化流水线，企业可以实现从装配到质量检测的全流程自动化，不仅大幅提高了生产效率，还降低了人为因素带来的误差，从而显著提升了生产和运营效率。

其次，质量是制造业的生命线，而大数据和 AI 为质量提升提供了新的路径。通过收集生产过程中的海量数据，并利用先进的算法进行分析和建模，制造业企业可以及时发现质量缺陷，预测潜在问题，并通过优化工艺和生产参数来持续改进生产质量。比如，在电子产品制造中，通过对生产过程中的温度、湿度、压力等关键参数进行实时监控和数据分析，企业可以在第一时间发现可能导致质量问题的异常波动，从而及时调整生产参数，确保产品质量的稳定性和一致性。

再次，大数据和 AI 在资源优化方面也发挥着重要作用。制造业是资源消耗的大户，如何合理利用资源、提高能源使用效率一直是企业关注的焦点。通过大数据分析和 AI 算法的优化，企业可以更加精准地制订生产计划、材料采购策略和能源使用方案，从而实现资源的最优配置和能源的高效利用。这不仅有助于降低生产成本，还能减少废品率，推动制造业实现可持续发展。

最后，AI 在产品研发方面的应用也为制造业带来了革命性的变革。传统的产品研发过程往往耗时费力且效率低下，而引入 AI 后，这一状况得到了根本性的改善。AI 算法可以在短时间内对大量设计方案进行模拟、评估和优化，从而缩短产品的研发周期并提高研发效率。例如，在航空航天领域，利用 AI 技术对飞机机翼的设计方案进行模拟和优化，可以在相对短的时间内找到最优的设计方案，缩短了新产品的研发周期并提高了设计质量。

3．生成式 AI 领航工业智慧传承：打破知识壁垒，续写制造辉煌

生成式 AI 的应用无疑为工业知识的沉淀和传承开辟了新的道路。在工业领域，知识的积累与传承一直是企业持续发展和创新的关键因素。然而，随着技术的快速发展和人才流动的加剧，如何有效地沉淀和传承工业知识成了一个迫切的挑战。生成式 AI 的出现，为解决这一问题提供了新的思路。生成式 AI 能够整合大量的工业数据、技术文档和专家经验，通过深度学习和自然语言处理等技术，将这些碎片化的知识转化为结构化的、可查询的智能知识体系。这种知识体系不仅包含了显性的技术文档和操作规程，还能够挖掘出隐性的专家经验和最佳实践，从而构建起一个全面、深入、动态的工业知识库。

这个知识库将成为企业宝贵的资产，支持企业在核心领域持续沉淀和传承工业知识。无论是新员工培训、产品研发、工艺改进还是故障排查，生成式 AI 都能提供实时、准确、全面的指导和支持。这不仅大大提高了工作效率

和质量，还降低了对个别专家的依赖，减少了人才流失和知识断层的风险。

生成式 AI 在工业知识沉淀和传承方面的应用，展现了其强大的知识整合和推理能力。通过深度学习和自然语言生成等技术，生成式 AI 能够模拟人类专家的思维方式和表达方式，将复杂的工业知识以更加直观、易懂的方式呈现出来。这不仅提升了知识的可理解性和可传播性，还促进了跨学科、跨领域的知识融合和创新。

例如，在一个复杂的装备制造企业中，生成式 AI 可以整合机械设计、材料科学、生产工艺等多个领域的知识和经验，形成一个全面的知识库。当设计师在设计新产品时，生成式 AI 可以根据其需求提供相关的设计原则、材料选择建议和生产工艺指导，从而大幅缩短设计周期和提高设计质量。同时，当企业面临人才流失时，生成式 AI 可以迅速填补知识空白，确保企业的核心技术和经验得以延续和发展。

4. 智能重塑制造：AI 在生产、产品、运营、供应链与决策五大领域的深度革新与实践

随着 AI 在制造业各个领域的革命性应用，它已经深度渗透并革新了智能生产、产品及服务创新、企业精细化运营管理、高效供应链协同以及前瞻性的业务模式决策等多个关键环节，AI 在制造业的应用场景如图 12-1 所示。

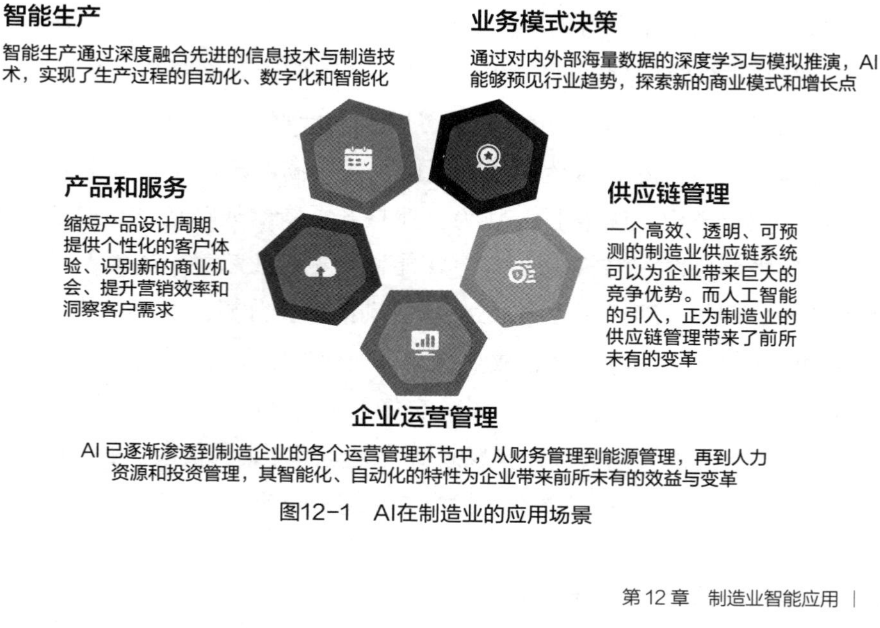

智能生产
智能生产通过深度融合先进的信息技术与制造技术，实现了生产过程的自动化、数字化和智能化

业务模式决策
通过对内外部海量数据的深度学习与模拟推演，AI 能够预见行业趋势，探索新的商业模式和增长点

产品和服务
缩短产品设计周期、提供个性化的客户体验、识别新的商业机会、提升营销效率和洞察客户需求

供应链管理
一个高效、透明、可预测的制造业供应链系统可以为企业带来巨大的竞争优势。而人工智能的引入，正为制造业的供应链管理带来了前所未有的变革

企业运营管理
AI 已逐渐渗透到制造企业的各个运营管理环节中，从财务管理到能源管理，再到人力资源和投资管理，其智能化、自动化的特性为企业带来前所未有的效益与变革

图12-1 AI在制造业的应用场景

首先，在智能生产领域，AI 发挥着核心作用。例如，通过集成物联网技术与 AI 算法，企业可以实现智能制造生产线的自适应控制和优化调度。AI 驱动的机器人可以灵活执行高精度装配和精密加工任务，例如，特斯拉公司在其汽车制造工厂中运用视觉识别技术引导机器人自动完成车辆组装。同时，通过实时监测和分析生产过程中的大量数据，AI 能够对设备状态进行预测性维护，有效避免非计划停机，提高生产连续性和稳定性。

其次，在产品和服务层面，AI 彻底颠覆了传统的研发与服务模式。例如，借助于深度学习和计算机辅助设计（computer-aided design，CAD），企业能迅速进行产品性能模拟和优化设计，波音公司在飞机设计阶段就运用 AI 模拟飞行环境以提升飞行性能和安全性。而在服务端，AI 可通过远程诊断和预测性维修系统，提供主动式售后服务。例如，GE 航空航天公司为其发动机产品开发的 Predix 平台，其基于 AI 和大数据预测引擎，能够及时发现并解决潜在故障，显著提升客户满意度和产品寿命。

再次，在企业运营管理上，AI 促使决策更加科学和精确。通过对企业内部各类运营数据的深度挖掘和智能分析，AI 能够为企业管理层提供实时、全面而且具有洞察力的决策支持信息。比如，通过对销售、库存、人力资源等多维度数据的整合分析，AI 可以帮助企业优化生产计划，合理调配资源，甚至提前预判市场需求变化，例如，某大型家电集团运用 AI 技术实现了全球多个生产基地的智能化排产与调度。

然后，在供应链管理方面，AI 正引领一场前所未有的变革。AI 能够根据实时供需状况、物流情况以及市场波动等因素，实现供应链的全局优化。此外，AI 还能协助企业实施精准采购策略，降低库存风险，提高资金周转率。

最后，在业务模式决策上，AI 为企业打开了新的战略视野。通过对内外部海量数据的深度学习与模拟推演，AI 能够预见行业趋势，探索新的商业模式和增长点。例如，西门子公司通过 AI 驱动的数据分析，发掘出能源管理、工业软件服务等新兴业务领域，成功推动企业向数字化、智能化方向转型。

AI 已深度融入制造业的各个环节，它将不断驱动制造业向更高效率、更优品质、更强竞争力的方向迈进，实现制造业的全面升级和长远发展。以下将详细阐述 AI 在生产流程、产品制造、供应链管理及企业运营管理中的具体应用。

12.1.2 智能生产

工业制造领域的智能生产已成为推动行业转型升级的关键力量。智能生产通过深度融合先进的信息技术与制造技术，实现了生产过程的自动化、数字化和智能化，显著提升了生产效率和产品质量。具体而言，智能生产在工业制造中有五大核心应用。

（1）自动化生产工厂。通过引入高度自动化的生产线和机器人，工厂能够减少对人力的依赖，实现 24 h 不间断生产。这不仅大大提高了生产效率，还降低了人为因素导致的生产波动。以汽车制造为例，自动化工厂能够精确控制每个生产环节，确保每辆汽车都达到极高的质量标准。

（2）订单管理和自动化生产排程。通过智能化的生产管理系统，企业可以实时掌握订单动态，自动调整生产计划，确保按时交付。这种灵活性对于应对市场变化和客户需求至关重要。例如，在服装制造业中，快速响应时尚潮流的变化和客户的个性化需求是竞争的关键。智能化的订单管理系统能够实时跟踪生产进度，确保准时交付，同时减少库存积压。再如，国内某知名工业互联网平台通过 AI 算法进行订单预测和生产调度，使得生产资源得以精准匹配市场需求，实现按需定制、敏捷响应的生产模式，降低了过度生产和库存积压的风险。

（3）产品质量监控和缺陷管理。利用先进的传感器和数据分析技术，企业可以在生产过程中实时检测产品质量，及时发现并处理缺陷。这不仅提高了产品质量水平，还降低了召回和维修成本。AI 图像识别和机器学习技术已经在产品质量控制中大显身手。以某知名手机厂商为例，其在生产线中部署 AI 视觉检测系统，实时捕捉并分析产品的细微瑕疵，不仅比人工检测更快速、更准确，而且能持续学习和优化检测标准，不断提升产品的合格率。

（4）安全生产风险预防与管控。智能生产系统能够实时监控生产过程中的安全风险，及时发出预警并采取相应措施。这大大降低了事故发生的概率，保障了员工和企业的安全。在化工等高风险行业中，智能化的安全生产管理系统尤为重要。例如，化工厂通过安装传感器网络收集数据，配合 AI 算法进行风险评估，可以提前发出警报，指导工作人员采取预防措施，降低安全事故发生的概率，确保生产安全。

（5）固定资产与生产设备的性能监控与维护。通过物联网技术和 AI 的结合，企业可以实时了解设备的运行状态和维护需求，及时进行维修和更换。这延长了设备的使用寿命，提高了设备的整体效率。在重型机械制造领域，对关键设备的性能监控和维护至关重要，智能化的管理系统能够确保设备的稳定运行，减少生产中断的风险。某国际知名工业 AI 平台就是这样一个实例，它将设备数据与 AI 相结合，实现对固定资产管理的智能化升级，通过预测性维护策略大幅减少了非计划停机时间，延长了设备使用寿命，保障了生产的连续稳定运行。

1．案例一：工业 AI 视觉质检平台提效降本

传统的工业质检方式往往受限于人力、技术、环境等多方面的因素，导致准确率与效率低下，且难以应对复杂多变的生产环境。特别是在汽车、家电、电子等制造行业，产品质量直接关系到企业的核心竞争力。因此，如何提升质检的准确性与效率，降低运维难度，一直是这些行业面临的重大挑战。

国内某领先科技企业针对这些行业痛点，依托其在 AI、大数据、云计算等领域的深厚技术积累，成功打造了一个工业 AI 视觉质检平台。这个平台不仅集成了几百条生产线的 AI 质检实践经验，还提炼了近千个工业级图像处理算子，形成了一套全面、高效、智能的质检解决方案。以汽车行业为例，这个工业 AI 视觉质检平台可以对汽车零部件进行高精度、高效率的质量检测。通过 AI 算法对图像数据的深度分析和学习，该平台能够自动识别出零部件的各种缺陷，如裂纹、变形、色差等，从而大大提高了质检的准确性和效率。同时，该平台还可以根据生产线的实际情况进行灵活调整和优化，降低了运维的难度和成本。

工业 AI 视觉质检平台的成功，得益于其强大的 AI 算法和图像处理能力。这些算法和技术不仅能够对复杂的工业图像进行高效、准确的识别和分析，还能够自动学习和适应各种生产环境的变化，从而实现真正的智能化质检。此外，该科技企业还利用大数据和云计算技术，对质检过程中产生的海量数据进行实时收集、存储和处理。这些数据不仅可以用于优化 AI 算法，提高质

检的准确性和效率，还可以为企业提供有价值的生产质量分析报告，帮助企业更好地了解生产过程中的问题，进而实现持续的质量改进和降本增效。

2．案例二：国内某智能工厂预测性维护

机器维护是工业制造中不可或缺的一环，它对于节约成本具有举足轻重的作用。原因在于，工业制造商一旦遭遇计划外的停机事件，其带来的经济损失是巨大的，这不仅包括生产中断导致的直接成本，还有因延误交货、影响生产效率而产生的间接成本。因此，有效的机器维护策略对于企业来说至关重要。

在以往，工厂对其资产的预防性维护主要依赖于平均故障时间这一指标。工作人员会在服务日志中详细记录故障发生的情况和时机，通过对这些历史数据的分析，来决定何时进行设备的预防性维护。这种方法虽然有一定的效果，但难以避免地存在一些盲区和误差。

然而，随着工业物联网技术的迅猛发展和物联网传感器在工厂中的广泛应用，这一局面正在被彻底改变。借助物联网数据和 AI 技术，通过实时监控机器运行状况和持续收集反馈数据，智能工厂能够更好地预测和计划必要的维护和停机时间。在这一过程中，AI 技术展现出了其强大的分析能力。AI 能够深入剖析每台机器的运行模式，精确地确定其实际维护需求，进而制定出一份量身定制的维护时间表。这样的个性化策略不仅确保了机器在最佳状态下运行，而且能够最大限度地减少工厂车间的整体停机时间，从而提升生产效率。

不仅如此，AI 在数据分析方面的能力还体现在对历史数据的深入挖掘上。随着数据的不断累积，AI 能够帮助企业领导者更加主动地安排维修停机时间，而非被动地应对突发故障。这种前瞻性的管理方式，无疑为企业节约了大量的时间和经济成本。AI 还能在数据中发现隐藏的规律，随着时间的推移，AI 能够逐渐学会从海量的物联网传感器数据中识别出潜在的故障模式。比如，它可以预测哪些机器部件最有可能出现故障，从而提前进行干预。这种预测能力不仅降低了机器的故障率，还提高了整体的生产稳定性。

进一步地，AI 还能分析出关键部件性能与产品输出质量之间的相关性。这意味着，企业领导者可以凭借 AI 的洞见，更加准确地了解到哪些零件需要重点维护，甚至可以根据反馈数据，协助设备制造商改进那些经常发生故障的关键零件。

12.2 制造业智能应用（二）

12.2.1 产品与服务智能

AI 在产品和服务智能化方面展现出了巨大的潜力。具体来说，AI 主要在以下五个方面驱动制造业的产品与服务智能，为企业带来深刻的变革和增长机遇。

（1）AI 通过其强大的计算能力和优化算法，显著缩短了产品设计周期。传统的产品设计过程往往涉及复杂的计算、模拟和测试，耗费大量时间和资源。然而，AI 的引入使得这一过程得以大大加速。例如，AI 可以通过分析海量的设计数据、材料性能以及历史产品反馈信息，预测和模拟新产品的性能表现，从而大大减少实物原型的制作次数和测试时间，将产品设计周期压缩。同时，AI 还可以实现自动生成设计方案，进一步加速产品开发流程。这不仅缩短了产品上市时间，还降低了开发成本，提高了企业的竞争力。

（2）AI 为制造业带来了个性化的客户体验。随着消费者需求的日益多样化，个性化定制已成为制造业的重要趋势。AI 能够通过分析消费者的偏好、行为和需求数据，为企业提供精准的个性化定制方案。例如，在家居定制行业，AI 可以根据客户的喜好、生活习惯等信息，提供个性化的设计方案和产品推荐，使得每位消费者都能拥有符合其独特需求的定制化产品，极大地提升了用户体验。这种个性化的客户体验不仅提升了消费者的满意度和忠诚度，还为企业带来了更高的附加值和利润空间。

（3）AI 在识别新的商业机会方面发挥着越来越重要的作用。通过对市场趋势、消费者行为、供应链数据等的深度分析和挖掘，AI 能够帮助企业发现潜在的市场需求和商业机会。以电子产品行业为例，AI 可以分析消费者的购买历史、浏览行为和搜索意图等数据，预测未来可能流行的产品特性和功能。企业可以根据这些预测结果迅速调整产品策略和开发方向，抢占市场先机。在半导体行业中，通过对全球市场需求、技术发展动态以及供应链数据进行分析，AI 可以预判未来可能出现的技术拐点或热门应用领域，从而帮助企业提前布局研发方向，抢占市场份额。

（4）AI 极大地提升了营销效率。传统的营销方式往往依赖于人工调研、广告投放和促销活动等手段，效果难以衡量且成本高昂。然而，AI 的引入使得营销活动更加精准和高效。通过利用 AI 算法对目标客户进行精准定位、个性化信息推送和实时效果反馈等手段，企业可以实现更高的营销投资回报率。例如，在家电行业，AI 通过实时分析用户的购买记录、搜索习惯以及社交媒体行为，可以为每个目标用户提供高度匹配的广告推送和促销活动，既节约了营销成本，又提高了转化率。

（5）AI 在客户需求洞察方面具有明显的优势。通过收集和分析客户的声音、文字、图像等多模态数据以及社交媒体上的用户反馈和评价信息等内容，AI 能够深入洞察客户的真实需求和情感倾向。这种客户需求洞察不仅可以帮助企业改进现有产品和服务的质量和功能以满足客户的期望和需求，还可以为企业开发新产品和服务提供有价值的参考和依据，最终帮助企业实现持续创新和竞争优势。以家电行业为例，AI 可以通过分析用户的使用习惯、反馈意见和社交媒体上的讨论等信息，发现用户对智能家电产品的功能需求、性能期望和价格敏感度等方面的信息。企业可以根据这些信息针对性地改进产品设计、优化用户体验和制定更有竞争力的定价策略，从而提升市场份额和盈利能力。

下面以 AI 在工业设计方面的卓越表现为例来说明 AI 产品和服务智能领域的作用。

工业设计在产品开发中的重要性不言而喻。它不仅是产品外观和功能的体现，更是企业创新能力和市场竞争力的体现。然而，传统的工业设计方式往往存在着诸多挑战，如高昂的人力成本、漫长的设计周期、低效的概念产出等。这些问题不仅影响了产品的设计质量，更制约了企业的业务发展。

在传统的工业设计场景中，概念设计通常依赖于人工手绘。这种方式不仅耗时耗力，而且设计品质易受人员流动影响，设计师的业务承载能力也往往跟不上快速增长的业务需求。以某家大型家电企业为例，其设计团队面临着巨大的市场压力，需要不断推出新颖的产品设计来满足消费者的多样化需求。然而，由于手绘设计的局限性，设计师们往往难以在短时间内提供足够多的优质设计方案，导致产品上市时间延误，市场竞争力下降。

为了解决这些问题，亚马逊云科技与合作伙伴计算美学（Nolibox）公司联合，通过生成式 AI 技术打造了文生图、图生图等方案。这些方案利用深度学习算法和大规模数据集进行训练，可以快速生成多种改良方案图，为设计师提供灵感和参考。与传统的手绘设计相比，这种方式不仅大幅缩短了设计周期，提高了设计效率，而且降低了对人工的依赖，减少了人力成本。

以国内某家电企业创新设计中心为例，他们成功地将这种生成式 AI 技术应用于工业设计中，打造出了全国首个 AIGC 工业设计解决方案。通过该方案，该家电企业的设计师们可以在短时间内获得大量优质的设计方案图，从而快速筛选出最佳的设计方案进行后续的开发和生产。这不仅使得该家电企业的产品设计更加符合市场需求和消费者喜好，更显著提高了产品的设计质量和市场竞争力。

具体来说，该家电创新设计中心在应用 AIGC 工业设计解决方案后，整体概念设计提速了 80% 以上，这意味着设计师们可以在更短的时间内完成更多的设计方案。同时，集成渲染效率也提升了近一倍，这进一步缩短了产品从设计到生产的时间周期。此外，由于减少了对手绘设计的依赖，该家电企业还显著降低了概念设计成本，为企业带来了更大的经济效益。

12.2.2 供应链管理

供应链管理对于提升企业的核心竞争力至关重要。在全球化的今天，一个高效、透明、可预测的制造业供应链系统可以为企业带来竞争优势。而 AI 的引入，正为制造业的供应链管理带来前所未有的变革。

（1）AI 应用于配送管理。传统的配送管理依赖于人工经验和固定流程，面对多变的市场需求和突发情况，往往显得捉襟见肘。通过集成物联网传感器和 AI 算法，企业能够实时追踪货物的位置、状态和环境参数，精确预测交货时间，提高配送准确性。而且 AI 还可以实时优化配送路线、调整配送策略，确保产品在最短时间内准确送达。例如，某家大型电商企业利用 AI 技术并结合机器人进行智能拣选与分发，极大提升了仓库作业效率，降低了误配率；同时，根据历史订单数据、实时交通信息、天气预报等因素动态规划配送路径，从而降低运输成本，减少延误，大大提高了配送效率和客户满意度。

（2）AI 应用于需求管理与预测。需求预测的准确性直接关系到企业的库存管理和生产计划。传统方法往往难以应对市场的快速变化和消费者的个性化需求。而 AI 可以利用大数据分析、机器学习等技术，对市场需求进行精准预测，为企业提供科学的决策依据。例如，某家电企业利用 AI 算法分析历史销售数据、时尚趋势等信息，成功预测了未来季度的热销款式，从而提前调整生产计划，满足了市场需求。

（3）AI 应用于紧急事件响应。面对供应链中的突发事件，如自然灾害、交通中断等，企业需要迅速做出反应，确保供应链的稳定性。AI 可以通过实时监测和分析各种数据，提前预警潜在风险，并在事件发生时迅速提供应对方案。例如，某家全球电子公司在其运输网络中集成了 AI 系统，当某地区发生水灾时，系统立即调整了运输路线和配送策略，确保了货物的及时送达。

（4）AI 应用于物流服务。物流服务是供应链管理中与客户直接接触的环节，其质量直接影响到客户满意度。AI 可以通过自动化、智能化等技术提升物流服务的效率和准确性。例如，利用智能语音助手处理客户查询和投诉，利用自动化机器人进行货物分拣和打包等。这些应用不仅提高了工作效率，还降低了人为错误率，提升了客户体验。

（5）AI 应用于资产与设备管理。在制造业中，资产和设备的管理对于保障生产顺利进行至关重要。AI 可以通过实时监测和分析设备数据，预测设备的维护需求和故障风险，从而提前进行维护保养，避免生产中断。同时，通过对资产使用情况的智能分析，企业可以优化资产配置，提高资产利用效率。例如，通用电气公司运用 AI 技术对其飞机引擎进行健康管理，通过收集和分析大量运行数据，提早发现并修复潜在问题，延长了设备使用寿命。

（6）AI 应用于运输与网络设计管理。运输和网络设计是供应链管理的核心环节之一。AI 可以帮助企业优化运输路线，选择合适的运输方式，设计高效的物流网络等。通过综合考虑成本、时间、可靠性等因素，AI 可以为企业提供最优的运输和网络设计方案，降低物流成本，提高物流效率。例如，某大型工业企业通过 AI 模拟各物流节点间的货物流，确定最合适的仓储位置和运输路径，实现物流网络的整体效能最大化。

1．案例一：AI 优化配送管理，实现制造业货品的安全精准配送

在制造业供应链中，配送管理环节至关重要，它关乎货品能否安全、精

准地送达目的地。货品的安全、精准配送，不仅关乎企业的运营效率，更直接影响客户的满意度和企业的市场竞争力。随着 AI 技术的不断发展，其在配送管理中的应用日益广泛，正在为配送管理带来前所未有的变革。

传统的配送管理往往依赖人工操作和经验判断，面对复杂的仓库环境和多变的配送需求，时常会出现配送错误、效率低下等问题。然而，AI 技术的引入，彻底改变了这一现状。通过深度学习、大数据分析等先进技术，AI 可以实现对货架、商品、机器人等资源的整体协调和优化配置，确保货品的快速、准确配送。

具体来说，基于 AI 技术，企业可以实现仓库货架的智能规划。系统会根据货品的属性、存储要求以及仓库的空间布局，自动计算出最优的货架摆放方案。以某家大型制造企业为例，他们在工厂仓储中引入了各种类型的全自动流水线、自动分拨系统以及仓储和配送机器人。这样不仅可以提高仓库的空间利用率，还可以减少货品的搬运距离和时间，从而提高配送效率。这些智能化设备在 AI 技术的驱动下，可以实现对每一个物料的精准跟踪和最优路径规划。

此外，全自动流水线、自动分拨、仓储和配送机器人等智能设备的应用，也在进一步推动配送管理的智能化。智能机器人和自动化设备在物料搬运、拣选和配送上的广泛应用极大地提升了作业速度和准确性。比如，配备有自动驾驶和路径优化算法的自动引导运输车（automated guided vehicl，AGV）或自主移动机器人（autonomous mobile robot，AMR）能够在复杂的仓库环境中自主导航。通过实时分析仓库内的货物流动数据、机器人工作状态等信息，AI 系统可以动态调整机器人的运行路径和任务分配，确保这些设备可以根据系统的指令，自动完成货品的搬运、分拣、打包等工作，能够让每一个物料都在最短的时间内送达指定位置。而基于 AI 技术，该系统还可以为每一个物料规划出最优的配送路径，确保它们能够在最短的时间内准确送达目标位置。

这种基于 AI 技术的配送管理方式不仅大大提高了配送的准确性和效率，还降低了人为错误率和劳动力成本。以某家大型制造企业为例，他们引入了 AI 配送管理系统后，实现了仓库货架的智能规划和物料的自动配送。同时，由于整个配送过程实现了自动化和智能化，因此企业也显著提高了货品的安全性，减少了在配送过程中的损坏和丢失风险。结果显示，与传统的人工配送方式相比，新的系统不仅提高了配送的准确性和效率，还降低了人力成本和安全风险。

2．案例二：AI 助力供应链预测热销产品，优化库存与物流规划

供应链管理的核心挑战之一，便是如何精准预测未来的热销产品。这种预测能力不仅关乎企业的库存水平、人力资源配置，更直接影响到物流能力的规划和消费者满意度的提升。传统的供应链预测方法往往依赖于历史销售数据和人工经验判断，但在面对快速变化的市场环境和消费者需求时，这些方法往往显得力不从心。然而，AI 技术的引入，为企业带来了更加精准、全面的预测能力。

通过整合内部销售数据、消费者产品使用记录、产品生命周期追踪、竞争情报、市场趋势分析和社交媒体等多维度数据，AI 可以对消费者需求偏好与购买行为进行深度画像分析。这种分析不仅揭示了消费者的显性需求，更能挖掘出潜在的、隐性的需求趋势，从而为企业的产品设计、库存规划和物流策略提供有力支持。

具体来说，AI 可以帮助企业预测下一个季度的热销产品。基于深度学习和大数据分析技术，AI 系统可以对历史销售数据进行模式识别和趋势预测，同时结合消费者画像和市场情报，准确判断出未来可能受到欢迎的产品特征和价格区间。这样，企业便可以提前进行库存规划和物流能力调整，确保在消费者购买之前将货物提前运送到临近销售点的仓库内，从而缩短产品上市时间，提高市场响应速度。

此外，AI 还可以帮助企业更精准地计算预期收入。通过对热销产品的预测和消费者购买行为的分析，企业可以准确估算出未来一段时间内的销售收入和利润水平。这不仅有助于企业制定合理的财务计划和经营策略，更为企业的长期发展提供了坚实的数据支持。以某小家电企业为例，该企业引入了AI 供应链预测系统后，成功预测了热销商品。基于这些预测结果，该企业提前进行了库存规划和物流调整，确保了产品在市场上的及时供应。结果显示，该季度的销售额和利润均实现了大幅增长，同时消费者满意度也得到了显著提升。

12.2.3 企业运营管理

AI 已逐渐渗透到制造企业的各个运营管理环节中，从财务管理到能源管理，再到人力资源和投资管理，其智能化、自动化的特性为企业带来了前所未有的效益与变革。

1. 财务管理

AI 对于制造业财务管理的数智化转型起到了至关重要的作用，它通过自动化处理大量复杂的数据，洞察潜在规律，并基于此进行准确预测与决策，极大地提升了制造业财务管理的效能与准确性。AI 在制造业财务管理环节的应用如下。

（1）自动化财务报告与分析。制造企业每日产生的交易数据庞大且繁杂，AI 可实现自动化收集、整合和处理这些数据，生成实时财务报表，大幅缩短了传统手工报表的时间周期。借助自然语言处理和机器学习技术，AI 甚至可以自动生成详细的财务分析报告，深入解读企业运营状况，包括收入、支出、盈利水平等关键指标的变化趋势。

（2）智能预算编制与控制。AI 通过学习历史财务数据和考虑内外部因素（如市场波动、经济环境变化等），能够动态构建精细到部门乃至生产线级别的预算模型，做到使预算编制更贴近实际、更具前瞻性和灵活性。此外，实时监测实际执行与预算间的偏差，并即时触发预警，使得企业能迅速采取调整措施，确保预算的有效执行。

（3）风险预警与内部控制。利用大数据分析和预测算法，AI 能够实时扫描财务数据流，识别异常交易、潜在的欺诈行为以及不符合公司政策的操作，及时发出风险预警。通过对供应链金融、应收账款、应付账款等方面的智能监控，AI 可以有效强化企业内部的风控体系。

（4）成本优化与资源分配。在成本管理方面，AI 可细致入微地分析各环节的成本构成，找出高成本区域和改进空间，进而提出降本增效的建议。例如，AI 能够分析原材料采购、生产过程、物流运输等多个环节的成本效益，帮助管理层优化资源配置，降低不必要的成本支出。

2．能源管理

AI 在制造业能源管理智能化方面同样发挥着显著的作用，具体体现在以下几个方面。

（1）能源消耗监测与数据分析。通过安装智能传感器和物联网设备，AI 可以实时监测生产设备、设施的能耗情况，收集海量的能源使用数据。结合大数据分析技术，AI 可以精确分析出不同时间段、不同生产线或工艺环节的能源消耗模式，发现节能潜力点。

（2）能源使用预测与调度优化。AI 可以利用机器学习算法预测未来的能源需求，根据生产计划提前调度能源供应，避免能源浪费和供需失衡。同时，AI 可以根据预测结果自动调整设备运行状态，合理安排生产作业，实现能源使用的最优化配置。

（3）故障诊断与预防性维护。AI 能够实时监控设备的能耗性能，当发现异常能耗上升或者设备出现潜在故障迹象时，立即发出警报，并提供可能的故障原因分析，从而提前安排维护，防止因设备故障导致的能源浪费。

（4）能效优化与节能策略制定。基于历史数据和现场实时数据，AI 可以模拟和优化能源系统，提出针对性的节能策略，如改进生产工艺流程、替换高效能设备、引入清洁能源等，帮助企业降低单位产出的能源消耗，提升整体能效。

（5）智能能源管理系统。基于 AI 的能源管理平台，能够集成各类能源数据，实现能源使用的可视化管理，智能匹配能源供需。同时还能为企业管理者提供决策支持，指导他们在满足生产需求的同时，达成节能减排的目标。

3．人力资源管理

在制造业中，人力资源管理面临诸多独特挑战，包括大规模劳动力管理、技能匹配、劳动安全与健康问题、技能培训等。AI 的赋能，正在变革制造业人力资源管理的传统方式，给企业带来显著的创新与效率提升。

（1）智能化招聘与人才筛选。制造业往往需要大量的专业技术人才和一线操作人员，AI 通过简历筛选工具和智能面试机器人，可以高效过滤大量应聘者信息，快速定位符合特定技能要求和岗位适应性的候选人。例如，AI 能够根据预设的岗位模型，对候选人的工作经验、技能证书、教育背景等信息进行精准匹配，提高招聘质量与效率。

（2）个性化培训与发展。在制造业人力资源管理中，AI能够通过分析员工的技能档案和绩效数据，提供定制化的在线培训课程和职业发展规划。例如，在智能制造环境下，针对工业机器人操作员的技能培训，AI可以根据员工的学习进度和技能掌握程度，推送针对性的教学视频和实操模拟，加快员工技能升级的步伐。

（3）灵活排班与劳动力优化。针对制造业生产的不均衡特性，AI可以结合订单量、生产线产能、员工技能等因素，实现智能排班，平衡工作负荷，减少无效劳动。例如，AI排班系统能够预测生产高峰和低谷，合理调配人力资源，既能保证生产效率，又能顾及员工的工作和生活平衡，降低员工流失率。

（4）绩效管理与激励机制。制造业绩效评价常常涉及产量、质量、成本等多重指标，AI能够实时收集和分析员工的工作数据，提供客观、公正的绩效评估依据，促进公平透明的激励制度建设。例如，利用物联网技术和机器学习算法，AI可以追踪每个工位的生产效率，据此制订个人或团队的绩效奖励计划，激励员工提升工作效率和产品质量。

（5）健康与安全管理。制造业工作环境多样，员工健康与安全问题尤为重要。AI可以通过监测工作场所环境条件和员工生理参数，提前预警潜在的职业健康风险，如过度疲劳、职业病隐患等，从而加强防护措施和改善工作环境。同时，利用视频分析和传感器数据，AI可以实时监控员工的工作行为，及时发现并纠正不安全的行为，以减少工伤事故的发生。

4．投资管理

在制造业的投资管理领域，AI的引入为这个以实体资产、技术研发、产能扩张为核心的投资决策过程带来了深刻的改变和显著的优势。

（1）智能化项目评估与筛选。制造业投资决策涉及对新技术引进、设备升级、产能扩建、产业链布局等众多项目的分析与筛选。AI可通过学习过往项目数据、行业发展趋势以及市场需求预测等信息，运用机器学习和深度学习算法进行多维度评估，给出对投资项目的价值预测，极大提高了决策的准确性和时效性。

（2）风险管理与预警机制。制造业投资伴随着较高的市场风险、技术风险和供应链风险。AI 能够实时监控全球范围内的行业动态、原材料价格波动、政策法规变动等信息，通过建立风险模型，提前预警潜在的投资风险，帮助管理层制定有效的应对策略。

（3）精准投资组合优化。制造业投资管理通常涵盖短期流动资金管理、中期固定资产投资和长期战略投资等多个层次。AI 能够基于制造业特有的生命周期和投资回报周期特点，构建适应性的投资组合优化模型，确保企业在不同的发展阶段，资金都能得到最有效的利用。

（4）协同研发与技术创新投资。制造业尤其重视研发和技术创新的投入。AI 可以对大量科研文献、专利数据进行深度挖掘和分析，寻找潜在的技术创新热点和空白点，为企业的研发投入提供精准导向，促进产业升级和技术领先优势的确立。

（5）供应链透明化与协同投资。在制造业中，供应链管理是投资管理的重要组成部分。AI 可通过对供应链数据的实时监控和分析，提高供应链透明度，帮助企业发现并把握上游供应商优化、下游客户合作等协同投资机会，形成互利共赢的局面。

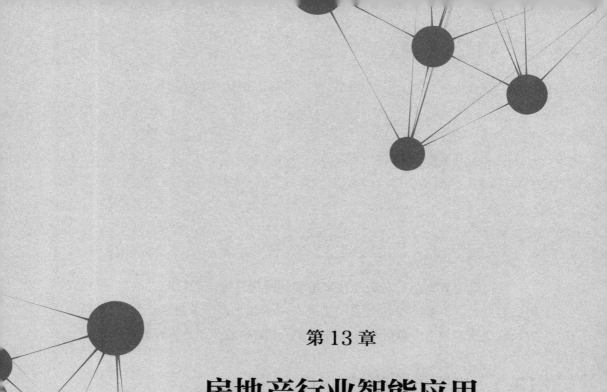

第 13 章

房地产行业智能应用

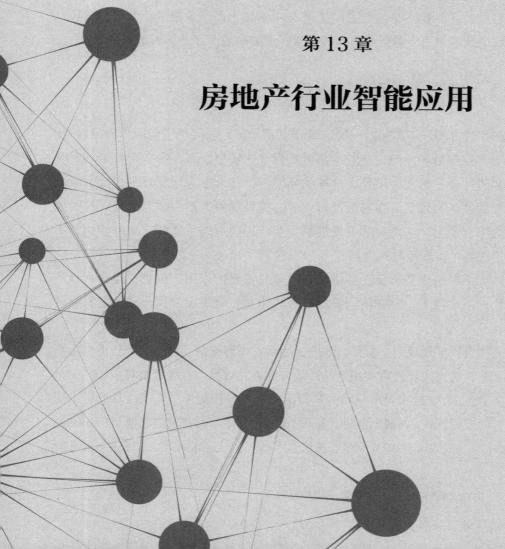

在这个由数据驱动和智能技术重塑的时代，房地产行业正站在一个新的历史起点上。本章将深入探讨 AI 技术如何为房地产行业带来革命性的变化，以及这些技术如何应对行业面临的挑战，推动房地产产业的转型升级。

13.1　房地产行业智能应用（一）

回首过去的三年（2021—2023 年），房地产行业经历了前所未有的巨变。从政策调控到市场波动，从资本寒冬到数智化转型，每一次变革都牵动着整个行业的神经。然而，正是在这样的环境下，马太效应愈发显现，成为行业与市场的共识与现实。在房地产行业中，这种现象表现为强者恒强。那些拥有强大综合实力、坚持高质量发展的企业，如同掌握了通向成功的密钥，不断积累优势，实现跨越式发展。

数智化在房企高质量发展中起到了至关重要的作用。房企正逐步认识到数智化的巨大潜力，并在不同阶段积极利用数智化手段来优化和重塑其业务流程。

从项目投资到规划、设计、建造、运营，再到更新，房企在项目的全生命周期上都在努力实现过程和决策的高效、准确和可控。在投资决策阶段，房企利用大数据和 AI 技术对市场趋势进行深度分析，预测未来需求，从而做出更加明智的投资选择。在规划和设计阶段，数字化工具，如建筑信息模型（building information modeling，BIM）和地理信息系统（geographic information system，

GIS）等技术，使得房企能够更加精确地模拟和优化设计方案，减少后期的改动和成本。在建造阶段，智能机器人和自动化设备的引入大大提高了施工效率和质量，同时也降低了人工成本和安全风险。在运营阶段，智能化的物业管理系统、能源管理系统等使得房企能够更加高效地管理物业资源，提升用户体验和运营效率。此外，随着 AI 技术的不断进步和完善，AI 在房地产行业的应用场景也在不断增多，如图 13-1 所示。例如，AI 呼叫技术已经被广泛应用于客户服务中，它能够自动处理用户的咨询和问题，提高客户满意度。车牌门禁识别技术能够自动识别车辆和人员，实现无人值守，使得物业管理更加便捷和安全。

| AI与房地产拿地投资决策
  · 精准把控投资风险与成本
  · 应用于智能强排

| AI在房屋估价的应用
  · 自动估值模型

| AI在房地产营销的应用
  · 大模型与数字人应用
  · AIGC智能生成短视频
  · 智能防"飞单"
  · 智能语音工牌

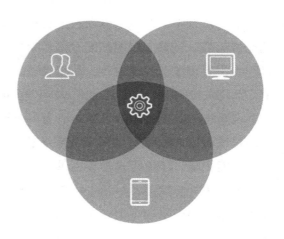

图13-1　AI在房地产行业应用

13.1.1　拿地投资决策

1．AI 在智能强排中的应用

强排，这一环节在建筑规划领域中扮演着至关重要的角色，其深层次的含义远超字面的简单解释。其核心在于，设计师们需根据目标地块的详细规划指标，如容积率、退线规定、建筑密度限制、最大高度限制以及确保符合日照间距的标准等，对即将建设的建筑物进行精确且高效的布局。这一复杂的过程绝非简单的空间填充，而是要求设计师们在充分理解和遵循地块规划要求的同时，结合当前市场的需求和趋势，对每一栋楼的位置、形状、高度以及相互间的关系进行细致入微的规划和设计。

此外，强排不仅仅是对于单一建筑或建筑群的布局设计，它更是一次对整个建设方案可行性的全面审视。设计师们需要通过强排的过程，不断调整和优化方案，以确保在满足各种规划要求的同时，实现税后利润的最大化。这一目标的实现往往需要对建筑业态的组合进行深入的研究和探索，从而找到能够在满足市场需求的同时，带来最佳经济效益的业态配比。对于房企而言，强排的目标在于在满足建筑规划的强制性要求下，尽可能提高土地的利用率，排布更多的建筑面积，从而实现项目价值的最大化。因此，在强排工作开始之前，房企必须首先明确项目的目标受众群体，无论是刚需、改善还是其他类型的需求，都应有明确的定位和策略。其次，产品的类型配比也是强排过程中需要重点考虑的内容，如高层、多层和别墅等不同产品类型的比例分配，都将直接影响到项目的最终成本和利润。

更重要的是，强排的结果往往成为房企进行拿地投资决策的关键依据。一个经过精心设计和深入优化的强排方案，不仅能够清晰地展示项目的潜在价值和可能风险，还能为投资者提供一个直观、可靠的参考，帮助他们做出更加明智的决策。然而，尽管强排在建筑规划中的重要性不言而喻，但它所面临的挑战也同样不容小觑。在实际操作中，设计师们不仅需要对地块的规划指标有着深刻的理解和精准的把握，还需要对市场需求、用户期望、规划审批流程以及建筑形态的美学要求等多方面因素进行全面的考虑和权衡。这使得原本就复杂繁重的民用建筑拿地方案设计工作变得更加具有挑战性。理论上，每一块建筑基地都存在着无限多种可能的布局方案，但要找到其中既满足规划要求又能实现经济效益最大化的"最佳方案"，往往需要设计师们付出大量的时间和精力进行反复的试错和优化。这无疑加大了设计工作的难度和强度，但也正是这样的挑战，推动着建筑规划领域不断创新和进步。

AI技术在智能强排领域的深入应用，无疑给这一传统设计流程注入了新的活力，带来了革命性的变革。通过输入土地条件、营销需求和设计要求等关键前置条件，智能强排系统能够迅速、准确地理解项目需求，并基于内置的增强学习算法、线性规划算法等一系列核心算法，进行高效、精准的计算和分析。在极短的时间内，系统便能生成成百上千个既符合规划要求又满足市场需求的可行方案，为设计师和房企提供了丰富的选择空间。

这些由智能强排系统生成的方案，不仅数量庞大、覆盖全面，在质量上更是达到了极高的水准。每一个方案都包含了详细的总图设计、精确的日照分析以及全面的经济技术指标表等信息，为设计师和房企提供了全面、准确的数据支持，帮助他们更加深入地了解每个方案的优缺点和潜在风险。

相比传统的设计流程，智能强排展现出了巨大的优势。传统的设计方法往往需要设计师们花费大量的时间和精力进行手动计算和绘图，可能需要数小时甚至数天的时间才能出一版相对满意的方案。而智能强排则能在几分钟内生成数百种高质量的方案，大大提高了工作效率，同时也极大地丰富了方案的多样性，为设计师和房企提供了更多的选择和可能性。

此外，智能强排系统还能自动进行方案的比选和优化。通过算法的不断迭代和学习，系统能够在众多方案中找出最优解，为决策提供更加准确、科学的依据。这在一定程度上减少了人为因素的干扰，提高了决策的客观性和准确性。

2．房企投资决策新篇章：数据与 AI 驱动，精准把控投资风险与成本

在房地产投资开发阶段，房企所面临的挑战远不止于表面的市场竞争和资金压力，更为核心的是如何对地产项目的投资风险和成本进行内部精准管控，以及如何对其投资价值进行准确而全面的评估。这一过程的成败直接决定了房企的盈利能力，以及能否在激烈的市场竞争中拥有立足之地。尤其是在关键的拿地阶段，房企需要细致入微地考虑并权衡各种因素，从而确保投资决策的科学性、前瞻性和合理性。

为了实现这一目标，房企的首要任务是有效整合内部和外部的各类数据源。在外部数据方面，房企必须积极收集和分析各地块的特征数据，包括人口大数据、消费能力大数据等，这些数据如同一面镜子，能够清晰地反映出地块当前的市场潜力和未来的需求变化趋势。同时，房企还需要密切关注地块周边的相关利好政策和配套规划等重要信息，这些因素如同一把双刃剑，既能提升地块的未来价值，也可能带来潜在的风险和挑战。而在内部数据方面，房企则需要深入挖掘和整理相似地块的历史销售去化情况数据。这些数据如同一本宝贵的经验手册，记录了企业在过去投资开发过程中的成功与失败，能够为房企在新的投资决策中提供有力的参考和借鉴。

在整合了内外部的庞大数据资源后，房企便站在了一个全新的起点上，这个起点便是利用 AI 算法对数据进行深度挖掘和应用。具体而言，房企可以利用这些算法构建某地块历史成功销售去化的数据与各地块特征数据之间的关联模型。这一步骤并非简单的数据堆砌，而是对历史数据进行细致入微的分析和解读，以寻找那些隐藏在数据背后的内在联系和规律。

通过对历史数据的深度挖掘，房企可以逐渐揭示出地块特征与销售去化之间的神秘面纱。例如，某些特定的人口结构或消费能力可能与地块的销售去化速度存在密切关联；又或者，地块周边的交通便捷度、教育资源丰富程度等因素也可能对销售结果产生深远影响。这些发现不仅是对过去经验的总结，更是对未来市场趋势的预测和指引。

接下来，房企便可以基于这些发现，通过建模构建地块特征与销售去化的预测模型。这一模型能够全面考虑地块的各项特征因素，如地理位置、规模大小、周边配套设施等，以及市场环境的动态变化，如政策调整、消费者需求变化等。通过输入新的地块特征数据，模型便能够迅速输出一个预测结果，即该地块未来销售的去化率。这一预测模型为房企的投资决策提供了有力的数据支持。房企可以根据模型的预测结果，对不同地块的投资潜力和风险进行准确评估，从而做出更加明智和理性的投资决策。这不仅大大提高了房企的投资效率和成功率，更有助于房企在激烈的市场竞争中保持领先地位。

最后，房企需要进入精细化决策的环节，即结合销售货值预测数据与成本数据，精确计算某地块的投资回报率。这一过程对房企的预测和核算能力提出了更高要求，因为无论是销售货值还是成本，都涉及众多复杂因素和变量，任何一点细微的误差都可能对最终的投资回报率产生显著影响。为了确保投资回报率的准确性和可靠性，房企需要对销售货值和成本进行深入的剖析和预测。对于销售货值，房企需要综合考虑地块的位置、市场需求、竞争状况以及产品定位等因素，利用 AI 预测模型来得出一个相对准确的预测值。对于成本，房企则需要详细核算地块的获取成本、开发成本、运营成本以及可能的风险成本等，确保没有遗漏任何一项重要支出。

在得出销售货值预测数据和成本数据后，房企便可以计算出地块的投资回报率。这一指标以直观的数字形式展现了地块的投资价值和盈利能力，使得房企可以对不同地块进行直接的比较和选择。通过计算投资回报率，房企可以更加清晰地看到哪些地块具有较高的投资潜力，哪些地块可能存在较大的风险，从而为投资决策提供有力的数据支持。

综上所述，通过整合内外部数据、构建关联模型、预测销售去化概率以及精确计算投资回报率等步骤，房企可以在房地产投资开发阶段实现对投资风险和成本的全面管控以及对投资价值的准确评估。这将大幅提升房企的投资决策效率和准确性，有助于企业在激烈的市场竞争中脱颖而出，实现持续稳健的发展。

13.1.2 房屋估价

在房屋估价方面，AI 技术的应用正改变着传统的估价方式，为房地产交易带来更高效、准确和便捷的体验。iBuyers 模式便是这种变革的典型代表。作为一种新型的房地产交易模式，它利用 AI 技术和大数据分析，能够迅速为卖家提供房屋估价和购买建议。当卖家有意出售房屋时，只需在移动端输入房屋的基本信息，如面积、房型、地理位置等，iBuyers 系统便会利用其强大的算法和模型，结合市场动态和历史交易数据，快速生成一个合理的房屋报价。

这一报价不仅考虑了房屋的物理属性，还综合考虑了市场供需关系、区域经济状况、同类房源的近期成交价格等众多因素，从而确保估价的准确性和公正性。同时，由于整个估价过程由系统自动完成，大幅缩短了等待时间，提高了交易效率。在卖家接受报价后，系统还会安排专人进行视频或现场核验，以确保房屋的实际状况与输入信息相符。这一步骤不仅保障了交易的透明度，也有助于避免后期可能出现的纠纷。最后，若卖家接受维修费和服务费等相关条款，便可在设定的过户日期完成交易，直接获得现金收入。相比传统的房屋销售模式，iBuyers 模式的流程极简，省去了寻找经纪人、开放参观、提交报价、协商合同细则、房屋勘验、房屋维修、贷款等烦琐耗时的环节，整个交易过程通常可以在两周内完成。这对于那些无暇顾及卖房事宜或是需要尽快回流房产资金的卖家来说，具有极大的吸引力。

1. AI房屋估价算法原理

在现代房地产领域，自动化和智能化的趋势日益明显，其中自动估值模型（automated valuation model，AVM）就是这一趋势下的杰出产物。AVM，作为iBuyers系统的核心组成部分，是一种利用先进的算法和大数据技术，对房屋进行快速、准确估值的专有软件。当传统的房屋估价方式还在依赖人工查找最近售出的类似房产，进行烦琐的市场比较分析时，AVM已经能够通过自动化的手段处理海量的房屋数据，并在极短的时间内生成精准的报价。这使得iBuyers系统能够规模化地收购房屋，大大降低了人工干预和成本，提高了交易效率。

AVM的算法原理基于机器学习和大数据分析。它通过收集海量的房地产数据，包括房屋的物理特征、地理位置、市场供需情况、历史交易价格等，建立起一个复杂的数学模型。这个模型可以根据输入的房屋信息，自动调整参数，计算出一个合理的估值。值得注意的是，AVM在处理房屋估值时，并不是简单地将房屋特征与最近售出的类似房产进行比较。它需要在比较的基础上，根据房屋的具体情况进行精细化的价格调整。为了做到这一点，AVM将房屋特征细化成数百个参数，这些参数包括房屋的面积、房型、楼层、朝向、装修情况、地理位置、交通便利性等。通过对这些参数的深度分析和学习，AVM能够在估值过程中准确地进行价格调整，以最大限度地减少误差。

此外，AVM还具有强大的自我学习和优化能力。它可以根据市场的变化和数据的更新，不断地调整和完善自己的算法和模型，从而提高估值的准确性和可靠性。这种能力使得AVM在面对复杂多变的房地产市场时，能够保持高度的灵活性和适应性。

2. 典型案例：Opendoor Technologies

Opendoor Technologies，这家总部位于美国旧金山的公司，是住宅房地产数字平台的佼佼者，更是iBuyers业务的开创者。自2014年起，Opendoor

Technologies 公司便致力于彻底改变传统的房地产交易方式，通过一种全新的、极简的方法来买卖房屋，从而为消费者提供前所未有的便捷体验。Opendoor Technologies 公司的核心业务模式是通过其在线平台，为待售房屋提供即时的现金报价。这一过程不仅快速，而且透明，为卖家省去了漫长而复杂的等待和谈判过程。一旦房屋被 Opendoor Technologies 公司收购，该公司会对其进行必要的维修和翻新，然后重新挂牌出售，从中赚取服务费和房屋增值的差价。这种模式不仅为卖家提供了一个快速、确定的销售渠道，同时也为买家提供了经过专业维修和翻新的优质房源。值得一提的是，Opendoor Technologies 公司还提供了一系列基于移动应用程序的房产服务和融资服务。这些服务包括房屋估价、贷款申请、交易进度跟踪等，使得消费者可以在任何时间、任何地点进行房屋交易，大大提高了交易的灵活性和便捷性。

Opendoor Technologies 公司的典型用户通常具有以下特征。首先，他们对时间非常敏感，不愿等待漫长的卖房周期，期望能够快速脱手房产以获得资金周转。这类用户通常面临着工作变动、家庭搬迁等紧急情况，需要迅速处理房产问题。其次，他们的精力有限，无法兼顾卖房的烦琐事宜，如房屋修缮、安排看房、处理报价和文件等。Opendoor Technologies 公司的一站式服务为他们解决了这些问题，让他们能够轻松完成房屋交易。再次，这些用户通常具有较低的风险偏好，不愿面对变化的市场或状况百出的买家。他们更喜欢按照确定的时间进度完成交易，以避免麻烦和风险。最后，他们信任科技并愿意尝试新事物，对技术变革传统行业有强烈的认同感，因此他们愿意尝试无中介参与的全程电子化在线交易。这种交易方式不仅提高了效率，还降低了成本，为消费者带来了实实在在的利益。

13.1.3 房地产营销

1. 大模型与数字人、短视频革新房地产营销

大模型与数字人技术正以前所未有的速度革新房地产营销领域，引领人们进入一个沉浸式卖房的新纪元。

首先，房地产行业大模型凭借其强大的数据整合与分析能力，全面搜集了销售冠军的实战经验和房源的详尽信息，构建了一个信息庞大的知识库。这一知识库不仅包含了房源的独特卖点、周边配套设施，还涵盖了市场动态和消费者偏好。通过大模型，销售人员能够迅速获取所需信息，为用户提供更加精准、个性化的服务，从而大大提高了销售效率和客户满意度。

其次，数字人技术的引入为房地产营销注入了新的活力。数字人主播不仅具备高度逼真的形象和声音，还能够与用户进行实时互动和交流。在大模型的支持下，数字人主播能够迅速从知识库中提取相关信息，并结合用户的实际需求，给出专业且个性化的回答。这种智能化的服务模式不仅提升了销售效率，还为用户带来了更加便捷、高效的服务体验。

更值得一提的是，数字人直播卖房模式巧妙地融入了VR和AR技术，为用户带来了一种沉浸式的看房体验。购房者只需佩戴VR眼镜或使用其他兼容设备，便能穿越时空，身临其境地置身于房产项目中。他们可以在三维立体的空间里自由漫步，真实感知房屋的每一个角落和细节。这种沉浸式的体验无疑极大地增强了购房者的购买信心和满意度，为房地产项目的成交转化提供了有力支持。

最后，AIGC技术在房地产营销领域的应用也值得关注。AIGC技术能够智能化生成短视频，将房地产素材转化为引人入胜的视觉故事。这种创新模式不仅提高了宣传效率，还降低了制作成本。营销团队只需输入房产介绍文本及图片资料，AIGC平台便能迅速生成高质量的短视频作品。这些短视频作品不仅生动展示了房源的实景模拟场景、户型特点、装饰细节等，还融入了多元互动元素，为潜在购房者提供了更加丰富的视觉体验。

2．AI赋能房地产销售：智能防"飞单"系统全面保障客户资源与销售业绩

在房地产销售的传统运作模式下，"飞单"问题一直是困扰企业的难题。"飞单"是指销售人员为了追逐个人利益，可能会擅自将优质客户资源引向非正规渠道，甚至进行私下交易。这种行为不仅扭曲了企业的销售数据，导致企业无法准确掌握市场反馈和业绩实际情况，更严重的是损害了企业的利润空间，破坏了长期客户关系的建立与维护。

为了解决这一顽疾，房地产企业长期以来一直在寻求有效的治理手段。

然而，传统的监管方式往往存在盲区和效率低下的问题，难以从根本上解决"飞单"问题。随着 AI 技术的快速发展，一种全新的解决方案——基于 AI 的防"飞单"系统应运而生。这一系统集成了先进的面部识别技术和大数据分析能力，通过部署在营销案场（售楼处）的高清摄像头网络，能够实时捕捉并精准识别每一位到访客户的面部特征信息。进而与后台的销售记录、客户档案实现无缝对接，确保客户信息的准确性和完整性。

AI 防"飞单"系统不仅具备实时追踪客户行为路径的能力，还能深度解析销售人员与客户互动过程中的各种细节。一旦发现异常行为，如销售人员频繁引导同一客户接触其他非官方房源或客户联系突然中断等现象，系统即刻发出预警信号，提示管理层介入调查潜在的"飞单"风险。这种智能化的监控方式不仅提高了监管效率，还能有效避免人为因素的干扰，确保监管的公正性和准确性。

此外，AI 防"飞单"系统的强大之处还在于对海量数据的深度挖掘与智能分析。通过对客户面部生物特征、过往购买行为、沟通历史等多个维度数据的整合分析，系统能够生成高度精准的客户画像及购买意愿预测模型。这些模型不仅能够帮助销售人员更加深入地了解客户需求和偏好，提供更为契合客户需求的产品推介和个性化服务，还能为企业的市场分析和战略决策提供有力支持。

引入 AI 防"飞单"系统对于房地产企业而言具有深远的意义。一方面，系统能够有效遏制"飞单"行为的发生，确保客户资源的稳固和销售业绩的稳步增长；另一方面，通过对数据分析智能化的运用，企业能够显著提升销售效率和服务质量，提高客户满意度和忠诚度。此外，通过减少因"飞单"带来的管理成本和不必要的佣金支出，企业在追求经济效益的同时实现了运营成本的实质性降低。因此，在当今房地产市场竞争日益激烈的背景下，AI 防"飞单"系统正逐渐成为各家房企提升内在竞争力、打造差异化优势的重要工具之一。

3. 智能语音工牌：助力房地产销售，精准洞察驱动效率与满意度双赢

在房地产销售这个充满挑战与机遇的领域，如何提升销售效率与客户满意度一直是企业不断探索的重要课题。智能语音工牌作为一种创新的销售工具,正以其独特的技术优势,为房地产销售带来革命性的变革。

智能语音工牌在房地产销售展示中心接待中展现出了强大的实力。其核心功能在于能够实时记录并分析销售人员与客户的交谈内容,通过先进的语音识别和语义理解技术,精准捕捉客户的需求、偏好、疑虑等关键信息。这不仅极大地减轻了销售人员的信息记录负担,更重要的是,它确保了客户信息的准确性和完整性,为后续的服务提供了有力的数据支持。

在传统的房地产销售模式中,销售人员往往需要花费大量的时间和精力去整理、分析客户信息,而智能语音工牌的出现,彻底改变了这一局面。它能够在短时间内对大量的语音数据进行处理和分析,快速生成客户画像,帮助销售人员更加深入地了解客户的需求和偏好。基于这些精准的客户洞察,销售人员能够为客户提供更加个性化、专业化的服务,从而提升销售效率和客户满意度。

此外,智能语音工牌还具备智能销售讲解分析功能,能够对销售过程中的关键信息进行深度解析和识别。它能够帮助销售人员快速找到潜在的成交点和客户疑虑,为他们的谈判提供有力的支持。这使得销售人员能够更加有针对性地与客户进行沟通和交流,提高谈判成功率。同时,智能语音工牌还能够根据客户的实时反馈动态调整销售策略,确保销售人员始终能够为客户提供最符合其需求的产品和服务。

最后,智能语音工牌的数据分析功能也是其一大亮点。它能够对销售数据进行实时监控和分析,帮助销售团队更好地把握市场动态和客户需求。基于这些数据洞察,销售团队能够更加精准地制定销售策略和计划,提高销售业绩和市场竞争力。同时,这些数据还能够为企业的宏观战略决策提供有力支持,推动企业在激烈的市场竞争中保持领先地位。

13.2 房地产行业智能应用(二)

13.2.1 社区智能安防

AI 赋能物业社区安防,构筑智慧安全堡垒。AI 已经成为物业社区安防领域的重要力量。通过 AI 技术的广泛应用，社区安防系统不仅能够实现全天候、全方位的监控，还能智能识别各类安全隐患并及时报警，有效提升了社区的安全性和管理水平。从高空抛物检测到周界入侵报警，从消防通道占用监控到电瓶车入梯预警，AI 技术在社区安防中的深入应用正在为居民筑起一道坚实的智慧安全堡垒。AI 在物业社区智能安防方面的应用深度涵盖了众多安全场景（见图 13-2）。

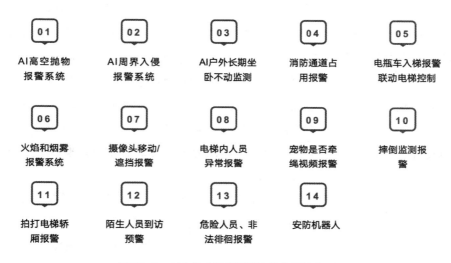

图13-2　AI在物业社区智能安防方面的应用

（1）AI高空抛物报警系统。通过在社区内关键位置部署高清智能摄像头，结合尖端的 AI 图像识别和视频分析技术，该系统构建了一道高空安全的"电子眼"。它能够全天候、不间断地监测楼体周边的空域，一旦有高空抛物的行为发生，系统会迅速捕捉并精准锁定抛物源头。同时，触发报警机制，及时将警情通知给物业管理方，确保他们能够迅速采取措施进行处理。这一创新应用不仅有效减少了高空抛物带来的安全隐患，降低了因此引发的法律纠纷风险，更为社区居民创造了一个更加安全、和谐的生活环境。

（2）AI周界入侵报警系统。该系统利用深度学习算法的强大能力，对社区周界进行 24 h 不间断的严密监控。它能够智能识别出各种异常行为，如翻越围墙、破坏栅栏等，一旦检测到这些行为，系统会立即发出报警信息，确保社区的安全不受任何侵犯。这一功能的实现，极大地提高了社区周界的安全性，有效防止了非法入侵和破坏行为的发生，为社区居民提供了更加安心的居住环境。

（3）AI户外长期坐卧不动监测。在公共场所，如广场、公园座椅等区域，AI智能视频分析技术发挥着重要作用。它能够持续监控人员的活动状态，对于长时间静止不动的人体形态，系统会自动识别并判断是否为异常情况。一旦发现老人跌倒、突发疾病等紧急状况，系统会立即通知相关人员进行救助，确保居民的生命安全得到及时有效的保障。这一功能的应用，不仅提升了公共场所的安全性，也体现了物业管理的人性化关怀。

（4）消防通道占用报警。利用AI图像识别技术和红外线感应装置，该系统能够实时监测消防通道的使用情况。一旦有车辆或其他障碍物占用消防通道，系统会迅速发出报警信号，提醒物业管理人员及时清除隐患。这一功能的实现，确保了消防通道的畅通无阻，为火灾等紧急情况的救援提供了宝贵的时间，是保障社区安全的重要措施之一。

（5）电瓶车入梯报警联动电梯控制。安装在电梯内的AI摄像头能够准确识别出电瓶车进入电梯的情况。一旦检测到电瓶车，系统会立即阻止电梯运行，并向管理中心发出报警。更高级别的系统还能与电梯控制系统联动，使电梯在识别到电瓶车后自动停止运行。这一功能的实现有效防止了因电瓶车充电不当而引发的火灾隐患，保障了电梯和社区居民的安全。

（6）火焰和烟雾报警系统。该系统集成了视觉和热成像技术，能够实现早期火灾预警。即使在暗光或浓烟环境下，也能精准识别火源和烟雾，并迅速将火情信息传递给物业及消防部门。这一功能的实现大幅缩短了火情响应时间，降低了火灾带来的损失，是保障社区安全的重要技术手段之一。

（7）摄像头移动/遮挡报警。当AI摄像头被人为移动或受到物体遮挡时，系统会自动识别并触发警报，确保监控系统的连续稳定运作。这一功能有效防止了因摄像机失效而导致的安全盲区出现，为社区的全面监控提供了有力保障，同时，也提高了物业管理的效率和安全性。

（8）电梯内人员异常报警。电梯内部安装的AI摄像头能够实时监测乘客的状态。在遇到醉酒、晕厥、斗殴等异常行为时，系统会自动报警并将异常画面传输至监控中心,以便相关人员采取相应救援措施。这一功能的实现为电梯内的安全提供了有力保障,确保了乘客的人身安全,提升了电梯使用的安全性和舒适度。

(9)宠物是否牵绳视频报警。社区内的摄像头配合 AI 算法能够准确识别出宠物是否佩戴牵引绳。当发现未牵绳的宠物时,系统会自动向物业发送报警提示,便于工作人员及时干预,维护社区公共秩序。这一功能的实现有助于规范宠物管理,提高社区的整体环境质量,为居民创造一个更加和谐宜居的生活环境。

(10)摔倒监测报警。针对老年人和儿童等易摔倒人群,AI 视频分析技术能够实时监测行人的活动状态。在社区步行道、楼梯口等易发生滑倒、跌倒的位置,一旦发生人员意外摔倒,系统会立即报警并通知相关人员展开援助。这一功能的实现为易摔倒人群提供了及时有效的安全保障,体现了物业管理对居民的人文关怀和细致照顾。

(11)拍打电梯轿厢报警。如果有人恶意拍打或损坏电梯轿厢,AI 智能分析技术能够实时识别这类暴力行为,并立即发送报警信息,同时记录下相关证据。这一功能的实现保障了电梯设施的安全运行,维护了社区的公共秩序,对恶意破坏行为起到了有效的震慑作用。

(12)陌生人员到访预警。结合人脸识别技术和门禁系统,AI 能够准确识别出非本社区居民的陌生来访者,并对其行踪进行追踪和记录。如有可疑人员频繁进出或滞留社区,系统会提前预警,提高社区防范外来风险的能力。

(13)危险人员、非法徘徊报警。对于公安部门提供的黑名单数据库,AI 智能安防系统能够实时比对监控画面中的人物特征。若发现列入名单的危险人物出现在社区内,系统会立即发出警告,协助警方实施管控。同时,对于在特定区域内长时间徘徊、形迹可疑的人员,系统也会自动发出报警提示。

(14)安防机器人。作为物业社区安防的一部分,安防机器人可以进行巡逻,辅助监控社区的不同区域。它们集成了 AI 视觉分析、声音检测和环境感知等技术,能够用于实时监控和即时响应各种安全威胁。这些机器人是社区智能安防系统的有效补充,能够增强社区的安全性,提高物业管理的效率和质量,为居民提供更加安全、便捷的生活环境。

13.2.2 物业管理

AI赋能物业管理,智创美好生活新篇章。AI在物业管理中的广泛应用(见图13-3),不仅提升了服务效率和质量,还降低了成本,为居民创造了更便捷、安全、舒适的生活环境。通过智能客服、呼叫系统、报修系统等,物业管理实现了快速响应和高效处理;巡检机器人、保洁机器人等智能化设备,确保了社区环境的整洁和设施的完好;而智能化的垃圾分类、车位管理、安全监控等,则进一步提升了社区管理的精细化和智能化水平。

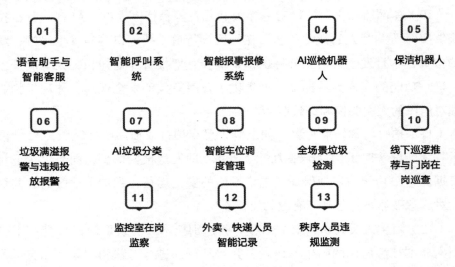

图13-3 AI赋能物业管理场景

(1)语音助手与智能客服。通过集成先进的自然语言处理技术,物业企业能够提供24 h不间断的在线智能客服服务。这种服务方式打破了时间和空间的限制,使得居民在任何时间、任何地点都能获得及时、准确的物业信息和服务。居民可以通过语音或文字与AI系统交互,像与真人对话一样自然流畅。无论是查询物业费用、了解报修流程,还是提交访客通行申请和预约服务,AI系统都能迅速给出满意的答复。此外,智能客服还能够根据历史数据进行智能回访,主动跟进业主需求,确保问题得到彻底解决,从而提升了业主的满意度和忠诚度。

（2）智能呼叫系统。利用 AI 电话机器人技术，物业企业可以在必要时自动拨打业主电话，高效传递紧急通知、活动预告等重要信息。这种智能化的呼叫方式不仅极大减少了人工拨打电话的工作量，释放了人力资源，还优化了信息的传递效率和准确性。无论是紧急情况下的快速通知，还是日常活动的温馨提醒，智能呼叫系统都能确保信息及时、准确地传达给每一位业主，提高了整体的工作效率和服务质量。

（3）智能报事报修系统。当业主通过 APP 或其他数字化渠道上报问题时，AI 系统能自动识别并分类业主的需求，精准派发工单至相应维修部门。这一过程无须人工介入，完全由系统自动完成，从而实现了报修流程的自动化和智能化。这种智能化的报修方式不仅提高了问题处理的效率和准确性，还降低了人力成本和时间成本。同时，它也使得业主的问题能够得到更快速、更专业的解决，提升了业主的满意度和信任度。

（4）AI 巡检机器人。配备多种传感器和视觉识别技术的巡检机器人可按预设时间表自主完成社区公共区域的巡查任务。它们能实时发现并报告设施设备损坏、绿化不整、卫生状况等问题，为物业企业提供了及时、准确的问题反馈。通过这种方式，物业企业能够迅速掌握社区环境的实时状况，及时采取措施进行整改和维护，确保社区环境始终处于良好状态。这不仅提升了社区的整体环境质量，也增强了业主的归属感和满意度。

（5）保洁机器人。针对小区内道路清洁和局部区域清扫的需求，保洁机器人运用 AI 导航及图像识别技术实现自动化清扫和垃圾收集。它们能够按照预设的路线和时间表进行清扫工作，无须人工干预即可完成清洁任务。这种智能化的清洁方式不仅减轻了传统人工保洁的压力和工作量，还保持了高频率、高质量的清洁维护水平。它使得小区内的道路和公共区域始终保持干净整洁的状态，为业主创造了舒适宜居的生活环境。

（6）垃圾满溢报警与违规投放报警。结合物联网技术和图像识别功能，垃圾桶在满载时会自动触发报警通知清运人员及时进行清理。同时，系统还能识别和记录垃圾非法倾倒行为，并发出报警提示管理人员进行处理。这种智能化的垃圾管理方式不仅提高了垃圾处理的效率和准确性，还助力社区垃圾分类管理的有效执行。它使得垃圾分类工作得以顺利开展，减少了资源浪费和环境污染现象的发生。

（7）AI垃圾分类。嵌入了AI技术的智能垃圾桶设备可以自动识别投递进来的垃圾类型并进行正确分类处理。这种智能化的垃圾分类方式，提升了垃圾分类的准确度并减少了人为因素导致的分类错误。

（8）智能车位调度管理。通过AI算法分析车流数据实现停车位的动态管理和优化分配是提高车位使用率、缓解停车难问题的有效手段之一。智能车位调度管理系统能够根据实时车流数据预测停车需求，并动态调整车位分配方案以满足不同时间段的停车需求。同时它也为业主提供了便捷高效的停车服务体验，使得他们能够快速找到合适的停车位并顺利完成停车过程。

（9）全场景垃圾检测。采用多摄像头联动配合AI分析技术在社区各处实施全天候垃圾检测是确保整个社区环境卫生达标的重要手段之一。这种智能化的垃圾检测方式能够及时发现并处理包括垃圾堆放、乱丢乱扔等在内的各种环境卫生问题，从而保持社区环境的整洁和美观。它不仅提升了社区的整体环境质量，也为居民创造了更加宜居的生活环境。

（10）线下巡逻推荐与门岗在岗巡查。基于AI的线下巡逻路径规划以及门岗工作人员在岗情况的AI监控，是确保物业安保工作高效有序进行的重要手段之一。通过AI技术对巡逻路径进行智能规划和优化，使得安保人员按照最优路线进行巡逻，从而提高巡逻效率和质量；同时对门岗工作人员的在岗情况进行实时监控，可以确保他们始终坚守岗位。

（11）监控室在岗监察。AI系统可对监控室工作人员的状态进行实时监督，提醒其保持高度警惕，确保监控画面无遗漏，并快速响应突发事件。这种智能化的监察方式不仅提高了监控室工作人员的工作效率和警惕性，还降低了人为因素导致的监控失误和漏洞问题发生。它使得监控室能够更加有效地履行其职责，为社区的安全稳定提供坚实保障。

（12）外卖、快递人员智能记录。通过人脸识别和其他身份验证技术对外卖员、快递员进出社区进行智能化管理，是提升社区安全管理水平的有效措施之一。这种智能化的管理方式能够准确记录外卖员、快递员的到访时间和频次，既方便业主接收物品，又强化了社区的安全管理。它使得社区的安全防线更加牢固可靠，为居民提供了更加安全放心的居住环境。

（13）秩序人员违规监测。AI 视频监控系统可以实时捕捉和分析秩序维护人员的行为，例如，在工作岗位上抽烟、接打私人电话等不符合规范的行为。通过预警机制促使他们遵守工作纪律，提升物业服务形象和管理水平。这种智能化的监控方式不仅提高了秩序维护人员的工作效率和自律性，还降低了违规行为的发生概率。它使得物业服务团队能够更加专业、规范地为业主提供服务，提升了整体的服务质量和口碑。

13.2.3 绿色安全社区

在智能物业时代，AI 与物联网领航绿色安全社区，如图 13-4 所示。AI 与物联网技术已经深入融合到人们生活的方方面面，特别是在物业社区管理领域，它们正引领着一个全新的智能化、绿色化的安全社区时代。在这个时代，物业社区不再仅仅是简单的住宅聚集地，而是一个集成了智能感知、联动响应、智慧管理等多种功能的综合性智慧生活空间。

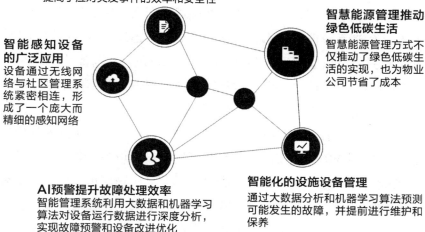

图13-4　AI应用于绿色安全社区

（1）智能感知设备的广泛应用。在智能物业社区中，物联网技术发挥了巨大的作用。社区内部署了众多智能感知设备，如高精度的烟雾报警器、红外传感器、温湿度传感器等。这些设备通过无线网络与社区管理系统紧密相连，形成了一个庞大而精细的感知网络。它们能够实时进行环境监测、设施状态跟踪，为社区管理提供准确、及时的数据支持。以烟雾报警器为例，它能够在第一时间检测到火灾隐患，并通过社区管理系统迅速触发应急响应机制。而红外传感器则可以感知到人体的活动，实现对社区内的全面监控，有效提高了社区的安全性。

（2）高效联动的应急响应机制。当社区内发生紧急情况时，如火灾、燃气泄漏等，智能管理系统能够迅速启动应急处理机制。这一机制的实现得益于物联网技术的实时数据传输和 AI 的快速决策能力。系统会自动关闭相关区域的电源、燃气阀门，打开排风设备，以控制火势和有毒气体的扩散。同时，系统通过短信、APP 推送等方式自动通知相关人员及相关部门，确保火情或泄漏得到及时控制和处理。这种高效的联动响应机制大大减少了人为干预的时间，提高了应对突发事件的效率和安全性。

（3）智慧能源管理推动绿色低碳生活。智能物业社区还配备了智能电表、智能水表等设备，实时监测和优化能源使用。这些设备与管理系统相连，使管理系统可以精确掌握每个家庭或公共区域的用水、用电量。通过对这些数据的分析，管理系统能够提出针对性的节能减排建议，引导居民养成绿色低碳的生活方式。此外，系统还可以根据用电高峰时段自动调整设备的运行模式，减少电网负荷，降低能源浪费。这种智慧能源管理方式不仅推动了绿色低碳生活的实现，也为物业公司节省了成本。

（4）智能化的设施设备管理。在智能物业社区中，AI 技术的应用使得设施设备的管理变得更加智能化。系统可以对设施设备（如电梯）的运行状态进行实时监测，通过大数据分析和机器学习算法预测可能发生的故障，并提前进行维护和保养。这种管理方式不仅延长了设备的使用寿命，提高了设备的运行效率，还为物业公司节省了大量的人力和物力成本。同时，通过对设施设备的精细化管理，也实现了资产的保值增值。

（5）AI 预警提升故障处理效率。基于大数据和机器学习算法的智能管理系统能够对设施设备的运行数据进行深度分析和挖掘。如电梯的运行，当系统检测到异常数据时，会自动触发预警机制，并通过多种方式及时通知维修人员进行处理。这种 AI 预警功能大大提高了故障处理的及时性和准确性，避免了因设备故障而引发的安全事故和居民投诉。同时，通过对故障数据的分析，还可以为设备的改进和优化提供有价值的参考依据。这种智能化的故障处理方式不仅提升了社区管理的效率和质量，也为居民提供了更加安全、舒适的生活环境。

13.2.4 全屋智能

全屋智能，是以现代住宅作为综合服务平台，深度整合物联网、云计算、移动互联网、大数据以及 AI 等前沿科技，并通过自动控制技术将各类家居硬件紧密联结在一起，旨在创造一个全面互联、智能联动的居住环境。这一全新家庭生态涵盖了家庭设备的智能控制、居住环境的实时监控、家人健康状态的实时感知，以及信息交流、消费服务等多个维度，使得现代家居生活变得更为高效、舒适且个性化。

从长远趋势来看，全屋智能的市场前景非常乐观。现代社会家庭结构的多样性，无论是老年人关注的家庭安全与健康监测，中年人看重的智能家居管理效率，年轻人追求的高科技生活体验，还是儿童与宠物需要的特殊关怀与监控，都离不开智能家居的全面支撑。这意味着全屋智能所涵盖的影音娱乐、家庭安防、智能卫浴、智能厨房、智能睡眠等多个场景都具有极大的市场需求空间。

1. 智能化程度与产品互通性：双轮驱动全屋智能的革新与发展

全屋智能的发展趋势在现代科技与日常生活融合的进程中显得尤为重要，尽管近年来取得了显著进步，但依然面临两大核心挑战：智能化程度的提升和产品间互通性的增强。这两个关键问题不仅制约着智能家居市场的深度拓展，也在一定程度上影响了消费者的使用满意度。但是，在技术创新的驱动下，这两方面的难题正在逐步得到破解。

首先，从智能化程度的角度来看，AI、物联网以及云计算等前沿技术的深度融合和广泛应用，尤其是大模型技术的迅速迭代升级，为智能家居领域带来了革命性的变化。在自然语言理解、视觉识别、多模态交互等方面，智能家居产品的智能化水平明显提升，使得人机交互更加贴近人类日常交流习惯，场景化的解决方案也更为精准细致。然而，当前市场上的大多数智能家居产品仍停留在初级的遥控控制和自动化执行层面，缺乏深度学习和自适应能力，无法根据用户的具体生活习惯和环境变化进行动态调整和智能决策。因此，如何提升产品的智能化程度成为推动智能家居产业纵深发展的关键瓶颈。要解决这一问题，行业需不断引进和应用更先进的技术和算法，如深度学习、强化学习等，以优化智能家居的智能决策和自主学习能力，并通过持续收集和分析用户数据，精准构建和优化各类生活场景下的智能解决方案，从而提供更优质、个性化的用户体验。

随着大模型等尖端技术的不断革新，未来的智能家居将呈现出更加人性化、智能化的交互方式，赋予用户前所未有的便捷与舒适体验。具体来说，新一代智能家居大模型颠覆了人们对以往家庭AI"智障"形象的认知。其强大的语义理解和泛化能力，使AI能够准确理解并响应用户的多样化表达方式，无论是直接指令还是隐晦需求都能灵活应对。此外，创新的引导交互技术让AI能够基于上下文情境主动与用户展开对话，引导用户启用相关服务功能，极大地提升了交互的自然流畅度与亲和力，使AI真正融入家庭生活，成为贴心的生活助手。同时，借助于庞大的家庭知识图谱资源，智能家居大模型得以深入理解生活领域的各个方面，包括家电使用、生活服务、休闲娱乐及健康保健等专业知识，实现了自我学习与成长，能够在解答用户疑问、提供建议时展现出高度的专业性和实用性。

其次，针对产品互通性的问题，当前智能家居市场上各品牌间普遍存在的封闭生态系统和独立标准导致不同品牌、不同生态体系的产品难以实现无缝互联和协同工作，这无疑限制了消费者的选择范围，同时也增加了他们的使用成本和学习成本。为了解决这一痛点，打破生态壁垒，扩大智能家居市场规模，一种名为Matter的统一通信标准应运而生。由亚马逊、苹果、谷歌等全球智能家居巨头引领，联合超过200家公司和数千名专家共同推进的Matter标准，基于互联网协议（internet protocol，IP），旨在确保智能家居设备、移动应用程序和云端服务之间的高效沟通。它建立了一套通用的通信协议和设备认证机制，目标是消除行业内的生态隔阂，实现跨品牌、跨生态系统的互联互通。这对于提高消费者使用体验和推动整个智能家居行业的长远发展具有里程碑式的意义。随着 Matter 标准的不断完善和普及，未来将支持更多类型的智能家居设备接入。与此同时，技术的进步和成本的降低将进一步促进产品的互通性问题得到有效解决。届时，智能家居的渗透率有望大幅提升，让更多消费者享受到便捷、舒适且智能的生活体验。

2．AI 与多模态感知驱动下的全屋智能革命

全屋智能技术正日益成为现代家居生活的重要组成部分。其核心在于通过多种方式与用户进行交互，包括语音、视觉、开关控制以及对温度湿度的感知等。这些交互方式不仅提升了家居的便捷性，更在逐步改变人们的生活方式。在全屋智能的实现过程中，传感器扮演着至关重要的角色。它们能够感知环境中的语音、图像、手势等信息，并将这些模拟信号转换为数字信号，供后续处理和分析使用。而多模态感知技术的引入，则进一步增强了这一过程的效能。通过融合来自不同传感器的数据，多模态感知能够形成更全面、更有效的信息表示，从而使得后续的控制与反馈机制更加精准和高效。这一转变意味着智能家居不再仅仅是被动地响应用户的指令，而是能够主动地理解用户的需求和意图，并做出相应的反应。这种从被动智能到主动智能的转变，不仅提升了用户体验，也为家居生活带来了更多的可能性和便捷性。

大语言模型具备强大的自然语言处理能力和多模态感知能力，这使得智能家居设备能够更自然地与用户进行交流，更准确地理解用户的意图和需求。无论是通过传统的手机 APP、智能音箱，还是新兴的智能路由、电视等创新显示交互设备，用户都可以轻松与智能家居系统进行交互。而这些交互方式也将从简单的按键开关逐渐过渡到更为自然和高效的语音、手势和表情等多模态交互方式。

未来，随着 AI 技术的深入应用和多模态数据融合的不断完善，智能家居系统将能够自主学习用户的设备配置习惯和生活喜好。通过创设更多细分场

景并实现场景间的互联互通，智能家居系统将能够为用户提供更加差异化、个性化的无感式服务体验。无论是回家时的自动灯光调节、音乐播放，还是睡觉时的温度调整、安全监控，智能家居系统都将能够根据用户的需求和习惯进行智能决策和执行。

在 AI 赋能的时代背景下，智能家居被视为新的互联网应用入口和消费升级的重要方向。随着新技术的不断发展和应用以及消费者对更深层次家居生活场景化体验的追求，智慧家庭正不断向更高层次迈进。大模型等 AI 技术的广泛应用将有望解决人机交互中的"交流障碍"问题，为智能家居带来新的发展机遇和广阔的市场前景。

3．全屋智能迎新篇章：大模型领航个性化时代

随着 AI 技术的不断突破，国际科技巨头如苹果、谷歌、亚马逊等均对智能家居市场虎视眈眈，尽管它们的目的和市场策略各不相同。以亚马逊公司为例，其 Echo 系列产品（见图 13-5）的核心目的并非仅仅是智能家居控制，而是更深入地了解用户的日常生活习惯和时间分配，从而为用户提供更为精准的零售推荐。谷歌公司则更加注重用户的实时数据，通过收集和分析这些信息，谷歌公司能够更准确地投放广告，实现商业价值的最大化。

图13-5　亚马逊公司的Echo系列产品

与此同时，国内厂商也在大模型与智能家居的结合上取得了显著进展。以某大型家电企业发布的智家大脑为例，这一平台融合了物联网、AI、大数据等多领域的前沿技术，不仅具备强大的语义理解能力，能够实现更为自然的语音交互，还通过全屋数字模型与多维信息感知融合技术，让家居信息变得可视、可控、可预测。用户只需简单的语音指令，智家大脑便能自动生成所需的专属智慧场景，并通过类脑决策预判，主动为用户推荐合适的场景设置。此外，全屋OTA（over the air）技术的引入，使得智能设备能够始终保持最新状态，为用户提供持续优化的智能体验。

未来，智能家居将不仅仅是一个简单的控制中心，更是一位全能的"老师"和"工程师"。基于大模型的千亿级参数量，多家家电企业已经开发出能够快速提炼生成科学建议的智能系统。这些系统的大模型具备文本生成、数学能力、多语言能力等多项功能，能够帮助家长更好地辅导孩子进行多种学科的学习。同时，通过将大模型接入智能家居系统，如国内某知名家电企业的智家大脑HomeGPT，智能家居还能够为用户提供更为专业的生活建议和服务。这些模型经过亿级的家庭领域知识增强训练，已经掌握了海量的家电知识和生活常识，能够为用户提供更为精准、个性化的建议和服务。

4. 虚拟人与家庭服务机器人领航智能家居时代

在全屋智能时代，虚拟人与家庭服务机器人的应用正逐渐引领潮流，它们将智能中控的功能性和用户体验提升到了全新的维度。作为智能家居的核心枢纽，中控设备不仅是连接用户和各种智能设备的桥梁，更是构建舒适、便捷居家环境的关键要素。

首先，在传统智能家居配置中，中控面板扮演着不可或缺的角色。这类设备通常被设计为固定安装，并具备高度定制化的场景设置功能，能够确保稳定可靠的家庭网络连接，实现对家中各智能终端的集中控制。然而，尽管中控面板在个性化场景管理上表现卓越，其视听体验却相对有限，且大多需要预先规划并进行前装布线，对于已装修完毕的家庭而言，这意味着额外的改造成本和难度。

其次，随着科技的进步，智能音箱作为一种新兴的智能家居中控形式迅速崛起。凭借其小巧便携、易于后装的特点，智能音箱在市场上赢得了广泛欢迎。它不仅具有出色的语音识别及交互能力，能远距离响应用户的指令，而且内置丰富的音频内容资源，极大提升了用户的使用便利性。但与此同时，智能音箱在可视化操作和实时连接状态反馈方面存在短板，用户无法通过视觉直观地掌握全屋智能设备的状态及联动情况。

再次，智能手机则凭借其高普及率和移动互联优势，在智能家居领域同样占据一席之地。用户可通过手机 App 随时随地远程操控家中的智能设备，实现基础的开关控制与部分设备状态监测。然而，智能手机作为智能家居中控手段，在深度集成与智能化、自动化管理层面尚有较大发展空间，难以满足用户对全方位、智能化家居生活的期待。

最后，现有各类中控设备虽各具特点，但在提供人性化、自然流畅交互体验方面仍显不足。尤其是相较于真实的人际沟通交流，现有的语音助手虽然在一定程度上简化了操作流程，但仍然无法完全模拟真实人类管家般的贴心服务。市场上出现的一些集成化产品，如带屏智能音箱、融合中控屏功能的音箱等，虽是创新尝试，但整体来说尚未达到引发市场新一轮爆发式增长的突破点。

在此背景下，业内专家们开始探讨更高级别的解决方案——虚拟人与家庭服务机器人。虚拟人技术借助 AI 算法和先进的人机交互界面，有望赋予智能家居系统更为生动、自然的语言交流能力，让家居控制如同日常对话般亲切自如。而家庭服务机器人则是在执行智能控制任务的基础上，进一步扩展至家务协助、生活陪伴甚至情感互动等诸多实际应用场景，成为家庭生活中真正意义上的多功能管家。

5．情景智能：全屋智能的个性化革新之路

随着科技的飞速发展，全屋智能的发展将迈向一个全新的高度——情景智能。情景智能，相较于传统的场景划分，更为细腻、精准。它不再仅仅局限于固定的空间或功能，而是能够根据不同人的个性化需求，以及不同时间、空间的具体情境，做出灵活、智能的响应。这一转变，不仅极大地提升了用户体验，也为智能家居行业带来了革命性的创新。

国内某领先智能家居企业积极投身于 AI 技术的研发与应用，掌握了 AI 视觉感知、声音识别、气味传感器、非接触温感、毫米波雷达睡眠监测以及味觉传感器等多项核心技术。这些技术的融合运用，使得智能家居系统能够像人一样感知、学习和决策，为用户打造真正个性化的智能生活体验。

以儿童全流程恒温沐浴情境为例，该企业通过智能管家屏和各类传感器的协同作用，实现了对儿童洗浴环境的全方位感知和控制。家长只需简单的语音指令，系统便能自动完成热水准备、环境恒温等一系列复杂操作，确保孩子在舒适、安全的环境中享受洗浴的乐趣。

针对儿童睡眠问题，该企业推出了独具特色的代哄睡情境。通过智能识别孩子的睡眠需求和状态，系统能够自动调节卧室的灯光、温度、湿度以及播放柔和的音乐或故事，为孩子营造一个温馨、宁静的睡眠环境。同时，家长还可以通过手机或智能音箱随时查看孩子的睡眠情况，轻松掌握孩子的睡眠动态。

厨房作为家庭中的重要区域，也是该企业情景智能应用的另一大亮点。他们推出的烟灶空联动舒爽情境，通过多维空气感应立方对厨房环境的实时监测和分析，实现了油烟机、灶具和厨房空调的智能联动。无论是高温烹饪时的自动降温、排烟，还是爆炒时的油烟控制、空气净化，系统都能迅速响应并精准调控，为用户打造一个健康、舒适的烹饪环境。

第 14 章

汽车行业智能应用

AI 技术的广泛应用，不仅为汽车的研发、设计、生产、销售和服务等各个环节注入了新的活力，更引领着汽车产业向着更加智能化、个性化的方向迈进。

14.1 汽车行业智能应用（一）

14.1.1 研发与设计

传统汽车研发过程中，往往依赖于工程师的经验和直觉进行设计与优化，这种方式不仅效率低下，而且难以精准把握市场需求。然而，随着 AI 技术的广泛应用，汽车研发与设计开始走向 AI 驱动的创新之路。通过收集和分析海量的用户数据、市场数据以及车辆运行数据，AI 系统能够洞察消费者的真实需求，为研发团队提供精准的市场定位和产品设计建议。

以某知名电动汽车品牌为例，该品牌利用 AI 技术，构建了一个庞大的用户行为分析系统。通过对用户的驾驶习惯、用车场景、充电需求等数据进行深入挖掘，研发团队得以精准把握消费者对电动汽车的期待和痛点。在此基础上，他们设计出了一款更加符合市场需求的电动汽车，不仅外观时尚、性能卓越，而且在续航里程、充电速度等方面也取得了显著的提升。

在汽车行业，AI 驱动研发与设计的创新体现在以下几个方面。

1. 用户数据洞察与需求挖掘

在传统研发模式下,汽车设计师和工程师往往依靠有限的市场调研和自身经验来进行产品设计。然而,这种方法难以全面、深入地了解消费者的真实需求和喜好。如今,随着大数据技术的成熟和应用,汽车企业能够通过收集、整合和分析海量用户数据,更加精准地洞察市场趋势和消费者心理。

用户数据不仅包括购车时的基本信息,如年龄、性别、职业等,更涵盖了用户的驾驶习惯、车载娱乐系统使用记录,甚至社交媒体上的讨论内容等。这些看似琐碎的信息,经过大数据技术的挖掘和分析,能够揭示出消费者的潜在需求和偏好。例如,通过分析用户的驾驶数据,企业可以了解到消费者对于车辆操控性、舒适性以及燃油经济性等方面的实际需求,从而在产品设计中进行有针对性的优化。

以特斯拉公司为例,其车载系统不仅为用户提供了卓越的智能驾驶体验,同时也在悄无声息中收集了大量宝贵的驾驶数据。这些数据不仅被用于自动驾驶技术的持续改进,更被特斯拉公司用来深入剖析用户的驾驶习惯和音乐偏好。基于此,特斯拉公司在后续车型中加强了车载音响系统的性能,并提供了更为丰富的音乐和播客内容,以满足用户日益多元化的需求。

2. AI重塑汽车研发设计

日本主要汽车制造商,如丰田、马自达、斯巴鲁和本田等,正全面拥抱生成式AI技术,引领新一代车型的开发进程。某日本汽车品牌旗下的美国研究机构,成功研发出一项开创性生成式AI技术,该技术不仅颠覆了传统汽车造型设计的框架,更是在设计美学与工程实用性的交汇点上架起一座桥梁,实现了设计美学与空气动力学性能优化的无缝结合。该汽车品牌的这一AI系统,借由设计师最初的理念萌芽,即可自主创造并精炼汽车外观形态,确保在追逐视觉创新的同时,大幅提升车辆的空气动力效率。这一进步直接转化为高速行驶时风阻的减少、燃油经济性的提升、噪声减弱以及驾驶稳定性和操控体验的增强。

尤为值得一提的是,这套系统赋予设计师一款前所未有的利器,它打破了设计与工程验证之间的壁垒,让创意流程不再因烦琐的技术校验而中断。

在过去，汽车外形的构想总是伴随着设计师与工程师间的频繁交流，以求美观与工程规范并重。现今，得益于该日本汽车品牌的 AI 辅助，设计草图能即刻获得深度分析，各类工程限制条件，包括但不限于气动效率与结构强度，被自动整合进设计初期，深化了创意与工程的实时协同。这不仅大幅压缩了从概念构想到实体产品的周期，还为设计思维开拓了更广阔的天地，使设计师得以全情投入创意与美学的无限探索之中。

另一日本汽车品牌亦致力于运用大规模 AI 模型，以提升气动性能研发的效能。其设于横滨的实验室正探索 AI 在研发、生产乃至设计环节的应用潜力，特别是在气动性能评估上的突破。传统的气动评估，依赖于繁复且耗时的计算机模拟，而该汽车品牌历经一年多精心训练的 AI 模型，已能以秒计完成汽车设计的气动性能预测，较之过往数日的等待，实现了质的飞跃。AI 的这一介入，不仅加速了研发进程，更有望催生出前所未见的车身形态，从而使设计美学与气动性能更加和谐。

3．仿真模拟与性能优化

在汽车研发过程中，仿真模拟技术的应用同样得益于 AI 的发展。传统的汽车测试往往需要在真实环境中进行大量反复的试验，这不仅耗时耗力，而且成本高昂。如今，借助先进的 AI 技术和高性能计算，汽车设计师可以在虚拟环境中对汽车进行各种性能测试和模拟，从而及时发现并解决潜在问题。

仿真模拟技术的应用范围极为广泛，从车身结构设计到动力系统优化，再到复杂驾驶场景的模拟等，几乎涵盖了汽车研发的各个方面。例如，在车身结构设计阶段，设计师可以利用仿真技术模拟不同的碰撞场景，以确保车身结构在各种极端条件下都能保持良好的安全性能。在动力系统优化方面，仿真技术同样能够帮助设计师找到最佳的动力匹配方案，从而在提升车辆性能的同时降低燃油消耗。

某德国汽车品牌在研发新款车型时就充分利用了 AI 技术进行仿真模拟。设计师们通过模拟不同的驾驶场景和极端条件对车身结构、动力系统和悬挂系统等进行了全方位的优化。这些仿真模拟不仅缩短了研发周期，降低了开发成本，更使得新款车型在操控性、舒适性和燃油经济性等方面都有了显著提升，为消费者带来了更加卓越的驾驶体验。

14.1.2 生产与制造

在当今这个智能制造飞速发展的时代，汽车工厂已经不再是过去那种嘈杂、繁重的生产场景。相反，随着 AI 和自动化技术的深度融合，现代汽车生产线已经展现出一种高度智能化、自动化的全新面貌，图 14-1 所示为特斯拉公司位于上海的超级工厂。

图14-1　特斯拉公司位于上海的超级工厂

1. 高度自动化的生产线

走进现代化的汽车智能工厂，首先映入眼帘的便是一排排整齐划一、高效运转的自动化设备，图 14-2 所示为特斯拉超级工厂，机器臂在上下翻飞"创作"中的场景。这些设备在 AI 技术的驱动下，能够精准地完成从原材料加工到成品组装的每一个环节。以焊接为例，传统的焊接工作需要经验丰富的焊工手动操作，不仅效率低下，而且质量难以保证。而如今，智能焊接机器人能够根据预设的程序和数据，自动完成高质量的焊接任务，无论是焊缝的平整度还是焊接强度，都能达到甚至超越人工焊接的水平。

图14-2　特斯拉超级工厂，机器臂在上下翻飞"创作"中

除了焊接，装配环节也同样实现了高度自动化。在智能工厂中，装配机器人能够根据生产需求，自动识别和抓取所需的零部件，然后按照精确的力度和位置进行组装。这种自动化的装配方式不仅大大提高了生产效率，而且有效避免了人为因素导致的装配错误和产品质量问题。

某品牌作为国内领先的汽车制造商，其在智能工厂建设方面走在了行业前列。其冲压、焊装、涂装和总装四大车间，广泛应用了工业机器人和自动化设备。这些设备在AI和大数据技术的支持下，实现了高度自动化的生产流程。例如，在冲压车间，高速冲压机能够在几秒钟内完成一个汽车部件的冲压成形；在焊装车间，焊接机器人能够自动完成车身的焊接工作，保证了车身的强度和美观度；在涂装车间，自动化的喷涂设备能够实现均匀、高效的涂装效果；而在总装车间，装配机器人则能够精确地完成各个零部件的组装任务。这种高度自动化的生产线不仅大大提高了生产效率，更使得该品牌的产品质量达到了全新的高度。

2．实时生产监控与优化

在智能工厂领域，AI与大数据技术的结合正日益显现其强大的潜力。借助在生产线各环节布置的传感器和物联网设备，汽车企业能够实时捕捉到巨量的生产数据。这些数据涵盖设备状态、生产进度、产品质量等多元化信息，从而为企业提供了一份全面的生产运营图谱。

在某日本汽车品牌的智能工厂中，AI与大数据技术共同作用于生产流程的实时监控与优化。一旦生产线出现任何故障或异常，系统能够迅速发出警报，并智能引导维修人员及时响应。更为出色的是，系统还能结合历史数据与实时数据，对生产线的运行状态进行深度学习和预测。例如，系统可以通过对设备状态数据的分析，精准预测出设备的维护需求及潜在故障风险，从而实现预见性的维护保养，有效规避生产中断的风险。这种数据驱动的实时监控与优化模式，无疑为该品牌的生产流程注入了更强的稳定性和高效动力。

3．个性化定制与柔性生产

随着消费者需求的日益多样化，个性化定制已经成为汽车行业的一个重要趋势。现代消费者更加追求个性化和差异化的产品体验，他们希望自己的座驾能够与众不同，充分展现自己的个性和品位。为了满足这种独特的需求，汽车企业必须摒弃传统的大规模生产方式，转向更加灵活、个性化的定制生产模式。

借助AI和大数据技术，汽车企业能够实现对消费者需求的精准把握和快速响应。通过收集和分析消费者的购车偏好、驾驶习惯以及社交媒体上的讨论内容等数据，企业能够深入了解消费者的真实需求和期望，并据此开发出更加符合市场需求的个性化产品和服务。例如，MINI汽车根据用户反馈需求，尝试推出受到年轻人喜欢的配色的汽车，如图14-3所示。同时，柔性生

图14-3　MINI汽车

产技术也使得企业能够在不增加太多成本的前提下，实现小批量、多品种的生产模式。这种生产模式不仅能够满足市场的多样化需求，还能够有效降低库存积压和资金占用风险，提高企业的盈利能力和市场竞争力。

14.1.3 供应链与物流

随着 AI 和大数据技术的不断发展，汽车企业已经能够实现对海量数据的实时分析、处理和预测。其中，销售数据、库存数据、供应链数据等多维度信息成为企业决策的重要依据。通过深入挖掘这些数据中的价值，企业能够准确预测市场需求和库存需求，从而制定出更为合理的库存策略。

智能库存管理的核心在于精准二字。它要求企业不仅要对市场需求有深入的了解，还要对自身的库存状况有清晰的把握。只有这样，企业才能在激烈的市场竞争中立于不败之地。福特汽车就是一个典型的例子。该公司利用 AI 和大数据技术对全球供应链进行实时监控和管理，确保了在任何情况下都能迅速调整库存策略，满足市场需求。这种智能库存管理方式的实施，不仅有效避免了库存积压和缺货现象的发生，还为企业节约了大量的库存成本，降低了运营风险。

除了实时监控和管理外，智能库存管理还强调对数据的预测性分析。通过对历史销售数据、库存数据等的深入挖掘和分析，企业能够预测出未来一段时间内的市场需求和库存需求，从而提前做好准备，应对各种可能的市场变化。这种预测性的库存管理方式，使得企业在面对市场波动时能够更加从容不迫，保持供应链的稳定和高效。

某德国汽车集团就是一个成功利用 AI 技术进行物流优化的典范。该集团通过 AI 算法对全球物流网络进行深度分析和优化，为每一辆运输车辆规划出最优的行驶路线和运输方式。这种智能物流规划方式的实施，不仅大幅缩短了运输时间，还降低了运输过程中的各种成本消耗，提高了整个供应链的效率。同时，该集团还积极与供应链上的其他环节进行协同合作，共同打造高效、稳定的供应链体系。这种协同合作的模式，使得该集团在面对复杂多变的市场环境时能够更加灵活应对，保持领先地位。

14.2 汽车行业智能应用（二）

14.2.1 自动驾驶

自动驾驶技术已经成为汽车行业乃至整个交通领域最为热门和前沿的话题之一。借助先进的 AI 技术和大规模数据集的训练支持，自动驾驶汽车已经能够在复杂多变的道路环境中实现安全、可靠以及高效的自动驾驶功能。这种技术的突破和发展不仅有望大幅提升道路安全和交通效率水平，还将为未来的智能交通系统构建奠定坚实基础，并推动其大步向前发展。

1．各个车商对自动驾驶汽车的探索

正是因为人类的伟大梦想，各车商和科技企业纷纷开启了对自动驾驶汽车的探索，特斯拉、谷歌公司旗下的 Waymo 自动驾驶汽车就是自动驾驶技术领域的佼佼者。特斯拉公司凭借其在 AI 技术和自动驾驶算法方面的深厚积累以及持续不断的研发投入支持，已经成功打造出了多款具备高度自动化驾驶能力的汽车产品，并在多个国家和地区进行了广泛而深入的路测验证工作，充分展现了其技术的成熟度和可靠性水平。这些车辆能够在没有人为干预的情况下自主完成各种复杂驾驶任务并应对各种突发情况挑战，如自动变道、超车、停车以及避障等，充分展现了自动驾驶技术的巨大潜力和广阔应用前景。

特斯拉公司在自动驾驶方面的探索历程始于 2013 年，当时其宣布开发辅助驾驶系统 Autopilot。随后，特斯拉公司在自动驾驶技术的道路上不断前行，经历了从依赖外部供应商到全面自研的转变。在自研过渡期（2016—2019 年），特斯拉公司启动了全新计算平台完全自动驾驶（full self-driving computer，FSD）系统的研发，标志着自研时代的开始。特斯拉公司逐渐超越了 Mobileye 等外部供应商，自研算法的能力得到了显著提升。

2019 年 4 月，特斯拉公司推出了 Hardware 3.0，标志着全面自研时代正式启动。此后，特斯拉公司不断推出新的硬件和软件更新，以提升自动驾驶系统的性能和安全性。在全面自研期（2019 至今），特斯拉公司在自动驾驶技术方面取得了更为显著的进展。

在AI方面的商业运用上，特斯拉公司也取得了显著的成果。其推出了Dojo，这是一款专门用于AI机器学习的超级计算机，有能力处理大量的AI任务。Dojo加速了特斯拉公司的Autopilot和FSD系统的迭代，同时也为特斯拉公司的人形机器人Optimus（擎天柱）提供了算力支持。特斯拉公司通过共用FSD系统，使得特斯拉机器人能够利用视觉自主识别、记忆周围环境，构建地图。工程师也可以通过AI对其进行肢体的模拟训练，大大降低了开发成本。

2．视觉与激光雷达的融合感知路线是自动驾驶未来的重要方向，大模型已成必争之地

自动驾驶技术，正站在科技革命的前沿，其中两大核心路线——车路协同与单车智能，共同驱动着这项技术的持续进步。

单车智能，以其高度的独立性和灵活性，通过集成尖端感知设备和计算单元，使车辆能够独立地对环境进行精准感知、快速决策和有效控制。这种技术路线让每一辆车都能作为一个智能个体，实现自动驾驶的目标。

与此同时，车路协同描绘了一个更为宏大的蓝图。它将智能汽车与智能道路设施深度融合，构建了一个更加广阔、高效的智能交通网络。在这一网络中，车辆与道路之间的信息实时交互，不仅显著扩大了感知范围，而且大幅减轻了单车端的计算压力。更重要的是，车路协同为整个交通体系注入了更多的安全冗余，从而让自动驾驶更加稳健可靠。然而，要实现这一宏伟愿景，政府的推动和资金投入显得尤为重要。

在单车智能的细分领域内，纯视觉路线与激光雷达感知路线之争曾是业界热议的话题。特斯拉公司是纯视觉路线的坚定践行者，其核心理念是模仿人类的视觉感知方式，通过摄像头捕捉并理解周围环境。而激光雷达技术则以其高精度、高分辨率的特点，被广泛应用于构建三维环境模型，以实现更为精准的导航和避障。

然而，技术的持续进步正逐渐弥合这两种路线之间的分歧。越来越多的企业开始认识到，视觉与激光雷达的融合感知路线才是自动驾驶技术未来的发展方向。这种融合能够充分发挥两种传感器的优势，弥补各自的不足，从

而提升自动驾驶系统的整体性能和可靠性。

值得一提的是，大型 AI 模型的引入为自动驾驶领域带来了革命性的变革。这些模型通过引入上下文概念，实现了感知与规划控制网络的无缝连接，打破了传统的自动驾驶架构束缚。特斯拉公司在这一领域的创新尤为突出，他们早在 2021 年就将 Transformer 架构应用于自动驾驶，推出了具有划时代意义的鸟瞰视角（bird's eye view，BEV）感知方案。这一创新不仅显著提升了自动驾驶的智能化水平，更为后续的技术突破奠定了坚实基础。紧随其后，华为、商汤、百度等科技巨头也纷纷加入这一技术的研发与布局。

BEV 感知算法通过整合不同视角的摄像头图像，为车辆实时生成一幅精确的环境地图。而 Transformer 模型，作为自然语言处理领域的杰出代表，在自动驾驶中也展现出了惊人的潜力。其强大的处理能力和高效的学习机制使得自动驾驶系统能够更为准确地理解和应对复杂多变的交通环境。展望未来，人们有理由相信，大型 AI 模型将在自动驾驶技术的发展中继续发挥举足轻重的作用，促进整个行业不断向前发展。

3. 特斯拉 FSD 系统全面升级：自动驾驶梦想照进现实，价格大降助推普及

特斯拉公司的 FSD 系统，是一套先进的智能驾驶系统，它以庞大的行驶里程数据为基础，依托于特斯拉公司自家研发的强大运算平台和巨大的算力。这套系统不仅仅是一个简单的驾驶辅助工具，更代表了特斯拉公司在自动驾驶技术上的深厚底蕴和前瞻性思考。

目前 FSD 系统已经进化到了 V12.3 版本，这一重要更新预示着系统在智能化、稳定性和安全性上的显著提升。更令人振奋的是，自 2024 年开始，FSD 系统将在北美地区加速落地实施，这意味着特斯拉汽车的车主们将能更广泛地体验到全自动驾驶带来的便利。

值得注意的是，特斯拉公司在 2024 年 3 月对 FSD 的命名进行了调整，从原先的 FSD Beta 更名为 FSD Supervised。这一变化不仅反映了系统从测试阶段到监督自动驾驶阶段的转变，更标志着 FSD 系统已经完成了公测，正式步入了商业化应用的崭新阶段。

在技术层面，FSD 系统采用了前沿的"端到端神经网络"技术。这项技术通过对超过一百万辆车的行车数据进行深度学习，让 AI 技术能够精确影响车辆的各种控制动作，包括但不限于操作方向盘、踩踏板以及控制转向灯等。这样的技术革新，在业界被赞誉为"改变游戏规则"的突破，它不仅提高了驾驶的安全性，也为自动驾驶的未来发展指明了方向。

随着技术的日臻完善，特斯拉汽车的全自动驾驶梦想正逐步成为现实。可以预见，一旦 FSD 系统实现大规模商用，它不仅将彻底改变人们的出行方式，更将成为特斯拉公司重要的利润增长点。

14.2.2　智能座舱

1．AI 智能座舱是现代车的标配要求

"AI 给你带来的无与伦比的幸福生活体验"，在智能科技的浪潮中，生成式 AI 宛如一位巧手织匠，为汽车智能座舱编织出一个又一个梦幻般的场景。汽车不再是简单的交通工具，其正逐步蜕变成一个充满智慧与魔法的移动城堡，为人们带来前所未有的幸福生活体验。

智能座舱已经成为现代车的一个标配要求。当用户坐进这辆 AI 加持的汽车的智能座舱时，它仿佛能读懂用户的每一个眼神、每一个动作。不需要繁复的操作，只需要轻声细语，它便能为用户提供所需的一切。导航不再只是冰冷的路线指示，而是根据用户的喜好和心情，推荐沿途的美景与美食。在车况监控面方，它像是一位贴心的管家，时刻关注着车辆的每一项指标，确保用户的旅程安全无忧。而更神奇的是，智能座舱似乎拥有一种神秘的预知能力，在用户开口之前，它已经猜透了用户的心思。当用户感到闷热时，它轻轻调节空调，送来阵阵清风；当用户想要寻找附近的餐厅时，它已经为用户挑选了最符合用户口味的餐厅，并规划好了最优路线。这种贴心的服务，仿佛有一位慈爱的母亲在身旁，时刻关注着用户的需求。

2．AIGC 革新智能座舱体验：场景适应性强，引领未来出行风尚

随着科技的飞速发展，AIGC 正在逐步将汽车智能座舱的驾驶与乘坐体验推向一个全新的高度。这一创新技术不仅显著提升了座舱的智能化水准，更深度丰富了用户与车辆之间的交互方式及内容，将我们对未来出行的美好愿景一步步变为现实。

例如，智能的座舱能够根据用户的心情和偏好，为用户定制个性化的问候、音乐列表和新闻摘要，这是非常好的体验。借助先进的语音识别与自然语言处理技术，AIGC智能座舱能够洞察用户的每一个需求，并即时为用户提供贴心周到的服务。比如，它会根据天气和行程为用户推荐合适的穿着或调整路线，确保用户的出行既舒适又便捷。

更值得一提的是，AIGC在行程规划方面展现出了其独到的优势。与传统的导航系统相比，它能够更精准地为用户规划出符合个性化需求的出行路线。不止于此，AIGC还能结合车内传感器和外部环境数据，实时分析车辆行驶环境，并据此生成相关的情境内容。无论是在风景名胜区自驾游时为用户介绍历史文化，还是在长途驾驶中为用户提供休息和娱乐建议，AIGC都能让用户的旅途充满惊喜和乐趣。

对于车载娱乐和教育内容，AIGC同样表现出色。它能根据不同年龄段用户的需求，生成丰富多彩的教育内容和互动游戏。无论是为儿童打造的寓教于乐的故事和游戏，还是为成人提供的专业知识和语言学习课程，AIGC都能根据用户的反馈进行实时调整，让学习和娱乐更加高效有趣。

而在客户服务与维护方面，AIGC也展现出了强大的实力。它不仅能自动生成维护提醒和故障诊断报告，还能为用户提供便捷的预约服务。当用户的车辆需要保养或遇到故障时，AIGC会自动联系服务提供商，并为用户提供详细的故障说明，从而大大简化了维修流程，提升了用户的用车体验。

然而，要实现以上这些功能，离不开海量的数据训练。这不仅仅是对数据量的追求，更重要的是如何有效地整合和分析这些数据，以提供更加精准的服务。尽管汽车行业和互联网行业的巨头们已经开始在这一领域进行探索，但全面、深入地掌握这些数据仍然是一个巨大的挑战。

当然，企业也要看到AIGC在智能座舱应用中所面临的挑战。尤其是当涉及信息的真实性和准确性时，企业需要格外警惕。由于AIGC生成的内容并非直接来源于搜索引擎，而是通过算法生成，因此可能存在一定的偏差。

这就要求企业不断优化算法，确保所提供信息的真实性和准确性，为用户的出行提供更加可靠的保障。

14.2.3 销售与服务

随着科技的飞速发展，AI 已经在诸多领域展现出其强大的潜力和价值。在汽车销售行业中，AI 技术的应用正在逐渐改变传统的销售模式和购车体验。本节将探讨 AI 在汽车销售中的应用及其对汽车销售行业的影响。

1．客户需求分析与个性化推荐

AI 的力量正在逐步渗透到各行各业，尤其在汽车销售领域。借助先进的大数据分析和机器学习技术，AI 现在已经能够深度挖掘潜在客户的多元需求和独特喜好。这一技术的引入，对于汽车销售行业来说，无疑是一场革命性的变革。

具体来说，当客户在浏览汽车信息、咨询销售人员或是通过线上平台搜索相关内容时，他们的行为数据就会被捕捉并储存。这些数据包括但不限于客户浏览的汽车款式、价格区间、内饰偏好，以及他们在平台上的停留时间等。同时，客户的购买历史，如之前购买过的汽车型号、颜色、配置等，也会被详细记录。

此外，消费习惯也是一个重要的数据点。例如，客户是更倾向于选择经济实惠的车型，还是更看重汽车的豪华感和驾驶体验；他们是否经常进行汽车维修和保养。这些信息都能从客户的消费记录中找到答案。

基于这些丰富的数据，AI 能够进行深度的学习和分析，从而精准地掌握每一个客户的独特需求和偏好。接下来，利用这些洞察，AI 就能为客户推荐最适合他们的汽车款式和配置。这种推荐不仅仅是基于汽车的颜色、型号或价格，更考虑到了客户的实际需求和深层次的心理预期。

再者，从汽车销售商的角度来看，这种精准推荐的方式也极大地提升了销售业绩。因为当客户面对的是真正符合他们需求的车型时，他们更有可能产生购买意愿，从而促成交易。

2．智能语音交互与虚拟试驾

借助先进的 AI 技术，汽车销售门店能够引入智能语音交互系统，从而为客户提供更加便捷、高效的咨询服务。例如，当踏入汽车销售门店，客户不再需要四处张望寻找销售人员，也不再需要等待漫长的咨询时间。他们只需通过简单的语音指令，就能与系统实现流畅的互动。无论是想了解汽车的性能参数、价格信息，还是最新的优惠活动，智能语音系统都能迅速、准确地提供所需信息。

更为引人注目的是，利用 VR 技术，汽车销售门店还能为客户提供一种全新的试驾体验——虚拟试驾。这种试驾方式打破了传统的地域和时间限制，让客户能够在任何时间、任何地点，通过 VR 头盔就能享受到沉浸式的试驾体验。

在虚拟试驾中，客户可以全方位地查看车辆的内外细节，从车身的线条到内饰的材质，都能一览无余。更神奇的是，系统还能模拟不同路况下的驾驶感受，无论是城市的拥堵路段还是崎岖的山路，客户都能一一体验。

除此之外，VR 技术还允许客户定制个性化的内饰配置。从座椅的材质到仪表盘的显示风格，从音响系统的设置到车内的照明效果，客户都能按照自己的喜好进行选择和调整。

这种前所未有的购车体验不仅极大地丰富了客户的选择，还显著缩短了他们的决策周期。通过亲身体验和感受，客户能更加明确自己的需求和偏好，从而更加果断地做出购买决策。

3．智能定价与库存管理

在汽车销售行业中，定价策略和库存管理是两个至关重要的环节。如今，随着 AI 技术的不断发展，汽车销售商可以利用这些技术来优化这两个方面，从而提高整体的销售效益和运营效率。

首先，AI 可以帮助汽车销售商实现更为精准和灵活的定价策略。传统的定价方法可能更多地依赖于经销商的经验和直觉，但现在，通过深度学习和数据分析，AI 能够为每款车型生成更为合理的定价建议。这种定价建议是基于对市场数据的深入挖掘、对竞争对手策略的细致分析以及对消费者需求的精准把握。

例如，AI可以分析同一区域内同类车型的价格范围、销售情况，以及消费者对价格的敏感度等信息。结合这些数据和汽车销售商的成本结构、利润目标，AI可以生成一个既具有竞争力又能保证利润的定价策略。这不仅有助于提升销售量，还可以在一定程度上避免价格战，从而保护品牌的长期价值。

其次，AI在库存管理方面也发挥着不可或缺的作用。库存管理对于汽车销售商来说至关重要，因为过多的库存可能导致资金占用和仓储成本的增加，而库存不足则可能错失销售机会。通过利用AI技术，销售商可以更加准确地预测未来的销售趋势。具体来说，AI可以根据历史销售数据、季节性变化、市场趋势以及消费者行为模式等因素，构建一个复杂的预测模型。这个模型不仅可以预测每款车型的未来销售量，还可以帮助销售商判断哪些车型可能更受欢迎、哪些车型可能面临滞销的风险。基于这些预测，销售商可以更加精准地调整库存水平，确保库存与实际需求相匹配。

4．营销优化与CRM

汽车销售商正积极利用AI技术来优化营销策略和加强CRM，以此提升品牌知名度、市场份额和客户满意度。

首先，在营销优化方面，汽车销售商借助AI的精准分析能力，能够更有效地投放广告，确保每一分营销预算都物超所值。具体来说，AI可以通过分析客户的浏览历史、购买记录以及社交媒体行为等多维度数据，深入洞察客户的兴趣和偏好。结合这些信息，AI进一步利用机器学习算法，为客户推送高度个性化的广告内容。比如，对于热衷越野活动的客户，系统可能会推送关于四驱车或SUV的广告；而对于注重环保和节能的客户，电动汽车或混合动力汽车的宣传则可能更加吸引他们。

除了个性化推送，AI还能根据客户的地理位置进行精准营销。例如，当客户身处汽车销售门店附近时，可以通过手机推送门店的促销信息或优惠券，吸引他们进店体验。这种基于位置的营销策略，不仅提高了广告的转化率，还增强了客户与品牌的互动和联系。

其次，在CRM方面，大数据分析技术同样发挥着重要作用。汽车销售商可以通过分析客户的消费行为、投诉记录以及满意度调查等数据，全面了解客户的需求和痛点。这些洞察不仅有助于优化产品和服务，使其更加符合市场期望，还能帮助销售商制定更为精准的营销策略，进一步提升客户满意度和忠诚度。

例如，如果数据显示某一车型的客户普遍反映座椅舒适度不佳，那么销售商可以迅速响应，改进座椅设计或材质，从而提升用户体验。同时，这种数据驱动的产品优化还能作为营销亮点，吸引更多潜在客户的关注。

5．数字人直播助力汽车销售

数字人直播引领汽车销售新浪潮，AI技术与数字人直播的完美融合，为汽车销售领域注入了前所未有的活力与潜力。这一创新的销售策略，不仅极大提升了汽车品牌的曝光率和市场影响力，更在消费者与汽车品牌之间搭建起一座情感沟通的桥梁，从而增强了互动体验，有效促进了汽车销量的稳步提升。

在新媒体直播的舞台上，数字人直播展现出了其独特的魅力，为汽车销售提供了全新的展示方式。借助高清摄像头、无人机、VR等先进设备，数字人在直播中能够全方位、多角度地展示汽车的功能特色、内外饰设计及模拟试驾感受。这种直观、生动的展示方式，使消费者对汽车产品有了更深入的了解，极大地提高了他们的信任度和购买欲望。

数字人直播还具备实时互动的特性，为汽车销售开启了高效便捷的沟通新篇章。观众可以通过弹幕、评论、点赞等形式，与数字人进行即时互动，提出问题或表达观点。数字人则能够迅速回应，提供专业解答和个性化建议。这种双向互动的交流模式不仅增加了直播的趣味性，也让汽车销售过程变得更加亲切和透明。

以某知名汽车品牌为例，该品牌借助数字人直播的知强大功能，成功实现了销售业绩的飞跃。在直播前，品牌依托大数据技术对用户数据进行分析，精准锁定目标客户。直播中，通过精心设计的互动环节和促销活动，吸引了众多观众参与。数字人的实时展示和答疑，赢得了消费者的信任与喜爱。这场数字人直播活动，不仅为品牌带来了丰厚的销售回报，更显著提升了其品牌形象和市场地位。

6．智能客服与售后服务

在汽车销售行业中，智能客服与售后服务是提升客户满意度和忠诚度的关键环节。如今，随着 AI 技术的日益成熟，这些技术正被广泛应用于这两个领域，为汽车销售带来了革命性的变革。

首先，通过自然语言处理技术的深入应用，AI 已经能够快速、准确地回答客户在购车过程中遇到的各种疑问和问题。例如，不论是在深夜还是清晨，不论客户身处何地，只要他们有关于购车的任何疑问，都能通过智能客服系统立即得到专业且个性化的解答。这种便捷、高效的服务方式，无疑大幅提升了客户的购车体验。

更为神奇的是，通过深度学习和自然语言处理技术的结合，智能客服已经能够模拟真实销售顾问的角色，为潜在客户提供全方位的服务。它们可以详细介绍各种车型的特点、性能，提供最新的价格咨询，甚至根据客户的需求和预算，为其定制个性化的购车方案。这种智能化的服务不仅节省了客户的时间和精力，还大大提高了销售效率，使得汽车销售过程更加顺畅、高效。

其次，AI 技术在售后服务方面的应用同样出色。当客户的汽车需要保养或维修时，AI 可以协助他们快速预约相关服务，避免长时间的等待和烦琐的手续。同时，通过基于深度学习的故障排查系统，AI 还能为客户提供智能化的故障排查建议。这种系统能够快速识别汽车可能存在的问题，并提供相应的解决方案或维修建议。这不仅降低了客户的维修成本，还提高了汽车的可靠性和安全性。

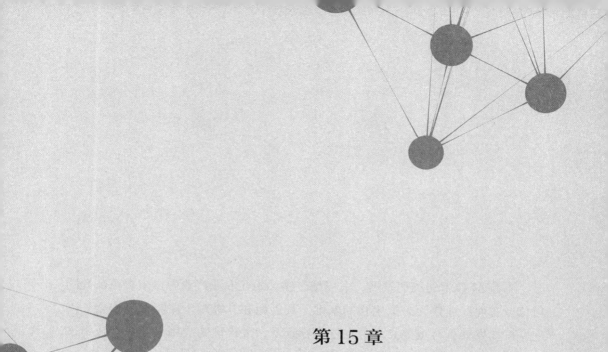

第 15 章

农业行业智能应用

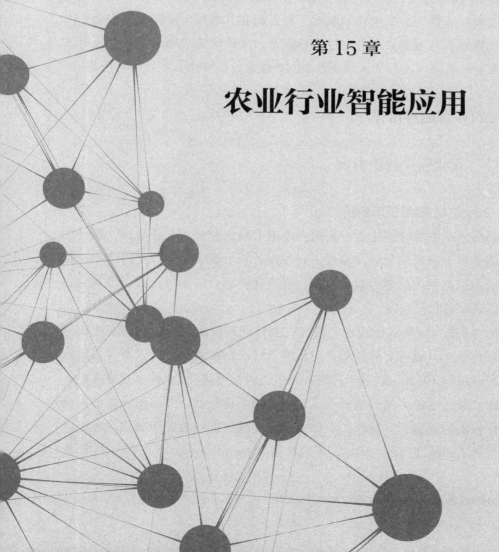

随着 AI 技术的飞速发展，大模型已经开始在农业产业中扮演着革命性的角色。农业产业作为人类生存的基础，其创新和升级对于保障食品安全、促进可持续发展具有重要意义。在这个背景下，大模型的应用为农业产业带来了前所未有的机遇，实现了从传统农业向智能化、精准化、高效化的转变。

15.1 农业智能应用（一）

15.1.1 农业软件解决方案

1. 农业信息系统的智能化

农业信息系统的智能化是指利用大模型来集成和分析农业数据，提升农业管理的效率和决策的质量。通过实时数据分析、模式识别和预测建模，智能化的农业信息系统能够为农业生产、管理和市场营销提供支持，推动农业产业的创新和智能化进程。

（1）AI 助力精准农业管理。精准农业管理是指通过智能化的农业信息系统，对作物生长进行实时监测，对土壤条件进行细致分析，以及对气象条件进行准确预测，以此为农业生产提供科学化的管理建议。具体实现方式是，在地块中布置传感器网络和遥感技术，以收集关键数据，并运用先进的大模型进行深入的数据分析。这样，农民或农场经理就能获得关于灌溉、施肥以及病虫害防治的精准建议。例如，采用像美国 John Deere 公司 FarmSight 服务这样的智能农业管理系统，农民可以有效地监控作物状态和机械性能，从而显著提高作业效率。

（2）AI助力供应链和库存管理。在农业信息系统中，智能化技术的应用不仅局限于农业生产的直接环节，还广泛渗透到供应链和库存管理中。这一智能化手段通过深入分析市场需求、生产能力和物流条件，实现了对库存水平和供应链流程的优化。具体而言，通过运用先进的AI算法对历史销售数据和市场趋势进行精确分析，系统能够准确预测产品需求，并综合考虑生产周期和物流时间，自动调整生产计划和库存策略，从而确保供应链的顺畅和库存的合理性。以美国Walmart公司为例，他们借助先进的预测模型和实时物流追踪系统，实现了对库存水平的精准控制，有效减少了过剩库存和缺货现象，为公司的稳健运营提供了有力支持。

（3）AI助力农产品市场分析和趋势预测。AI技术在农产品市场分析和趋势预测领域发挥着日益重要的作用。通过大模型对消费者行为、市场趋势和经济指标的深入分析，企业能够获取宝贵的市场洞察，为农产品的市场营销和战略规划提供有力支持。具体而言，该技术的实现方式是通过集成市场数据和社交媒体分析工具，运用先进的AI模型识别市场趋势和消费者需求变化。这些洞察不仅有助于企业精准定位市场，还能为产品开发提供方向性指导。以美国农业独角兽科技公司Indigo Ag为例，该公司利用机器学习算法对市场数据进行深入分析，为农民提供有关作物销售时机的建议，从而帮助他们优化收益，实现更好的经济效益。

2. 数据驱动的决策支持系统

在农业产业中，数据驱动的决策支持系统利用大模型来分析大量的农业数据，从而帮助管理者做出更加科学和精准的决策。这种系统通过集成和分析不同来源的数据，能够为农业生产、管理和市场营销等方面提供全面的支持。

（1）AI助力生产管理决策。在农业生产领域，AI技术正逐渐成为推动生产管理决策的重要力量。借助数据驱动的决策支持系统，农业生产者能够实时监测和分析农作物的生长状况、土壤条件以及气候变化等关键信息，从而得到精确的农业生产指导。这一实现方式主要依赖于传感器和卫星遥感技术,它们能够收集农田的实时数据,并通过大模型进行深入分析,预测作物的生长趋势。基于这些预测,农业生产者可以更加精准地制定种植、灌溉、施肥和收割等决策,从而提高农业生产效率和作物产量。以美国孟山都公司的 Climate Field View 平台为例,它利用卫星和田间传感器收集的数据,通过 AI 分析为农民提供个性化的种植建议和产量预测,帮助农民实现科学决策,提升农业生产效益。

(2) AI 助力供应链优化决策。在农业供应链管理中,数据驱动的决策支持系统发挥着至关重要的作用,它能够显著优化整个供应链的运作,有效减少浪费,并大幅提高效率。这一优化过程主要通过收集和分析供应链中的生产、存储、物流以及市场销售数据来实现,结合先进的 AI 模型,系统能够精准地优化供应链决策,如库存管理、物流调度以及市场分配等。以美国 Walmart 公司为例,该公司通过深入分析实时销售数据和库存情况,利用 AI 算法对货物配送和库存水平进行动态调整,从而显著减少了过剩库存和缺货现象,实现了供应链的高效运作。

(3) AI 助力市场和销售决策。在市场营销和产品销售领域,数据驱动的决策支持系统扮演着至关重要的角色。它能够深入分析市场趋势、消费者需求和竞争环境,为企业的市场营销和产品销售策略提供精准指导。这一系统通过整合市场调研数据、消费者反馈以及社交媒体情报,结合 AI 模型进行深度分析,预测市场动向,帮助企业制定更加有效的营销策略和定价策略。以亚马逊公司为例,该公司运用 AI 技术深入分析消费者的行为和购买模式,准确预测市场趋势,并据此调整产品推荐和价格策略,从而实现了销售额的持续增长和市场份额的扩大。

(4) AI 助力风险评估与管理决策。在农业生产和市场运营中,AI 技术的引入极大地提升了风险评估与管理决策的效率。数据驱动的决策支持系统通过深入分析历史事件、气候变化数据以及市场波动情况,运用大模型进行精准的风险评估,从而预测可能出现的危机,并为企业制定相应的应对措施提供了有力支持。以保险公司为例,他们利用 AI 模型分析历史天气数据和作物损失记录,准确评估农业保险的风险,并据此制定相应的保险策略,有效保障了农民的利益,同时也为公司的稳健经营提供了坚实保障。

3．云计算与 AI 服务平台

云计算与 AI 服务平台的结合为农业产业提供了强大的计算资源和智能化工具，使得数据分析、模型训练和决策支持变得更加高效和普及。这种平台能够促进农业信息的集成管理，加速创新解决方案的开发，推动农业产业的智能化和数字化转型。

（1）AI 助力智能化农业监测与管理。借助云计算和先进的 AI 服务平台，AI 团队可以构建起一套智能化的农业监测系统，该系统能够实时收集并分析农场的关键数据，为农民提供精准且实用的农业指导。具体而言，通过在农场布置物联网设备，AI 团队能够持续监测土壤湿度、作物生长状况以及气象信息等多种关键指标，并将这些数据实时上传至云平台。随后，AI 团队利用平台上的 AI 工具进行深度的数据分析和处理，为农民提供种植、灌溉、施肥等方面的实时、个性化建议。这种技术的应用不仅提高了农业生产的效率，也显著提升了作物产量和质量。例如，美国 IBM 公司的 Watson 农业平台就是一个成功的案例，它充分利用云计算和 AI 技术，为农民提供全面的农业数据分析和预测服务，帮助他们做出更为科学的决策，从而优化农业生产。

（2）AI 助力农业供应链管理优化。借助云计算与 AI 服务平台，农业供应链管理的各个环节，包括生产、储存、运输和销售，都能够实现智能化的优化管理。具体实现方式是通过整合供应链各环节的数据，利用云平台的强大计算能力和 AI 分析工具，对库存管理、物流调度以及市场分配等关键流程进行精细化调控。这样的管理方式不仅提高了供应链的响应速度和灵活性，还有效降低了库存积压和运输成本。以中国阿里巴巴公司的农产品供应链平台为例，该平台通过运用云计算和 AI 技术，成功实现了对农产品的全程追踪、严格的质量控制以及高效配送，为农业供应链的优化管理提供了宝贵的经验和借鉴。

（3）AI 助力市场分析和趋势预测。通过云计算与 AI 服务平台，企业能够高效地进行市场洞察和预测，从而制定出更加精准的市场策略。具体实现上，企业可以收集市场销售数据、消费者反馈以及社交媒体上的相关情报，借助云平台的 AI 分析工具，深入挖掘这些信息中的价值，识别出市场的新趋势和消费者需求的变化。这种分析不仅能够为企业提供产品开发的灵感，还能支持营销策略的制定,确保企业能够紧跟市场脉搏,抢占市场先机。例如,美国谷歌云平台提供的 AI 和机器学习服务,就以其强大的数据处理和分析能力,帮助企业精准分析市场数据,预测消费趋势,从而优化产品和营销策略,取得市场竞争的优势。

(4) AI 助力智能决策支持。借助云计算与 AI 服务平台,农业企业可以获得全面的智能决策支持,使管理者能够基于科学、高效的分析来制定决策。通过将这些企业的农业生产、市场营销和财务管理的数据集成到云平台,再利用先进的 AI 工具进行综合分析,企业可以获得包括操作建议、风险预警以及战略规划在内的全面支持。这种智能决策支持不仅提高了决策的准确性和效率,还为企业带来了更大的竞争优势。例如,美国微软公司的 Azure AI 服务就为农业企业提供了强大的数据分析、机器学习和预测建模工具,有效支持了企业的决策制定和业务优化。

15.1.2 农业硬件

1. 智能农业机器人与自动化

智能农业机器人和自动化技术正日益成为推动农业产业创新和智能化的关键力量。借助大模型的分析和处理能力,农业机器人能够执行复杂的农业任务,提高生产效率和准确性,同时降低人力成本和资源消耗。

(1) 助力自动化种植与播种。通过智能机器人,AI 系统可以根据土壤条件和气候数据实现耕作和播种的自动化,确保种子在最佳的时间和地点得到种植。依赖于地块映射技术和土壤分析数据,AI 系统能够精确地指导农业机器人在最适宜的位置进行播种。以美国 John Deere 公司为例,该公司的自动驾驶拖拉机已经能够精准地进行土壤耕作和播种,展示了自动化种植与播种技术的先进性和实用性。

(2) 助力精准灌溉与施肥。智能机器人在现代农业中的应用正逐步改变着传统的灌溉和施肥方式。它通过分析土壤湿度和作物实际需求,能够实施精准灌溉和施肥,从而有效避免资源的浪费。这种精准控制得以实现,主要依赖于对土壤传感器收集的数据和作物生长情况的综合分析。AI 控制系统会基于这些数据,精确计算出灌溉和施肥的具体需求量,并自动调节农业机器人进行相应的操作。例如,瑞士 EcoRobotix 公司的自动化机器人就是这方面的杰出代表,它能够根据作物需求进行精准的喷洒和施肥,展现了现代农业技术的高效与智能。

(3)助力植保(植物保护)和病虫害管理。AI 驱动的机器人如今已经能够精准地识别植物病害和虫害,并自动执行相应的防治措施,极大地提高了植保工作的效率和效果。这些机器人通过利用先进的机器视觉和图像处理技术,能够迅速识别出植物上的病虫害迹象,并在必要时精确地定位并进行喷药处理。这一创新技术的应用,不仅降低了农药的使用量,减少了环境污染,还提高了防治的精准度和效率。例如,美国 Blue River Technology 公司的 See & Spray 技术就是这一领域的杰出代表,它使用机器视觉技术来识别作物中的病虫害,并精确喷洒杀虫剂,实现了植保工作的智能化和自动化。

(4)助力收割与后处理。通过使用智能机器人,不仅能够显著提升作物的收割效率,还有效地减少了作物在收割过程中的损耗。智能收割机器人凭借其高度集成的系统,能够根据作物的成熟度和品质数据自动判断最佳的收割时机,并精确执行收割任务。以美国 AGCO 公司的自动化收割机械为例,这款设备能够根据作物状况智能地调节收割速度和方式,确保作物在最佳状态下被收割。这不仅提高了收割效率,还保证了作物的品质和产量。

在农业自动化领域,还有一些其他值得关注的典型案例。例如,美国 Case IH 公司的 Autonomous Tractor,这款自动驾驶拖拉机具备无人操作的能力,可以自主进行土地耕作、种植和管理作业。通过精确地控制和导航,它大大提高了作业效率,同时减少了资源的浪费。此外,瑞士 EcoRobtix 公司的 Autonomous Weeder 作为一款太阳能驱动的自动除草机器人,其独特的识别系统能够准确地区分作物和杂草,并进行精确的除草操作。这不仅减少了农药的使用,还有效地保护了作物的健康。美国 Boston Dynamics 公司的 Spot 机器人尽管主要用于工业和研究领域,但它也在农业领域展示了巨大的潜力。Spot 机器人被测试用于监测作物生长和管理牲畜,通过其灵活的移动能力和先进的传感器技术,为农业管理提供了新的解决方案。这些智能机器人的应用,不仅提高了农业生产的效率和质量,还为农业的可持续发展开辟了新的道路。

大模型与农业机器人和自动化技术的结合，不仅可以显著提高农业生产的效率和精度，还可以实现资源的节约和可持续管理。随着技术的不断进步，未来智能农业机器人将在农业产业中发挥更大的作用，推动整个行业的创新和发展。

2．精准施肥与灌溉技术

精准施肥和灌溉技术是农业领域中的重要创新，它们通过使用大模型，可以显著提升农作物的产量和质量，同时优化资源使用，减少环境影响。在这个过程中，大模型分析土壤数据、气候条件、作物需求等信息，实现农作物管理的精准化和智能化。

（1）助力精准施肥技术。AI大模型凭借其强大的分析能力，通过综合考量土壤成分、作物种类及其生长阶段的数据，来精准确定最佳的施肥类型和数量。例如，当系统检测到土壤中钾含量不足时，AI模型会智能推荐在特定时期施用含钾肥料。实施这一技术的具体流程包括：首先，通过定期采样分析农田土壤的营养成分；其次，将土壤分析结果输入AI系统，并结合历史施肥记录和作物生长数据；再次，AI模型基于这些数据进行分析，为农民提供个性化的施肥建议，涵盖肥料类型、施用量及施肥时间；最后，农民或自动化施肥设备根据这些建议实施精准施肥。以荷兰为例，当地的农业技术公司开发了一款AI驱动的精准施肥系统，它能够根据实时的土壤和作物数据计算出最优的施肥方案，有效帮助农民提升作物产量，同时减少肥料的过量使用。

（2）助力精准灌溉技术。精准灌溉技术通过集成大模型，能够充分利用天气预报、土壤湿度及作物需水量等关键数据，智能调控灌溉系统，确保作物得到恰到好处的灌溉。该技术的实现主要依赖以下几个步骤：首先，利用土壤湿度传感器和气象站等设备实时监测农田环境，收集关键数据；其次，将这些数据发送至云端，与AI模型进行集成分析；再次，基于这些数据和分析结果，AI系统计算出最优的灌溉计划，包括灌溉时间和所需水量；最后，根据AI系统的指令，自动化灌溉系统会在适当的时间为作物提供适量的水分。以色列的Netafim公司就是一个成功的案例，该公司利用AI技术开发了智能灌溉系统，该系统能够根据植物需求和环境条件自动调整灌溉量，有效帮助农民节约水资源，同时提高作物产量。精准施肥与灌溉技术的结合，在大模型的支持下，不仅提高了农业生产的效率和效果，还有力推动了资源的可持续利用。随着 AI 技术的不断发展和应用领域的逐步扩大，未来的农业领域将更加智能化、精准化，为农业产业的创新和智能化发展注入新的动力。

3．农业无人机与遥感监测

农业无人机和遥感监测技术，在大模型的加持下，已成为现代农业的革命性工具。它们能够提供实时、高分辨率的农田图像和数据，支持精准农业的实施，使农业管理更加智能化和高效。

1）农业无人机的应用

无人机在农业中的应用越来越广泛，尤其是在作物监测、病虫害控制和作物喷洒方面。

（1）助力作物健康监测。通过无人机搭载的高分辨率相机和多光谱传感器，AI 系统能够捕获到田间作物的详细图像，这些图像不仅展现了作物的生长进度，还为 AI 系统提供了监测作物健康状态的重要信息。实现这一过程的关键在于大模型的运用。这些模型能够深入分析无人机捕获的图像数据，精确识别作物生长中的异常情况，如营养缺乏或病虫害迹象，并据此及时提供针对性的干预措施建议，从而确保作物健康生长，提高农业生产效益。

（2）助力精确施药和喷洒。无人机技术被广泛应用于农药、杀虫剂和营养液的喷洒作业中，它通过精确的操控和高效的覆盖能力，确保了药剂的均匀分布，从而显著减少了药剂的浪费。为实现这一过程，AI 技术发挥了关键作用。根据 AI 对田间数据的深入分析，无人机能够精确计算出所需的药剂量，并精准地在特定区域进行喷洒，这不仅优化了药剂的使用，还提高了农业生产的可持续性。通过精确施药和喷洒，AI 团队能够实现农业生产的更高效、更环保。

（3）助力灾害评估和管理。无人机凭借其快速响应和高效监测的能力，能够迅速获取受自然灾害影响的农田图像。随后，通过 AI 技术的深入分析，这些图像数据被转化为对损失程度的精确评估，帮助决策者全面了解灾情，为制定有效的应对策略提供了科学依据。在灾害发生后，无人机能够迅速飞抵受影响区域，进行实时监测，并通过 AI 分析快速评估损失程度，从而辅助决策者快速制订恢复计划，最大限度地减少灾害对农业生产的影响。这种结合无人机和 AI 技术的灾害评估和管理方式，不仅提高了应对自然灾害的效率和准确性，也为农业生产的可持续发展提供了有力保障。

2）遥感监测技术的应用

遥感监测利用卫星或高空平台获取的大范围数据，为农业提供宏观的视角和深入的分析。

（1）助力土壤和植被分析。遥感技术凭借其强大的监测能力，为 AI 团队提供了评估土壤湿度、pH 值以及植被覆盖状况的可靠手段。为了实现更精准地分析，AI 团队借助大模型来处理遥感数据。这些模型能够深入剖析土壤的物理和化学特性，同时评估植被的健康状况，从而为农田的水肥管理以及作物种植策略提供科学的指导。通过结合遥感技术和大模型，AI 系统能够更加精确地掌握农田的实际情况，实现农田管理的智能化和精准化。

（2）助力气候变化监测。遥感监测能够跨越广阔的地域范围，持续跟踪并监测气候变化对农业产生的各种影响，如干旱、洪水和温度波动等。为了实现这一功能，AI 团队引入了 AI 模型作为强大的分析工具。这些模型能够处理海量的历史和实时气候数据，通过深度学习和模式识别等技术，预测出可能的气候风险，为农民和相关机构提供宝贵的预警信息。基于这些预测结果，农民可以及时调整种植策略，选择更适应当前气候条件的作物品种，或者采取必要的农业管理措施来减轻气候风险的影响。此外，AI 模型还可以帮助制定适应性农业实践，指导农民如何更加科学、合理地利用农业资源，实现农业生产的可持续发展。因此，结合遥感技术和 AI 模型的气候变化监测方法，对于促进农业的可持续发展具有重要意义。

（3）助力作物产量预测。通过遥感技术，AI 团队能够实时监测作物的生长进度和范围，而 AI 分析则进一步利用这些数据来预测整体产量。实现这一预测的关键在于结合遥感图像和 AI 分析，准确估计作物的覆盖区域和生长状况，从而预测出收获时的产量。在实际应用中，这一技术已经取得了显著成果。例如，在美国加州，农业科技公司利用无人机和 AI 分析技术监测葡萄的生长状况，通过精准监测确定最佳采收时间，从而优化了葡萄的品质和产量。而在中国广州，AI团队利用卫星遥感技术和AI模型对农田进行监测，实现了水稻生长的全程监控和产量预测，帮助农民提前做好市场规划。

无人机和遥感技术在大模型的支持下，不仅提高了农业生产的效率和准确性，还优化了资源的使用，增强了农业对环境变化的适应能力。这些技术的融合展示了农业产业创新和智能化的巨大潜力。随着技术的进一步发展，人们有理由相信，这些工具将在全球农业生产和管理中发挥更加关键的作用，推动农业产业的持续进步。

15.1.3 AI农业模型

1．RAG在农业数据分析中的应用

在农业领域，检索增强生成（retrieval-augmented generation，RAG）作为一种结合检索和生成的大模型技术，可以显著提升数据分析的效率和准确性，从而推动农业产业的智能化和创新。RAG技术通过结合大规模的数据检索和深度学习的生成能力，为农业数据分析提供了一种新的方法。这种方法不仅可以处理和分析庞大的农业数据集，还能根据历史数据生成预测和建议。

（1）助力作物病害诊断与管理。借助RAG模型，通过检索历史病害案例和相关学术资料，植保系统可以为农业专家提供快速、准确的病害诊断服务。在实际应用中，农业专家只需输入作物病害的描述或上传受损作物的图片，RAG模型便能迅速检索相似案例和学术资料，进而提供可能的病害诊断以及相应的处理建议。这种应用RAG模型的植保系统不仅能够自动识别多种作物病害，还能给出针对性的防治措施，从而大幅提升农业病害管理的效率和准确性。

（2）助力市场趋势分析与预测。RAG模型凭借其强大的分析能力，能够深入挖掘农产品市场的历史数据，同时检索相关市场报告和经济指标，从而生成详尽的市场趋势分析报告和准确的未来预测。在实际应用中，RAG模型整合了历史市场数据、新闻报道以及经济分析等多维度信息，通过深度学习技术对这些信息进行综合分析，最终为农业市场分析公司提供一份综合的农产品市场趋势报告，并对未来的市场走向做出准确预测。以农业市场分析公司为例，该公司利用 RAG 技术对全球粮食市场进行实时监测，预测价格波动和供需变化，为农产品交易者和生产者提供了有力的数据支持，帮助他们作出更为精准的生产规划和交易决策。

（3）助力农业知识管理和决策支持。RAG 模型通过整合广泛的农业知识库和实时数据，为农业管理者和决策者提供了强有力的支持。在实际应用中，农业研究、政策文件以及实时田间数据被输入 RAG 系统中，RAG 模型利用其强大的检索和生成能力，为农业管理提供科学的知识支撑，并为决策制定提供有价值的参考。例如，农业咨询服务机构运用 RAG 模型，能够根据农民的具体需求和农田实际情况，提供定制化的种植建议和业务决策支持，帮助农民优化生产计划和资源配置，从而提高农业生产效率和经济效益。

2．知识图谱构建与决策支持

在农业产业中，知识图谱构建和决策支持是大模型应用的重要领域，它们可以整合广泛的农业知识和数据，为农业生产、管理和市场营销提供科学的支持和指导。知识图谱在农业领域的构建，涉及将大量的农业数据和知识转化为结构化和互联的信息网络，包括作物特性、生长周期、病虫害信息、气候条件、土壤类型等多个方面。

（1）助力集成多源农业数据。为了构建一个全面的农业知识库，AI 团队致力于集成多源农业数据，涵盖从实验研究、农业实践到政策文件和市场报告等多方面的信息。通过使用先进的数据挖掘和文本分析技术，AI 团队能够高效地提取这些信息中的关键内容，进一步构建出包含实体、属性和关系的农业领域知识图谱，从而为农业领域的研究和实践提供有力的数据支撑。

（2）助力实时更新与扩展。为了确保知识图谱始终保持与时俱进，AI 团队必须重视其实时更新与扩展的能力。为了实现这一目标，AI 团队专门设计了自动化工具和流程，这些工具能够实时监测并整合最新的农业数据和知识。一旦有新的研究成果或市场动态产生，这些工具和流程将立即启动，自动将新信息整合到知识图谱中，从而确保其始终包含最新、最全面的农业知识和数据。

（3）助力生产管理与优化。在农业生产管理与优化方面，AI 团队充分利用知识图谱的强大功能来分析作物的生长需求、病虫害风险以及环境条件，从而为农场管理提供精准的决策支持。通过结合农场的实际数据和 AI 团队精心构建的知识图谱，AI 系统能够智能地提出种植方案、病虫害防控措施以及资源配置建议，助力农场实现更高效、更科学的生产管理，确保作物健康生长，提高作物产量和质量。

（4）助力市场分析和策略制定。为了更精准地把握市场趋势、消费者行为和竞争环境，AI 团队借助知识图谱为市场营销和产品销售提供有力的决策支持。具体实现上，AI 团队结合知识图谱中丰富的行业知识和实时市场数据，运用先进的 AI 模型进行深度分析，从而预测市场需求，并为企业制定更具针对性的营销策略和定价策略提供有力依据。这样，企业能够更快速地响应市场变化，提高市场竞争力。

在实际应用中，知识图谱和 AI 技术展现出了巨大的潜力。在中国，农业科技公司已经成功利用这些技术构建了决策支持系统，帮助水稻种植户根据土壤条件、气候变化和市场需求等因素，科学制定种植计划和管理策略。而在美国，一家农业公司则运用知识图谱技术分析不同地区的作物生长数据和市场信息，为农产品的生产和销售提供定制化的建议，极大地提高了决策的精确度和效率。这些案例充分展示了知识图谱在农业数据分析和决策支持中的重要作用，它不仅能够为农业生产和管理提供科学依据，还能帮助企业精准捕捉市场机遇，推动农业产业的创新和智能化发展。随着 AI 技术的不断进步和知识图谱的日益丰富，它们在农业领域的应用将更加广泛和深入。

3．自适应学习系统在农业中的实践

自适应学习系统在农业中的应用是大模型推动产业创新和智能化的一个典型例证。这种系统能够根据环境变化和历史数据不断调整学习策略，以提高决策的准确性和效率，为农业生产、管理和研究提供强大的支持。

（1）助力精准作物管理。自适应学习系统通过实时监测作物的生长状况、土壤条件和气候变化，能够动态地调整农业管理策略。这一系统通过分析农田传感器收集的大量数据，自动学习并预测作物的生长需求，从而实时调整灌溉、施肥和病虫害防治计划。以某农业公司开发的自适应学习系统为例，它能够根据每块田地的具体情况，量身定制管理方案，确保作物在最佳状态

下生长，最终实现产量的最大化和质量的最优化。

（2）助力环境监测和风险预防。通过利用自适应学习系统，AI团队能够实时监测环境变化，并对潜在的农业风险进行评估，从而及时提出有效的防范措施。该系统综合分析气候模型、历史天气数据和实时环境监测信息，精准预测可能的风险事件，如干旱、洪水或病虫害暴发，并据此自动调整防范策略。以一家专门提供农业气象服务的公司为例，该公司运用自适应学习系统为农民提供精确的气象预测和风险管理建议，有效减少了因天气变化给农业生产带来的损失。

（3）助力市场需求预测和供应链优化。自适应学习系统展现出了强大的市场洞察能力，它通过实时分析市场销售数据、消费者反馈以及供应链状况，能够精准地预测产品需求，进而优化生产和供应链管理。它根据收集到的信息调整预测模型，优化生产计划和物流安排，确保企业能够在不断变化的市场环境中保持高效地运营。以某大型食品公司为例，该公司运用自适应学习系统对市场趋势进行深度分析，并据此调整农产品的生产和供应计划，从而有效确保了市场供需的平衡，显著减少了库存积压，提升了整体运营效率。

（4）实现自适应学习系统的关键因素。构建自适应学习系统的关键在于确保高质量的数据集以及高效的学习算法。首先，一个庞大、多样化且质量上乘的数据集是构建这一系统的基础，因为它为系统提供了丰富的信息和洞察。因此，有效的数据收集和管理机制是确保系统成功的核心。其次，自适应学习系统需要依赖强大的学习算法来处理和分析这些复杂的数据，并从中学习。选择和开发适合农业领域的高效学习算法对于提升系统的性能和准确性至关重要。通过这两者的结合，自适应学习系统能够在农业领域实现智能化和高效化的决策支持。

15.1.4 智能农业系统

1. Agent技术的概念与农业应用

Agent，又称代理，是一种可以自主行动、感知环境并做出决策的计算实体。Agent技术在农业中的应用是智能农业发展的重要方向之一。在农业领域，

Agent 技术可以模拟农业生产的各个方面，实现资源优化、风险管理和决策自动化，推动农业产业的智能化和创新。

1）Agent 技术的农业应用

Agent 技术可以被应用于各个层面的农业活动，从田间管理到供应链优化，从生产决策到市场营销。

（1）农田管理 Agent。通过在农田中部署智能 Agent，AI 团队能够实现作物生长的实时监控和高效管理。这些 Agent 设备能够自主收集土壤湿度、温度以及作物生长状态等关键数据，并基于预设的规则或通过学习得到的数据模式，自动调整灌溉和施肥计划。以一家农业科技公司开发的智能灌溉系统为例，其中的 Agent 能够实时分析土壤湿度数据和天气预报，从而精确调节灌溉水量，有效实现水资源的优化管理，提高了农作物的产量和品质。

（2）供应链优化 Agent。在供应链管理领域，Agent 技术不仅被用于实时监控物流流程，确保产品从农田到消费者手中的每一个流转环节都得到精确追踪，还通过分析市场数据，预测需求变化，并据此自动调整生产和供应计划，以优化库存管理。以一家大型食品公司为例，该公司利用 Agent 系统对其供应链进行了全面监控，系统根据实时销售数据和库存水平自动计算并调整订单量，有效减少了库存积压和浪费，大大提高了整体运营效率。

（3）智能决策支持 Agent。智能决策支持 Agent 能够帮助农场经理和农民做出更加科学、精准的决策。这一系统通过整合来自多个渠道的数据，如气候变化预测、市场趋势分析以及植物生理状态监测等，为决策者提供全面而深入的信息支持。Agent 系统不仅能够分析这些数据，还能根据分析结果提供具体的决策建议，如优化种植策略、预测市场动向以及制订风险管理计划等。以一家农业咨询公司为例，该公司利用智能决策支持 Agent 系统为农民提供个性化的种植指导、市场分析以及风险管理建议，帮助农民提高收益，更好地应对市场的变化和挑战。

2）实现智能农业系统的关键技术

实现智能农业系统的关键技术主要包括 Agent 技术的自主性与自适应性、通信与协作能力、智能学习算法以及集成与兼容性。首先，Agent 技术因其自主性和自适应性而脱颖而出，它能够基于实时的环境变化和历史数据，自主地进行决策优化。其次，多个Agent之间需要建立高效的通信和协作机制，以确保复杂农业系统的综合管理和优化。再次，Agent还需要通过机器学习和深度学习等智能学习算法，不断学习和适应环境变化，从而提升其决策能力。最后，为了实现智能农业系统在实际农业生产中的应用，Agent系统必须能够与现有的农业设备和管理系统无缝集成，展现出良好的兼容性。

Agent技术在农业产业中为实现农业生产的自动化、智能化提供了强大的技术支持，能够帮助农业产业更好地应对市场和环境的变化，推动农业的持续创新和发展。随着AI技术的进步，未来Agent在智能农业系统中的作用将进一步增强。

2．多Agent系统在农场管理中的应用

多Agent系统（multi-agent system，MAS）在农场管理中的应用代表了农业技术领域的前沿进展。这种系统通过多个相互作用的Agent来模拟和管理农场的各个方面，从土壤管理到作物生长，从资源分配到病虫害防治，实现农业生产的智能化和自动化。

1）MAS的应用场景

（1）整合农场资源管理。MAS能够协调不同的Agent，确保水资源、肥料、能源等关键资源在农场中得到高效且可持续地利用。在这一系统中，每个Agent都专注于监控和管理农场中的某一特定资源类别。例如，有的Agent负责监控土壤湿度，有的则负责监测肥料的消耗情况。这些Agent通过相互协作和信息共享，能够自动调整资源的使用方式。例如，根据作物需求和土壤湿度自动调节灌溉系统，实现精准灌溉。

以一家现代农业公司为例，该公司成功运用MAS来管理其大型农场。在这个系统中，各个Agent分别监控着农场内不同区域的水分和养分水平，并根据实时数据自动调整灌溉和施肥计划。这种精细化的管理方式不仅提高了农场整体的生产效率，还有助于节约资源，减少浪费，实现农业可持续发展。

（2）智能化作物监测与管理。在MAS中，不同的Agent各自承担特定的任务，它们负责监测作物的生长状况、病虫害发生情况以及环境变化，从而为作物管理提供实时、准确的数据和分析。

实现这一智能化管理的关键在于数据的收集和分析。通过地面传感器、无人机和卫星图像等多种手段，MAS 能够实时收集大量关于作物生长环境、生长状态和病虫害发生情况的数据。然后，各个 Agent 会对这些数据进行深入分析，识别出潜在的问题和趋势，并提出相应的解决方案。

以澳大利亚的一些粮食农场为例，这些农场利用 MAS 进行小麦生长监测。在这个系统中，各个 Agent 能够实时追踪小麦的健康状况和生长进度，及时发现并应对各种生长问题。通过调整灌溉、施肥、病虫害防治等管理策略，农场能够确保小麦的健康生长，提高小麦的产量和品质。这种智能化的管理方式不仅提高了农场的管理效率，还有助于实现农业可持续发展。

（3）病虫害的综合管理。MAS 集成不同 Agent 的专业知识，实现了对病虫害的全面监测和精准管理。这些 Agent 从多个角度，如植物叶色变化、气象条件和土壤状况等，密切监测病虫害的迹象，并通过协同工作，综合判断病虫害的风险。一旦识别出潜在威胁，MAS 便能迅速实施相应的防治措施。以巴西的咖啡种植园为例，通过 MAS 监控和控制咖啡树的病虫害，各 Agent 依据实时数据准确判断病虫害发生的可能性，并自动调配农药喷洒无人机，实现了对病虫害的精确防治，有效保障了咖啡树的健康生长。

2）实现 MAS 的关键因素

实现 MAS 的关键因素在于确保 Agent 的自治性和协作性、通信和数据共享机制、智能化决策算法以及系统集成与应用。首先，每个 Agent 都应具备一定的自治性，以便能够独立完成任务。同时，它们还需具备与其他 Agent 协作的能力，以共同应对更复杂的农场管理挑战。其次，有效的通信和数据共享机制是 MAS 顺利运行的核心，它能确保所有 Agent 能够实时地交换信息和资源，从而做出协调一致的决策。再次，MAS 中的 Agent 还需应用智能化决策算法，这些算法能够基于实时数据和历史经验，持续优化 Agent 的行为和决策过程。最后，MAS 需要与现有的农业设备和管理系统无缝集成，以便在实际农场运营中发挥其最大效用。

在农场管理中，MAS 在促进农业产业智能化和创新方面的潜力巨大。随着技术的进步和实践的积累，MAS 将在全球农业领域发挥更加关键的作用，推动农业向着更加智能、高效和可持续的方向发展。

3. 智能 Agent 在植保和收割中的实践

智能 Agent 技术在农业植保和收割活动中的应用，展示了大模型如何推动农业产业的创新和智能化。这些智能 Agent 能够自主执行任务，实时响应环境变化，并做出优化决策，大大提高农业生产的效率和效果。

1）智能 Agent 在植保中的应用

植保是确保作物健康生长的关键环节，智能 Agent 在这一领域的应用可以实现病虫害的早期识别、精准防治和资源优化使用。

（1）病虫害监测与识别。智能 Agent 被部署在田间，通过先进的传感器和高清摄像头，它们能够实时收集作物和环境数据。利用图像识别和数据分析技术，智能 Agent 能够迅速分析作物叶片的颜色变化、形态异常等迹象，从而自动识别出潜在的病虫害问题。一旦识别出病虫害，Agent 会立即将相关信息实时传递给农场管理系统，以便农场管理人员能够迅速做出反应，采取必要的干预措施。以美国加州的葡萄园为例，该农场使用装有摄像头的无人机作为智能 Agent，对葡萄生长状况进行全天候的监测。通过这一技术，该农场能够自动检测并识别葡萄霜霉病的早期迹象，从而指导农场管理人员及时采取干预措施，有效防止病虫害的扩散，保障葡萄的健康生长。

（2）精准防治与资源管理。通过智能 Agent 技术收集的数据和深入分析，AI 团队可以实现农药和防治资源的精准投放，从而有效避免过度使用导致的资源浪费和环境污染。这些 Agent 在监测到病虫害的类型和严重程度后，能够自动调整农药喷洒的剂量和频率，甚至指挥无人机进行定点、定量的精准喷洒。以巴西的大豆种植区为例，当地农户利用智能 Agent 技术监测病虫害情况，并根据实时数据自动调配无人机喷洒的农药类型和剂量，实现了对病虫害的精准控制，既提高了防治效果，又降低了农药使用量，为大豆的健康生长提供了有力保障。

2）智能 Agent 在收割中的应用

收割是农业生产过程中的重要环节，智能 Agent 的应用可以提高收割效率，减少损耗，并优化作业时间。

（1）自动化收割。智能 Agent 被集成在收割机械中，通过先进的感知技术，如图像识别等，能够准确判断作物的成熟度。同时，结合 GPS 和地形数据，智能 Agent 能够自动规划出最优的收割路径，确保收割过程既高效又精准。以澳大利亚的小麦种植区为例，当地使用的自动化收割机械配备了智能 Agent，它们能够实现 24 h 不间断的收割作业，并根据作物的实际状况自动调整收割速度和深度，从而确保了收割的质量和效率。

（2）收割后数据分析。智能 Agent 能够利用收割过程中收集的数据，深入分析作物的产量、质量以及收割效率，从而为未来的农业活动提供有力的决策支持。具体而言，智能 Agent 会收集收割机械的操作数据、作物产量数据以及相关的环境数据，通过先进的数据分析技术，评估收割效率、作物质量以及可能存在的问题，并为农民提供改进农业实践的建议。以美国中西部的玉米带为例，农民们通过智能 Agent 对收割数据进行分析，评估不同品种玉米的产量表现和收割机的工作效率，从而获得了宝贵的数据支持，为下一季的种植计划和机械调整提供了科学依据。

智能 Agent 在农业植保和收割中的应用不仅提升了农业生产的效率和智能化水平，还有助于资源的合理利用和环境的可持续发展。随着技术的发展，未来智能 Agent 将在更多农业环节中发挥作用，推动整个农业产业的数智化转型和创新发展。

15.2 农业智能应用（二）

15.2.1 实践案例研究

1. 国内外成功案例分析

在全球范围内，大模型已被成功应用于农业领域，推动了农业生产、管理和决策的现代化和智能化。以下是对国内外在农业大模型应用的成功案例的分析。

（1）精准农业与作物管理。John Deere 作为美国领先的农业机械制造商，积极利用 AI 技术推动精准农业与作物管理的智能化。通过在其农机中植入先进的大模型，John Deere 公司的农机能够实现自动化驾驶、精准播种、施肥和收割等一系列作业。这些 AI 系统能够实时分析田间数据，优化作业路径和机械设置,从而有效提高作物产量并降低资源消耗。John Deere 公司的客户通过使用这些智能农机,不仅显著提升了作业效率,还有效降低了生产成本,展现了精准农业技术的巨大潜力和价值。

(2)智能灌溉系统。以色列的 Netafim 公司,作为全球领先的智能灌溉解决方案提供商,利用先进的 AI 技术推动水资源的高效利用。该公司的智能灌溉系统采用了强大的大模型,通过分析土壤湿度、作物需求以及气候条件,能够自动精确地调整灌溉计划和水量,确保作物得到恰到好处的灌溉。这一创新系统不仅保证了作物的健康生长,还显著减少了水资源和能源的消耗,为农民带来了更高的经济效益和环保效益。

(3)病虫害识别与防控。在中国广州,有家农业科技公司开发了一款基于大模型的病虫害识别和防控系统,旨在提升农业病虫害管理的效率和准确性。该系统通过搭载 AI 算法的移动设备或无人机对田间作物进行快速扫描,AI 模型能够实时分析和识别各种植物病虫害,并给出针对性的防治建议。这一创新应用极大地提高了病虫害识别的速度和准确性,使农民能够更及时、更有效地进行病虫害防控,显著减少了农药的使用量,降低了作物损失,为农业的可持续发展提供了有力支持。

(4)农业供应链优化。Agribotix,一家专注于农业数据解决方案的美国公司,通过应用 AI 技术来优化农业供应链管理。该公司利用大模型深入分析作物生长数据、市场需求以及物流信息,从而精准地优化整个供应链的计划和运营,减少了浪费,并提升了整体效率。利用 Agribotix 公司的解决方案,农业生产者和企业可以实时地调整供应链策略,迅速响应市场变化,确保产品能够及时、高效地到达市场。这不仅提高了供应链的透明度,还显著提升了整体运营效率。

大模型在农业领域不仅能够提高农业生产的效率和质量,还能优化资源利用,增强农业供应链的韧性,推动农业产业的智能化和创新发展。随着技术的进一步成熟和应用的不断拓展,大模型将在全球农业领域扮演更加重要的角色。

2. 实施过程与效果评估

在实施大模型驱动农业创新的过程中,AI 团队需要重点关注几个核心环节：数据采集、模型训练、系统部署和效果评估。下面以一个智能农场管理系统为例，具体说明大模型是如何贯穿并推动整个过程的。

首先，数据是 AI 模型的基础和养分。在智能农场中，AI 团队需要采集多维度的环境和作物数据，包括土壤湿度、温度、光照、病虫害发生率等。利用物联网技术和传感器网络，AI 系统可以实时监测并收集这些数据。同时，通过无人机、卫星遥感等手段，AI 系统可以获取农田的高分辨率遥感影像，了解种植全景。此外，农场还有历史的种植、管理和销售记录，需要将这些记录数字化并纳入数据集。

其次，有了高质量的数据集，AI 团队就可以训练出强大的 AI 农业大模型。比如，可以训练一个作物生长模型，该模型能够结合环境和种植数据，对未来的作物生长状况做出精准预测。再如，可以训练一个病虫害监测模型，通过对种植基地的遥感影像进行分析，自动识别病虫害的类型和分布范围。

在模型训练阶段，AI 团队还可以引入领域知识，提高模型的泛化能力。以病虫害监测为例，除了对图像数据做监督学习外，AI 团队还可以结合农业植保专家的经验，建立知识图谱，并将其融入预训练的大模型中，形成一个 RAG 系统。这样的 RAG 模型不仅拥有从数据中学习的能力，还能够利用人类知识做推理和决策。

再次，当各种 AI 模型训练就绪后，AI 团队就可以部署智能农场管理系统了。该系统的核心是一个基于 Agent 的智能决策引擎。每个智能体 Agent 都承担着特定的农场管理任务，如精准灌溉 Agent、施肥 Agent、病虫害防治 Agent 等。它们都接入了相应的领域 AI 模型，可以基于模型的输出做出管理决策。

例如，灌溉 Agent 会根据作物模型的预测、土壤湿度传感器的实时数据，以及气象部门的天气预报，合理安排农田灌溉的时间和用水量。病虫害 Agent 则会分析当前的遥感影像，如果检测到病虫害迹象，就会提示有风险的地块，同时参考知识库，给出合理的防治方案建议。

这些智能 Agent 之间还会相互协作，权衡各方面的需求，共同制定农场的整体经营策略。比如，在发现大面积重度虫害时，它们会考虑病虫害扩散的风险、化学防治对环境的影响、用工和成本的平衡等因素，综合制定最优解决方案。

最后，智能农场管理系统不仅可以基于 AI 模型做出实时决策，还能够对历史数据进行持续分析和学习，在一个生产周期结束后，对系统的各项决策方案进行评估，找出其中的优缺点，并将这些经验回传给底层模型，使模型不断进化。通过这种人机结合的闭环学习方式，系统的智能水平会不断提高。

举一个成功案例，某种植企业在多个地区建立了现代智能农场，并汇总后端数据，在中央部署了一套基于大模型技术的智能决策系统。以往，该企业需要依赖大量的人工经验进行统一决策，效率低下，成本高昂。而 AI 系统能够自动分析各基地的气候、土壤、种植品种等数据，智能给出最佳的种植策略、耕作方案和产品供给节奏。

在引入 AI 决策系统后，该企业的农产品单产和品质都有了显著提升，其中某些主打品种产量提高了 20% 以上。同时由于集中决策和精细化运营，农资使用效率大幅提高，化肥、农药等使用量下降 30%，生产成本降低 10%。智能物流路线规划则使运输成本降低 15%。总体来看，大模型赋能了企业的精细化种植和智能化管理，显著提升了农业生产的效率、品质和环境友好度。

另一个案例是利用 RAG 农业知识问答系统，赋能农业从业者高效获取农业知识。该系统融合了领域知识图谱和农业大模型，不仅可以回答常规的农业操作和管理问题，还能支持复杂的推理和分析类问题。

比如，一位种植户可以向系统询问："我的西瓜地出现了一些斑驳病斑，但症状和常见病害有点不一样，怎么办？" RAG 系统会首先检索知识库，筛选出与症状相关的病虫害信息；接着基于大模型的推理能力，结合种植环境等具体情况，给出诊断建议："我看你描述的应该是斜纹夏虫病，这是由一种新发现的细菌引起的……治疗方法是……"

再如，一位专家可以问："金银花是种生长缓慢的植物，想在补光育苗时控制生长节奏以提高效率，可以怎么做？"系统会先从知识库中找出相关的生理学、光环境调控等理论知识，再根据大模型对已有数据的分析，给出可行的生长模型与具体操作建议："建议采用 LED 补光，通过控制光周期和光质对植株进行育苗。"

通过对话式的自然语言交互，RAG 系统极大提高了农业知识的获取效率，帮助种植户和专家快速掌握所需信息，解决生产实践中遇到的各种疑难问题。这些智能系统的广泛应用，必将加速农业知识的流通和创新，推动整个产业的智能化进程。

总的来说，数据采集、模型训练、系统部署和效果评估是贯穿全过程的关键环节。通过建立软硬件一体化的智能农业体系，大模型正在为农业插上腾飞的翅膀，开启农业现代化的新时代。

3．问题与解决方案

农业作为一个传统的产业，将大模型技术充分融入并产生显著效益，并非一蹴而就。在实践应用中，AI团队面临着不少挑战和困难。

首先是数据获取的问题。

要训练出优秀的农业AI模型，需要大量高质量的数据做支撑，包括来自田间的物联网传感数据、农产品图像数据、气象环境数据、种植管理记录等。然而，由于农业生产分散在广阔的田间地头，数据采集的成本和难度都很高。同时，现有的数据格式和标注质量参差不齐，缺乏统一标准。

针对这个问题，AI团队可以采取下面的解决措施。

（1）要加大物联网设施的投入，尤其是在中大型农场和种植基地建设先进的数据采集系统。例如，德国某大型种植基地投资1000万欧元，建设了集环境监测、营养诊断、产量测量为一体的数字农场系统，实时产生大量结构化数据。

（2）需要建立基于区块链的农业数据交易中心。鼓励农业经营主体积极上传和交易自身的农业数据，形成数据资产，获取收益。同时，这样的中心还可以对上传数据进行清洗和标准化加工，形成高质量的数据集。

（3）AI团队可以探索通过预训练技术，将互联网上公开的农业知识赋能给大模型。近年来很多农业龙头企业都在输出农业文本和视频等知识内容，这些内容虽不系统但具有一定实用性。AI团队可以采集并清理这些内容，分别训练单模态大模型（文本、图像、视频等），然后将其做多模态融合，形成种植实践知识库，缓解数据稀缺问题。

其次是算力和成本问题。

训练高性能的农业大模型需要消耗大量GPU算力，加上数据获取、标注、处理的费用，模型训练和迭代的成本很高，对中小企业和基层农户来说难以承受。此外，AI系统在农场实际部署和运维的成本也很可观。

对此，AI团队可以通过以下措施加以应对。

（1）鼓励建立农业AI公共基础设施和服务平台。政府、行业协会或龙头企业出资，建设公共的AI训练和部署资源池，面向中小企业和种植基地提供算力、模型、知识库等基础服务。

（2）将AI服务嵌入农业生产SaaS软件中。很多种植主体正在使用现代化的农业生产管理软件，将AI能力集成到软件中并提供订阅服务，可以大幅降低AI系统使用的门槛和成本。

（3）开展农业场景的模型压缩和轻量化研究。继续优化模型结构和训练算法，使模型能够在终端设备上高效运行。比如，某公司开发了一款在NVIDIA Jetson等边缘AI设备上即可部署的轻量级作物识别模型，成本只是传统数据中心部署的1/10。

再次是知识赋能的难题。

农业生产过程高度依赖专家经验和领域知识，要充分发挥大模型的潜能，需要将大量人类知识有效融入模型。但是将分散、非结构化的农业知识数字化并赋予模型，是一个艰巨的工程。

针对这一难题，RAG框架给出了一个可行的解决方案。AI团队可以构建涵盖农学理论、栽培技术、病虫防治等知识的农业知识图谱，并将其与大规模预训练的生成式语言模型结合。这样的RAG系统不仅可以回答常规农业问题，还能就专业性农业议题做复杂推理和分析。

例如，正在被广泛使用的OpenAI的GPT+WikiData系统，已经可以就一些农业问题给出较为专业的回复了。AI团队可以在此基础上，根据实际需求持续扩充和优化农业知识库，训练领域专用的农业RAG模型。

另外，通过对话和案例进一步发掘和蕴含农业专家的知识和经验，逐步将其编码为规则或注入模型，是知识赋能的另一个重要路径。比如，某农业科研院通过提炼院士和专家长期实践的专家经验，将其编码为一系列场景式规则，并注入了一个种植决策支持系统，大幅提高了决策质量。

最后是人力资源制约。

现有农业从业人员大多是传统背景出身，缺乏 AI 专业技能。而 AI 人才则对农业缺乏深入理解。跨界 AI 农业人才短缺，已成为阻碍技术进步和产业升级的关键瓶颈。

15.2.2 大模型在农业的未来

1. 面临的主要挑战

大模型能否真正释放其在农业领域的巨大潜力，离不开以下几个关键因素：高质量数据资源、强大算力支撑、知识融合机制、复合型人才队伍，以及支持性政策环境。目前在这些方面，AI 团队仍面临着诸多挑战和障碍。

（1）数据瓶颈是首要挑战。训练强大的农业 AI 模型需要大量高质量标注数据作为基础，包括田间作物数据、环境数据、知识数据等。但受限于农业生产的分散性和季节性，要系统获取全面的生产数据并构建统一的数据集，困难重重。

以病虫害防治为例，光是为深度学习模型标注一个作物种类的病害数据，就需耗费巨大人力物力。而农业整体有数千种主要作物，更不用说还有相关的环境、知识等多模态数据。构建农业数据集无疑是一个实施难度极高和工作量巨大的系统工程。

（2）算力资源也是制约因素。训练大规模农业 AI 模型需要强大算力作为支撑，而算力通常受制于芯片能力和算力基础设施水平。目前主流 AI 芯片性能还远远满足不了农业需求，高性能 AI 训练集群建设成本高昂。一些发达国家也只是刚刚部署了农业 AI 计算平台。对于很多发展中国家和地区来说，雄厚算力还是一个遥远的奢望。

（3）知识与数据的融合是另一大挑战。纯粹通过机器学习在数据中挖掘知识是远远不够的，真正的农业智能需要将深厚的理论知识与实践经验融合其中。要让 AI 模型掌握农学、土壤学、病理学等领域的坚实理论基础，并熟练运用专家级种植技艺。

很多 AI 企业都在加紧研发结构知识和经验知识赋能 AI 模型的新范式。比如，RAG 模型就是这类尝试之一，它通过构建知识库并与大模型结合，让

AI系统能够学习推理和人类知识。但目前还缺乏针对农业知识和操作经验的大规模知识库。如何体系化地采集和建模农业知识，并高效融入AI系统，依然是一大课题。

（4）人才匮乏无疑是大模型在农业突破性应用的最大挑战。一方面，农业从业者缺乏现代信息技术和AI知识技能，难以推广和应用新兴技术；另一方面，AI技术人才又对农业缺乏了解，难以触及实际需求。其中跨界复合型人才是关键。

例如，对一位真正能够为农业现代化贡献力量的AI专家来说，他需要熟练掌握深度学习、计算机视觉、知识图谱等前沿技术，同时还要对农业有深刻理解，精通种植生产、作物生理等农业专业知识。从培养模式、课程体系到实习实践，都需要全新设计和系统建设。人才教育无疑会成为制约性瓶颈。

（5）政策法规体系的跟进滞后，也可能加大AI农业发展的阻力。AI农业牵涉种子权、土地权、食品安全等诸多敏感话题，过度扰动现有法律秩序可能引发争议。同时，AI技术透明度和知识产权保护等新话题，也迫切需要立法界定。

如果缺乏适当的法律监管和政策支持，AI农业或将陷入无序发展阶段，技术应用失控、数据资源被垄断、行业壁垒林立等问题将接踵而至，最终影响行业有序创新和公平竞争。因此亟须政府和行业协作，及时建立起包括伦理、法律、标准在内的政策体系。

举例来说，目前粮食种子资源数据的所有权和使用权仍存在法律真空地带。一些AI公司正在进行涉及大规模种质数据的开发和利用，但权属关系并不明确，可能引发种质资源流失、私有化等风险。立法部门和农业主管部门需要及时介入，制定相关法规，明确主体权利和义务。

此外，针对农业AI系统中可能出现的算法偏差或安全风险（如推荐使用剧毒农药），政府还需启动相关法规和技术评估机制，确保系统的公平性和高可靠性。同时，还应当制定数据安全和隐私保护法规，避免敏感数据被滥用或泄露。

总之，充分释放大模型在农业领域的创新活力和生产力，还需要全方位破解制约性障碍，并构建起一个系统完备的农业AI生态体系。当硬件基础设施、数据资源、人才支撑、法规政策等要素全部到位，大模型方能与农业产业深度融合，助力乡村振兴和农业现代化进程。展望未来，这将是一段漫长而艰巨的征程，需要政府、企业、科研机构和社会各界的通力合作。

2．创新驱动的农业技术发展

在 AI 浪潮的冲击下，农业科技正在走向一个前所未有的创新发展时代。大模型作为 AI 技术的代表和引领者，其强大的数据驱动能力和知识迁移能力，正在成为农业可持续创新的核心动能。

大模型驱动的农业创新，主要体现在模型算力和算法方面的突破上。过去，受限于计算能力和数据量，AI 团队难以建立高精度的农业大数据模型。现在，得益于 AI 芯片算力的飞速提升，数据采集手段的日益完备，海量标注农业数据成为可能。

基于此，研究人员开始训练大规模农业预训练模型，其中包括针对特定作物、特定环境和特定地域的专用模型。这些模型融合了全面的环境数据、田间监测数据和实践数据，因此能够对未来的作物状况、病虫害发生、产量收成等做出极为精准的预测。

以某农业科技公司的"智慧眼"项目为例，通过采集和标注的上百万张田间图像数据，并结合物联网监测数据，该公司训练出了高精度的作物生长模型、病虫害监测模型和产量预测模型。这些模型的预测准确率超过 90%，大幅提升了科学种植的精度。

"智慧眼"项目的创新之处，还在于引入了机器学习与专家知识的双驱动框架。除了从海量数据中学习外，模型系统还融入了农学理论知识和专家种植经验，形成了"数据—知识—决策"的闭环。

具体来说，它首先利用知识图谱构建规则知识库，包括内涵丰富的农艺操作规则；然后通过知识蒸馏等方式，将规则赋能给训练好的深度学习模型。如此一来，模型不但有了数据驱动的预测判断能力，还能结合知识做合理化推理，做出更符合专家意图的决策。

以病虫害防治为例，传统的深度学习模型很难捕捉到复杂的病理症状和发病模式，往往会存在漏报或误报。而知识增强的模型则能结合病理专家经验做出更精确的分析，甚至给出量化诊断报告。同时，该系统还将专家防治方案编码为规则知识库,与诊断模型相结合,可以生成高效且针对性强的综合防治方案。

面对如此智能的诊断和指导,无须太高大上的农业知识,普通种植户也能实现近乎专家水准的精细化种植管理。这种赋能效应是传统农艺推广所无法企及的。目前"智慧眼"系统已广泛应用于北方主产小麦区的数百万亩土地,帮助农户降低了 20% 的化肥农药使用量,提高了 10% 的单产水平。

大模型驱动的农业创新,还渗透到了种质育种环节。结合物理学和生物学理论知识,科学家们训练出了超大分子动力学模型,可以精确模拟 DNA、RNA、蛋白质等生物大分子的三维结构及其运动和变化规律。

基于此,AI 团队可以进一步建立复杂的基因组、代谢网络等模型,对不同品种和品系的基因、代谢过程做高通量分析,识别出影响关键性状的核心基因和代谢节点。通过这些数字细胞模型,育种家可以在模型层面审视不同基因编辑和分子改造方案的影响,规避风险,加速育种进程。

值得一提的是,随着模型规模和复杂度的不断提高,传统的二元编码思路遇到了挑战。现在一些研究人员尝试直接在生物大分子三维结构上应用机器学习,训练所谓的"三维基因组学模型",向很多临床和基础研究输出模型分析结果。

可以预见,在大模型和机器学习的加持下,未来育种不再依赖传统的杂交和筛选,而将转向一种理性设计的范式。AI 团队只需根据目标性状,人工设计出优化的基因型和代谢路线,输入数字细胞模型中,验证安全性和可行性,然后直接进行精准的基因编码,即可快速完成新品种育种。

除了大规模预训练模型和知识增强模型之外,大模型还孕育出了诸多创新农业 AI 应用。例如,德国的 BASF 等农化企业正在应用大语言模型,为全球种植户提供实时作物管理指导和问答服务。只需用自然语言描述一下当前的种植情况,模型就会结合知识库和环境大数据库,给出专业化建议。

再如,中国广州的一家农业科技公司正在基于 GPT-4 等大模型,开发一系列作物育种和病害诊断分析工具。能够从图像、学术文献等多模态数据中提取知识,为科研工作助力。这无疑将加速农业科研创新。

在商业领域,像 IBM 这样的科技巨头正在合作开发农业营销和供应链优化的智能计算平台。基于大模型预测消费需求、规划生产和物流配送。这将进一步提升农业产业链的效率和智能化水平。

总的来说，大模型为农业技术发展带来了前所未有的创新活力，涌现出一系列自动化和智能化的技术应用，从根本上提升了农业生产力。随着模型算力的持续进化、训练数据的丰富积累、知识库的逐步完善，未来大模型的创新潜能还将持续释放。

可以预见，在不远的将来，大模型将成为有力的农业智能助手。它们将贯穿农业全产业链，辐射育种、种植、供应、营销等各个环节，为农业新业态、新模式安上 AI 智能的强劲引擎，加速农业现代化的进程。在这股浪潮中，既有挑战也有机遇，但大模型驱动的农业创新进步已不可阻挡。未来的农业，必将日益智能化、自动化、模型化。人们有理由期待，农业发展将在大模型的助力下孕育出更多的惊喜。

3．未来发展趋势与机遇

展望未来，大模型与农业产业的深度融合将进一步拓展创新空间，开辟全新的发展机遇。以下是一些具体的未来应用场景及其实现方式。

（1）全链路智能化决策支持。未来的大模型将在农业全产业链上实现更深层次的参与。例如，在种植前，基于气象大数据、地理信息和历史产量数据，AI 模型可以为农户提供精准的土地适宜性评价和种植品种推荐；在种植过程中，AI 模型能够结合气候模型预测、作物生长模型以及物联网传感器实时数据，提供最佳播种、灌溉、施肥时机及用量的决策支持；在收获阶段，AI 驱动的智能农机可以依据作物成熟度自动规划收割路线和时间，最大化产出效益。

以美国农业科技公司 Ceres Imaging 为例，其利用 AI 分析高分辨率航空影像，帮助农户识别潜在的作物胁迫因素，如缺水、营养不足等，进而制定针对性的农事操作方案。

（2）生物技术与 AI 交叉融合。大模型将在基因编辑、作物育种等领域产生深远影响。通过对海量遗传学数据的深度学习和分析，AI 有望加速优良性状筛选过程，培育出抗逆性强、产量高、营养价值丰富的新型农作物品种。

中国的隆平高科公司已经在水稻育种中引入 AI 技术，通过解析基因组大数据，成功缩短了育种周期，培育出适应气候变化、耐盐碱、高产优质的水稻新品系。

（3）农业循环经济与可持续发展。大模型将助力农业向更加环保、低碳的方向转型。通过实时监测和精准预测农田碳排放、氮磷流失等情况，AI 可以指导农民实施更高效的循环农业模式，如有机废弃物资源化利用、农田生态系统修复等。

在丹麦，研究人员利用 AI 和物联网技术建立了精准沼气工程管理系统，该系统能根据畜禽粪便、农作物残余物等原料的特性，实时调整发酵工艺参数，实现能源的最大化回收与污染物的最小化排放。

（4）农业保险与金融服务升级。大模型可以基于历史灾害数据、气候模型预测以及实时农田监测信息，为保险公司提供精准的风险评估和定价模型，推动农业保险产品和服务的创新。同时，结合农户信用记录、农产品价格波动等数据，AI 还可以助力金融机构设计更契合农业特点的金融产品，解决农业融资难问题。

中国平安集团推出的"AI 农险"，通过卫星遥感、无人机巡查与 AI 识别技术，实现农业灾害的快速定损理赔，有效缓解了传统农业保险在灾后定损慢、赔付不透明等问题。

大模型在农业产业中的应用前景广阔，它将有力推动农业从粗放型向集约型、从依赖经验向依靠科技、从单一生产向多元服务转变，不断挖掘农业发展潜力，开创智能化农业新时代。在面对全球粮食安全、环境保护、乡村振兴等重大课题时，大模型无疑将成为农业转型升级的重要引擎。

4．策略与政策建议

要充分发挥大模型在农业领域的创新潜力，需要政府、企业、科研机构等多方力量的通力合作。政府主管部门应当制定科学的顶层设计和政策指引，为 AI 农业创新营造有利环境；企业则需要加大投入，在关键领域持续创新；科研机构需要加强基础研究，不断突破技术瓶颈。

政府在推动 AI 农业发展过程中，起着重要的引领和规范作用。

首先，政府要加大基础设施建设投入。农业大数据和算力资源是驱动 AI

农业发展的关键动力。政府应当统筹规划，加大对农业物联网监测体系、农业云计算中心等基础设施的投资和建设力度，并推动建立农业数据市场，培育农业数据资产，鼓励数据流通和开放。

例如，山东省从 2018 年开始投资 60 多亿元人民币，在全省建设了集成度极高的农业大数据中心和农情云平台。该平台通过物联网实时采集全省 1.2 亿亩耕地的作物、气象、设施等数据，并对接算力中心进行大数据建模分析，针对农作物病虫害、农事操作等，给出实时指导。该项目的实施大幅提高了数字农业的智能化水平。

其次，政府需要加大对 AI 农业示范应用的支持力度，并发挥财政资金的引导作用；明确重点领域和关键环节，集中资源打造一批 AI 农业创新应用的样板工程，带动整个产业的技术突破和智能化升级。

比如，我国农业农村部牵头的"智能农业关键技术集成应用"项目，便是一个成功的 AI 农业示范工程。该项目整合了国内外多家种子企业、农机企业、AI 企业和各大重点农科院校的研发力量，在我国小麦、玉米和水稻的主产区开展新一代农业智能装备的集成创新与应用示范。

通过大模型赋能，该项目研发出了一系列智能化操作机器人和决策支持系统，覆盖了播种、施肥、灌溉、病虫害诊断、收获加工等全过程。据测算，与传统方式相比，应用示范区提高了 20% 的单产，降低了 30% 的生产成本。这些应用案例为我国乃至全球农业机器人和决策 AI 系统奠定了技术基础。

再次，政府在政策层面亟须加快制定 AI 农业领域的基本法律法规，明确数据权属、知识产权、隐私保护等相关制度安排。同时政府应建立起 AI 农业技术标准体系，规范企业主体行为，维护公平有序的市场环境。

具体来说，我国应当尽快出台 AI 农业数据法，明确农业数据的所有权主体、使用方式、处理规范。同时，针对数据采集、处理、分析、交易的具体环节，我国应建立健全管理体系，保护好农业数据这一战略资源，防止窃取和滥用。

最后，政府还应大力完善农业知识产权保护制度，让创新者合理分享创新收益。比如，在农业大模型开发中，可探索"开放 + 专利"的双重保护机制。将基础模型开源开放，但以知识库和关键创新环节申请专利。这样有利于形成技术生态，促进共同发展。

企业作为 AI 农业创新的主体，必须加大研发投入，强化研究实力，推进一批具有里程碑意义的创新项目，并注重成果产业化落地。

以种子龙头企业先正达为例，该公司近年来持续加大在基因组学和生物信息学领域的投资，构建了世界一流的生物信息计算平台。其依托大规模的算力资源，整合了海量数据和专家知识，开发出了 5 大类超过 50 种的生物信息学分析软件工具。

这些软件涵盖了从基因交互分析、分子设计到产量遗传图绘制等关键环节，可以让育种家提前判断不同品系杂交后的性状表现，进行理性选择，大幅缩短了育种周期。据估算，先正达创新项目的投资回报率高达 15 倍。这是企业技术创新的成功范例。

科研机构则应加强在算法、模型、芯片等基础研究领域的突破，为持续创新注入动力。比如，AI 领军企业谷歌在 2021 年启动了一个 AI 农业加速器项目，联合斯坦福大学和农业科研机构，集中攻关大规模农业知识表征、农学机理建模等课题。

该项目旨在探索"大模型 + 知识赋能"的新范式，通过构建规模化农业知识库和知识图谱，并将其注入大规模预训练模型中，赋予模型领域理解和推理能力。其在番茄病害诊断等应用场景中，取得了有目共睹的进展。

总之，要推动大模型驱动农业创新和智能化升级，需要政府、企业、科研机构三足鼎立，通过顶层设计、重大投入和基础研究相互配合。只有这样，AI 农业才能行稳致远，为乡村振兴和农业现代化贡献核心动力。我们有理由相信，在不远的未来，大模型将成为智慧农业的新引擎，带来广阔的想象空间。

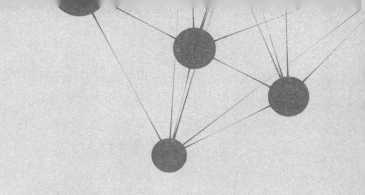
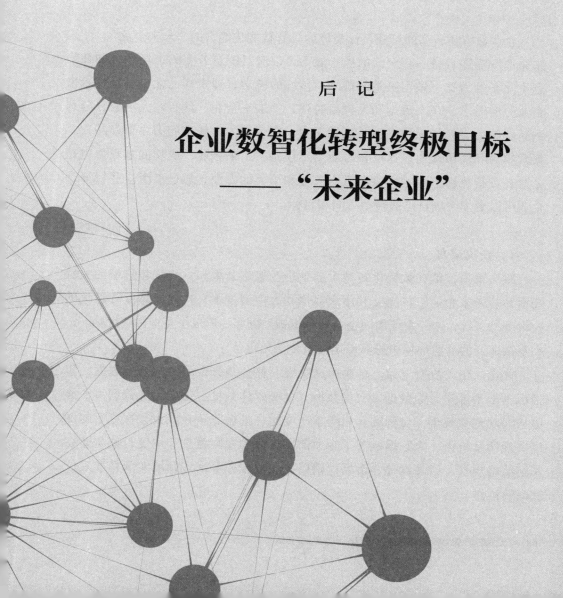

后 记

企业数智化转型终极目标
——"未来企业"

企业数智化转型的终极目标是成为具有智能化能力的"未来企业"。"未来企业"需要具备一套全新的核心能力，以应对瞬息万变的市场环境和在信息不完备的情况下做出决策的挑战。传统的科学管理模式已无法满足"未来企业"的需求。在大数据和大模型时代，"未来企业"具有八大特征，分别是新决策力、新组织协同力、新知识力、新劳动力、新生产力、新产品力、新营销力和新敏捷力。这些核心能力不仅是"未来企业"成功的基石，也是企业在数智化转型过程中需要重点关注和培养的方面。通过参考这些特征，企业可以更加明确自己的转型方向和目标。

1．新决策力

新决策力，是在数智化转型大潮中企业战略升级和竞争优势重塑的关键要素。"未来企业"将充分利用大数据和大模型技术，构建起高度智慧化的决策支持系统，这一系统如同企业的中枢神经网络，形成了企业的"大脑"，在复杂多变的商业环境中扮演着至关重要的角色。

首先，在大数据方面，企业通过收集、整合并分析海量内外部数据，包括但不限于客户行为数据、交易数据、社交媒体数据、市场趋势数据等，能够从宏观到微观全方位洞察客户需求与变化，挖掘隐藏在庞大数据背后的深层次规律及价值。大数据赋予了企业前所未有的视野宽度和深度，使企业在制定战略规划、产品设计、市场营销以及客户服务等诸多领域实现精准定位和高效运作。

其次,大模型技术的应用则是提升企业决策力的核心动能。以 AI、机器学习、深度学习等为代表的大模型技术,能够对大量数据进行深度处理和智能解析,发现传统方法难以捕捉到的经营问题、潜在风险和新的商业机会。例如,通过使用历史销售数据训练出的预测模型,可以提前预警销售波动,优化库存管理;利用知识图谱技术挖掘客户关系网络,帮助企业找到关键节点,提升营销效率;采用自然语言处理技术解读行业报告、新闻资讯,辅助决策者快速洞悉市场动态,抢占先机。

因此,新决策力不仅意味着企业能够基于大数据与大模型技术做出更加科学、准确、高效的决策,而且能在瞬息万变的市场环境下,持续提升自身适应性和创新能力,实现业务流程的智能化、自动化,从而有效驱动企业的长期稳定发展和卓越竞争力的形成。

2. 新组织协同力

新组织协同力,是"未来企业"实现高效运营和战略发展的重要支撑。随着大数据和大模型技术的深度融合与应用,企业正在构建一种基于"企业大脑"的新型组织协同架构,这一架构不仅将智能化渗透到企业的各个核心职能领域,而且能够通过高度集成和智能联动,有效提升整个组织的协同效率和决策精准度,如图1所示。

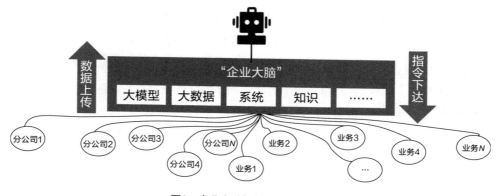

图1 企业大脑与新组织协同形态

在这一构想下,企业不再局限于传统意义上的部门分割和地域限制,而是依托于一个强大的"企业大脑",形成一系列专精于不同领域的职能"大脑"系统,包括但不限于经营决策"大脑"、财务分析与规划"大脑"、人力资源优化配置"大脑"以及法律风险防控"大脑"。这些职能"大脑"各自承担起其专业领域的复杂运算、深度洞察与智能决策任务,从而为企业提供全面而精准的业务支持。

各业务线或分布在各地的分公司,在实际运营过程中,可以直接通过AI接口调用总部的各项职能"大脑",实时获取最优策略建议、资源分配方案以及市场趋势预测等关键信息,进而实现对日常业务活动的精细化管理和前瞻性布局。这种由智能技术驱动的扁平化协同模式,极大地消除了信息孤岛效应,缩短了决策链条,提升了响应速度。

与此同时,"企业大脑"作为中枢神经系统,实现了总部与各业务单元之间更为紧密高效的协同工作形态。它不仅能确保企业整体战略的一致性和执行力,还能够通过对内部数据的深度挖掘与共享,促进跨部门、跨区域的有效沟通与协作,降低不必要的内耗成本,提高资源配置效率。

3. 新知识力

知识在财富创造中的重要性不言而喻。它不仅关乎个人和组织的直接收益,更是推动企业持续发展的核心动力。在企业运营中,各部门所积累的最佳实践、技能和专利等创新成果,都是宝贵的智力资产。为了更好地应对未来挑战,企业需要建立一套高效的知识管理体系。这套体系不仅要能够沉淀和传承最佳知识,还要能够赋能新员工,使他们能够快速适应并高效应对复杂的业务场景。

通过建立新的知识管理体系,并将其与大模型相融合,企业可以实现知识的有效利用和传承。这种融合能够使AI在学习过程中更好地应用知识,同时也能够帮助知识管理系统更好地理解知识。这种相互作用使得AI和知识管理系统能够相辅相成、相互促进,从而加速创新活动的进行。在这样的背景下,构建企业知识管理AI助手可以帮助企业解决人才流失和培养缓慢的问题,同时也能够帮助员工实现一专多能。这种助手的存在使得员工在面对新的挑战时能够充分发挥自身的优势,为企业创造更大的价值。

4. 新劳动力

在经济下行和人口红利消失的双重压力下,企业面临着前所未有的挑战,包括难以招聘到合适的人才以及人力成本的不断上升。为了应对这些问题,企业需要寻找新的解决方案。数字员工的出现为企业提供了一种有效的途径。通过应用数字技术,企业可以使机器具备人的经验和知识,而不仅仅是模仿人类的行为。这样一来,企业可以利用数字员工来完成许多重复性和烦琐的任务,从而大大提高工作效率。数字员工还具有许多其他优势。首先,它们可以全年无休地持续工作,不受时间和地点的限制。其次,数字员工可以通过机器学习技术实现自我学习和自我迭代,不断提高自己的能力。这意味着数字员工不仅可以帮助企业解决当前的问题,还能为企业未来的发展奠定坚实的基础。

通过与企业沉淀的知识库结合,数字员工有能力大规模替代那些重复且缺乏附加值的环节,成为"未来企业"的核心劳动力。这些技术能够将机器的力量应用于处理那些高度理性化的业务任务,而人类的情感和感性则将专注于解决机器无法应对的挑战。此外,智能化系统可以为企业提供精准的成本分析、生产周期预测和市场趋势洞察,从而帮助企业在复杂多变的环境中做出最佳决策。

5. 新生产力

数据要素在当前数字经济时代已经跃升为企业运营与发展的核心资源,是推动企业创新和增长的关键动力之一。作为重要的生产力组成部分,数据要素的价值体现在以下几个方面。

首先,数据要素的丰富性和准确性为企业提供了翔实且实时的决策依据。通过对海量、多维度的数据进行深度挖掘和智能分析,企业能够更精准地把握市场动态、消费者行为习惯及行业发展趋势,从而制定出更为科学、更符合市场需求的战略规划和业务策略。

其次,数据要素的高效利用有助于优化企业的资源配置和生产流程。通过构建数据驱动的运营模式,企业能够实现对供应链、生产线乃至整个价值链的精细化管理,提升运营效率,降低生产成本,增强市场竞争力。

最后,数据要素的转化与流通为企业发展开辟了新的商业模式。基于大数据技术，企业可以开发出更具个性化、智能化的产品和服务，以满足日益多元化、定制化的市场需求，同时通过开放共享和交易数据资源，促进与其他市场主体的合作共赢，进一步激活产业生态体系的活力。

6．新产品力

在科技驱动的商业环境中，企业能否积极拥抱新技术，创新产品与服务，改革商业模式，将成为决定其在未来市场竞争中能否立足并持续发展壮大的关键因素。

一方面，"未来企业"必须具备将新技术深度融入产品和服务的设计与开发之中，以此打造智能化、个性化的产品与服务，实现价值创新的能力。在当前信息技术高速发展的时代背景下，AI、物联网、大数据等前沿技术正在以前所未有的方式改变着产品的形态和功能。通过集成这些先进技术，企业可以创造出能够自主学习、自我优化甚至预测用户需求的智能产品，为用户提供更精准、更便捷、更人性化的服务体验。例如，智能家居设备可以根据用户的使用习惯自动调节环境参数，提升生活品质；智能医疗系统则能基于大数据分析辅助医生进行疾病诊断和治疗方案制定，极大提升了医疗服务的效能和质量。这种对产品和服务的智能化改造不仅满足了消费者日益升级的需求，也为企业在激烈的市场竞争中创造了独特的价值优势，实现了价值创新。

另一方面，"未来企业"还需要具备将新技术应用于日常经营业务模式，进而创造新的商业模式，实现商业创新的能力。这意味着企业不仅需要对现有业务流程进行智能化改造，提升运营效率，更要在商业模式层面大胆探索，构建基于新技术的新型盈利方式和价值传递机制。比如，企业利用区块链技术重塑信任机制，构建去中心化的交易平台，提高交易透明度和安全性；借助移动互联网及社交网络技术，打造线上线下商务（online to offline，O2O）模式，拓宽销售渠道，增强客户黏性；或者利用5G、AR/VR等先进技术打破时空界限，革新传统行业的消费场景和体验模式，开辟出全新的商业蓝海。

7．新营销力

新营销力作为"未来企业"竞争的重要武器，将深度融入并充分利用语音技术、大数据、AI 以及大模型技术等前沿科技手段，构建起高度智能化和个性化的营销和服务体系。这种新型的营销模式将彻底颠覆传统的"一刀切"策略，转而实现真正意义上的"客户千人千面"的精细化运营。

首先，在数字人方面，企业将利用虚拟数字人的创新形式，构建生动且富有情感的品牌形象与消费者进行互动沟通。通过高度拟人化的交互体验，数字人不仅能够吸引消费者的注意力，还能够在建立品牌亲和力的同时，根据每个消费者的特性进行个性化的信息推送和产品展示，进而提升用户的参与度和购买转化率。

其次，语音技术在未来的营销场景中将发挥至关重要的作用。通过自然语言处理和语音识别技术，企业能够实现与消费者之间的无障碍交流，提供更为便捷、友好的交互体验，如智能客服机器人可以 24 h 在线解答疑问，进行个性化的推荐和服务等。此外，语音广告及语音搜索优化也将成为营销的新阵地，帮助企业更精准地触达目标用户群体。

再次，大数据分析能力是实现个性化营销的核心要素。通过对海量用户行为数据、消费数据、社交网络数据等进行深度挖掘与整合，企业可以描绘出立体且鲜活的用户画像，洞察用户的喜好、需求和潜在购买行为，进而制定出针对每位用户的个性化营销策略。例如，企业可以基于数据分析结果进行精准推送产品信息、优惠活动或者定制化内容营销。

然后，机器学习技术将进一步赋能个性化营销。AI 能够实时学习和理解用户行为模式，预测用户需求变化，并动态调整营销策略。比如，企业可以运用机器学习算法优化搜索引擎排名，提升广告投放效果；借助推荐系统技术，实现个性化的产品推荐，提高转化率。

最后，大模型技术为实现复杂情境下的精准营销提供了可能。大规模预训练模型如 GPT，在理解和生成文本方面的能力显著增强，这使得企业在文案创作、情感分析、市场趋势预测等方面具有更强的洞察能力和创新空间，从而实现更具吸引力和影响力的营销内容输出。

8．新敏捷力

传统的信息化在企业运营管理中扮演着举足轻重的角色，其核心在于通过部署 ERP 和业务流程管理（business process management，BPM）等软件系统，将企业的各项业务活动和工作流程进行标准化、规范化和自动化处理。ERP 系统致力于整合企业内部的财务、人力资源、供应链、销售等多部门信息，实现跨职能协同与资源共享；而 BPM 则更专注于流程的设计、执行、监控以及持续优化，旨在提高效率，降低成本并确保流程合规。

然而，在市场环境瞬息万变的今天，以往那种先固化后优化的 BPM 模式正面临着严峻挑战。全球经济一体化进程加速，新兴技术不断涌现，消费者需求日新月异，使得企业必须时刻准备应对各种突发状况和快速变化的需求。标准的、固定的科学管理流程虽然曾经是提升组织执行力的有效工具，但在当前环境下却可能成为制约企业灵活应变的枷锁。

因此，企业在基础信息化建设的基础上，需叠加更为敏捷和动态的流程管理模式。这意味着企业不仅需要实时感知外部环境的变化，并且能够迅速调整自身的业务流程以适应这些变化，也就是"走一步算一步"的策略。这种敏捷应变机制强调的是灵活性、迭代性和创新性，它要求企业具备快速设计、试验、实施和改进流程的能力，不再过度依赖预先设定好的静态流程。

未来的企业信息化趋势将是稳态系统（ERP、BPM 等系统）与敏态能力（更加灵活的流程管理）相结合，通过引入智能化技术如 AI、机器学习等，实现实时分析、智能决策和自适应优化，从而帮助企业构建起既能满足日常运营高效化，又能支持战略变革弹性的新型流程管理体系。

致　谢

  在本书的编写过程中，我们得到了广州市海珠区科技工业商务和信息化局的大力支持和全力指导。在此，特向广州市海珠区科技工业商务和信息化局表示最诚挚的感谢。2024年政府工作报告中首次提及"人工智能+"的概念，海珠区紧紧把握产业发展方向，加快形成以人工智能为引擎的新质生产力，目前海珠区在人工智能建设方面已走在全国前列。海珠区拥有深厚的产业基础，腾讯、阿里巴巴、唯品会、今日头条等互联网头部企业在此云集。在广州市政府的支持下，这些企业大力推动建设人工智能大模型应用示范区，出台《广州市海珠区建设人工智能大模型应用示范区实施细则》。广州市政府对入驻示范区的企业实行一系列政策补贴，极大地促进了人工智能产业发展，为AI企业成长壮大，提供了丰厚的沃土。